2017年度郑州工程技术学院青年骨干

河南省特色小镇
建设研究

陈一静　著

郑州大学出版社

图书在版编目(CIP)数据

河南省特色小镇建设研究／陈一静著. — 郑州：郑州大学出版社，
2022. 12
ISBN 978-7-5645-8288-3

Ⅰ. ①河… Ⅱ. ①陈… Ⅲ. ①小城镇 – 城市建设 – 研究 – 河南
Ⅳ. ①F299.276.1

中国版本图书馆 CIP 数据核字(2021)第 218223 号

河南省特色小镇建设研究
HENANSHENG TESE XIAOZHEN JIANSHE YANJIU

策划编辑	王卫疆　胥丽光	封面设计	曾耀东
责任编辑	席静雅	版式设计	苏永生
责任校对	樊建伟	责任监制	李瑞卿

出版发行	郑州大学出版社	地　　址	郑州市大学路40号(450052)
出 版 人	孙保营	网　　址	http://www.zzup.cn
经　　销	全国新华书店	发行电话	0371-66966070
印　　刷	郑州宁昌印务有限公司		
开　　本	710 mm×1 010 mm　1 / 16		
印　　张	14.25	字　　数	235 千字
版　　次	2022 年 12 月第 1 版	印　　次	2022 年 12 月第 1 次印刷
书　　号	ISBN 978-7-5645-8288-3	定　　价	56.00 元

前　言

　　新型城镇化是我国发展农村经济、实现农村现代化建设的重要战略,对全国范围内全面推进和落实创新、协调、绿色、开放和共享五大发展理念,实现全社会经济可持续发展具有重要的价值。立足农村与城镇特色,建设特色小镇是新型城镇化建设的又一全新发展方向。在国家"新型城镇化建设"宏观战略下,河南省紧跟政策引导,大力培育、建设特色小镇。河南省共15个特色小镇入选国家级特色小镇,3个小镇入选国家级体育小镇,各地市也不断地推进特色小镇建设,既取得了丰硕的成果,也表现出一定的缺陷。如,河南省特色小镇类型较为单一,主导产业不明显,产业带动弱等,且梳理河南省的国家级特色小镇均为建制镇,辖区面积都会超过1平方千米。整体来说,河南省特色小镇发展中表现出各方职能协调不够、建设趋向房地产开发、政策体系不完善、产业集聚力较弱等局限性。

　　本书剖析了河南省特色小镇建设背后的深层原因,主要包括:特色小镇产业结构不合理,第一、二、三产业发展层次低,新型经营主体功能带动性弱,融资渠道单一,专业人才缺乏,要素约束强,等等。在特色小镇后续培育、建设、发展中,河南省必须进行深度产业渗透、产业延伸交叉及产业重组,以求能够做到:立足河南独特历史文化资源,凸显河南特色;坚持市场主导,积极培育推进特色小镇产业发展;完善特色小镇发展机制,增强制度保障。此外,为促进河南省特色小镇高质量发展,应该完善建设评价标准体系;优化资源,发展特色主导产业;多方筹谋,夯实小镇发展资金基础;搭建平台,充实人才智库;加强融合,提升小镇产业联动。

　　本书得到了2017年度郑州工程技术学院青年骨干教师培育计划的资

助,是 2022 年度河南省科技厅软科学研究项目《"三新"视域下河南省旅游业高质量发展路径研究》(222400410270)阶段成果。在撰写过程中,参考了诸多学者已有的研究成果,在此一并表示感谢! 若有在书中未能标明之处,还请多多包涵! 鉴于笔者的能力所限,对所研究问题可能有不尽、不全面之处,请大家多多指正。

陈一静

2022 年 6 月 21 日

目录

第一章

我国特色小镇发展的理论阐述

我国城镇化发展迅速,取得了举世瞩目的成就,城市数量与城市人口都得到大幅度提升,但城市结构不合理、大城市病等问题日益突出。自2000年以来,小城市与小城镇数量明显减少,20万人口以下的小城市数量比例已经不足20%,城镇结构发展极不平衡[①]。城镇化的快速发展导致人口与产业过度集中,造成的环境污染、生态恶化以及交通拥挤等问题已经成为城市发展的重要障碍,急需新的城镇化发展方式。

党中央、国务院针对当前城镇化发展存在的问题,在国家"十三五"规划中提出发展特色小镇计划。通过特色小镇的建设吸引投资,推动人才、技术等高端要素的集聚,进而推进小城镇内的产业融合、升级以及创新,带动周边农村发展,促进我国城镇化持续、健康发展。在中央以及各地政府的号召下,各省陆续制定了若干推进特色小镇发展的政策(见表1-1),打造特色小镇已成为推进城镇化发展并保证经济可持续增长的重要手段。因此,可以预见,在我国经济迈入新常态、传统"三驾马车"拉动经济增长方式已经失效的背景下,发展特色小镇将有效地转变经济发展方式与优化产业结构,成为推动中国经济增长的重要力量。

2014年我国开启特色小镇建设运动,2016年进入特色小镇大规模发展

---

① 刘航,孙早.城镇化动因扭曲与制造业产能过剩——基于2001—2012年中国省级面板数据的经验分析[J].中国工业经济,2014(11).

期,2017 年全国各地特色小镇进入蓬勃发展阶段,各地区特色小镇建设取得成效,涌现出一批精品特色小镇,促进了经济转型升级和新型城镇化建设,但也出现了部分特色小镇概念混淆、内涵不清、主导产业薄弱等问题,出现诸多弊端,被各界诟病。2020 年 9 月,《国务院办公厅转发国家发展改革委关于促进特色小镇规范健康发展意见的通知》(国办发〔2020〕33 号)出台实施。2021 年 9 月,国家发改委等十部委《关于印发全国特色小镇规范健康发展导则的通知》(发改规划〔2021〕1383 号)印发实施。通过最近 2 ~ 3 年的调整,经过各有关部委和各地区的多年努力,全国特色小镇发展进入了规范化轨道。

表 1-1   中央以及部分地区政府关于特色小镇发展政策

政策主体	时间	主要内容
国家发改委	2016.10	发布《关于加快美丽特色小(城)镇建设的指导意见》,加大对特色小镇财政支持力度,设立特色小镇建设专项资金包括:国家新型城镇化试点地区中小城市、全国中小城市综合改革试点地区、少数民族特色小镇
国家发改委	2020.9	《关于促进特色小镇规范健康发展的意见》,加强对特色小镇发展的顶层设计、激励约束和规范管理
国家发改委等十部委	2021.10	《关于印发全国特色小镇规范健康发展导则的通知》,加强对特色小镇发展的指导引导、规范管理和激励约束,结合各地区各有关部门实践探索,现围绕特色小镇发展定位、空间布局、质量效益、管理方式和底线约束等方面,提出普适性操作性的基本指引
住建部、国家开发银行	2017.1	住建部与国家开发银行签署《共同推进小城镇建设战略合作框架协议》,提出建立合作推动机制,实行信息共享原则,推进城乡协调发展,到 2020 年之前在全国发展 1000 个特色小镇
中国农业发展银行	2016.10	推出特色小镇建设信贷金融产品,对特色小镇基础设施建设提供专项贷款。发布《住房城乡建设部、中国农业发展银行关于推进政策性金融支持小城镇建设的通知》,明确具体融资办法

续表 1-1

政策主体	时间	主要内容
河北省		省级财政优先支持特色小镇建设,对符合特色小镇建设的项目按照省中心村建设示范点奖进行财政补贴
内蒙古自治区		设立对特色小镇建设的专项资金。在特色小镇建设项目内的基础设施配套费,要全额返还给小镇,用于基础设施建设
福建省		特色小镇建设范围内的县级财政收入,在5年内可以按照一定比例用于小镇建设。推行特色小镇建设投资基金,发展有关特色小镇建设的专项债券
海南省	2014.4	发布《海南省特色风情小镇建设指导意见》,对特色小镇基础设施建设配套费全额返还。对特色小镇范围内的新增财政收入,省财政可以考虑返还
陕西省		向特色小镇提供资金支持,向重点特色小镇每年提供1000万财政支持,向旅游特色小镇提供500万财政支持
广西壮族自治区		为示范特色小镇争取中央专项资金补贴。自治区的补贴标准按照示范特色小镇1000万,特色小镇的总投资不得低于2000万
西藏自治区		自治区投入10亿作为特色小镇启动资金。鼓励社会资本投资特色小镇,并计划到2020年建设1000个各具特色的小镇
甘肃省		采取"以奖代补"方式为特色小镇提供财政支持,对于定期完成任务的小镇给予资金奖励。特色小镇所在县级政府要将特色小镇建设用地租赁收入重新投入特色小镇基础设施建设中

第一节　中国城镇化发展历程

城镇化体现一个国家的社会生产能力、技术发展水平以及产业结构的合理程度,它是一个从以农业为主的社会向以工业或者服务行业为主的社会转变的过程。纵观我国城镇化历程（图1-1），可以将其划分为以下三个阶段。

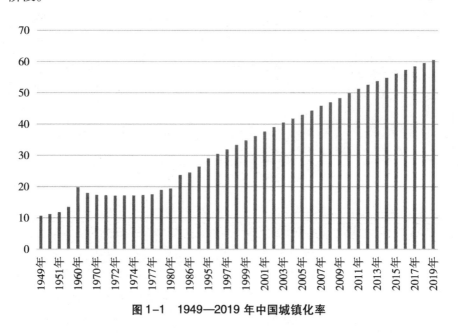

图1-1　1949—2019年中国城镇化率

一、城镇化起步发展阶段（1949—1979年）

1949年中国城镇化率为10.64%，1979年中国城镇化率为19.99%。在30年的发展时间里，城镇化率增长不到10%，该阶段的城镇化发展极为缓慢。在改革开放前，中国仍是以计划经济为主，并没有注重城市的规模效应以及集聚效应，忽视了城市对经济发展的影响①。受"大跃进"运动、"知识青年上山下乡"运动以及"文化大革命"等事件的影响，中国城镇化率在1961—1972年出现了下降（表1-2），该阶段的城市规模发展缓慢，特大城市由1949年的5个增长到1975年的13个，而小城市数量由1949年的102个减少到1975年的95个。在城市人口数量增长方面，大城市人口数量增长最快，由1949年的514.68万人增长到1975年的1784.31万人。而小城市人口数量增长最为缓慢，由1949年的697.55万人增长到1975年的1118.83万人。

---

①　贾海刚，万远英.中英现代化进程中城镇化问题治理比较研究［J］.经济体制改革,2014(6).

4

表1-2　1949—1975年中国城市规模与城市人口数量

时间（年）	特大城市（个）	人口（万人）	大城市（个）	人口（万人）	中等城市（个）	人口（万人）	小城市（个）	人口（万人）
1949	5	985.51	7	514.68	18	542.83	102	697.55
1952	7	1435.59	8	494.34	21	641.87	117	919.21
1957	10	2371.73	14	1001.41	37	1104.29	115	989.26
1961	13	2938.31	18	1263.06	48	1546.35	129	1158.6
1963	12	2825.84	18	1264.16	43	1364.69	104	1037.4
1964	13	2975.99	18	1254.25	42	1365.47	94	1007.34
1965	13	3006.06	18	1291.02	42	1350.02	95	1043.53
1970	11	2564.69	21	1509.92	48	1524.54	97	1045.77
1975	13	2870.51	25	1784.31	52	1628.15	95	1118.83

二、城镇化平稳发展阶段(1979—2000年)

与改革开放之前相比,该阶段的城镇化率发展波动较小,城镇化率呈现持续增长态势。伴随着改革开放的契机,大量农村剩余劳动力涌向城市,成为城市发展的主要动力。随着国家发展策略的转变,城市发展建设地位显著上升,各省市都在积极探索符合自身发展的模式。该阶段的城镇化率由1979年的19.99%上升到2000年的36.22%,城镇化率增长16.23%,年增长率达到0.77%,该阶段的城市规模等级数量与城市人口数量显著增长(表1-3)。小城市无论是城市数量还是人口数量的增长都最为迅速。小城市数量由1980年的106个增长到1998年的378个,增长了约2.57倍;小城市人口数量由1980年的1180.9万人增长到1998年的4409.4万人,增长了约2.73倍。

表1-3 1980—1988年中国城市规模与城市人口数量

时间 (年)	特大城市 (个)	人口 (万人)	大城市 (个)	人口 (万人)	中等城市 (个)	人口 (万人)	小城市 (个)	人口 (万人)
1980	15	3509.5	30	2231.3	72	2161.3	106	1180.9
1985	21	4648.3	31	2290.9	93	2873	179	2009.5
1986	23	4928.5	30	2165.9	95	2886	205	2219.8
1987	25	5277.8	30	2154.6	103	3124.7	223	2417.6
1988	28	5724.5	30	2079.1	110	3321.4	266	2909.6
1989	30	6067.8	28	1917.3	116	3575.6	276	3061.8
1990	31	6258.2	28	1899.4	117	3644.4	291	3235.7
1995	32	6992.6	43	2969.5	192	5774	373	4286.1
1996	34	7318.7	44	3000.9	195	5951.4	393	4508.1
1998	37	7960.1	48	3134.3	205	6272.3	378	4409.4

三、城镇化高速发展阶段(2000年至今)

进入21世纪,随着中国经济的高速发展,城镇化进程步伐也逐渐加快。城镇化率由2000年的36.22%增长到2016年57.35%,年平均增长率达到1.32%,城镇化进入高速发展阶段。值得注意的是,2011年中国城镇化率达到51.27%,首次突破50%。与前两次城镇化发展不同,城镇化高速发展阶段主要表现在特大城市数量增长显著,大城市在增长一段时间后又恢复到初始水平,而中等城市、小城市数量明显下降(表1-4)。小城市作为城乡连接的枢纽,具有重要的人口转移和产业聚集作用,在城镇化进程中举足轻重。小城市的数量减少意味着城镇化进程乏力,表现为城市之间经济水平差距加大、城市发展资金紧缺、基础设施建设落后等[①]。因此,在城镇化高速发展的关键时期,重新审视当前城镇化发展模式,探究新型城镇化发展策略,将对中国城镇化进程与经济发展潜力起到决定性作用。

---

① 袁博,刘凤朝.技术创新、FDI与城镇化的动态作用机制研究[J].经济学家,2014(10).

表1-4　2000—2013年中国城市规模与城市人口数量

时间（年）	特大城市（个）	大城市（个）	中等城市（个）	小城市（个）
2000	90	103	66	403
2001	93	105	64	400
2002	102	109	63	385
2003	105	111	63	379
2004	108	111	63	378
2005	113	108	61	378
2006	117	106	59	373
2007	118	111	55	371
2008	122	110	51	372
2009	124	110	51	369
2010	125	109	49	374
2011	127	108	49	373
2012	127	109	50	372
2013	133	103	52	370

第二节　特色小镇发展的内涵、作用及机遇

一、特色小镇发展的内涵

（一）特色小镇概念

特色小镇和特色小城镇的概念历史很短，这两个概念几乎同时出现，最早特色（小）城镇的提法散见于北京、天津、黑龙江、云南等省（市）政策文件。特色小城镇是指"以传统行政区划为单元，特色产业鲜明、具有一定人口和经济规模的建制镇"。

对于"特色小城镇"的概念，学术界并未形成统一明确的观点。2014年10月，在参观云栖小镇时，时任浙江省省长李强提出："让杭州多一个美丽的特色小镇，天上多飘几朵创新'彩云'。"这是"特色小镇"概念首次被提及。

在李正宏、李波平①等人看来,特色小城镇是在新型城镇化建设理念上衍生出的概念,特色小城镇的"特色"主要体现在产业特色上,通过特色产业推动小城镇建设,进而是小城镇在建设的进程中体现出有别于其他小城镇的特色来。蔡续②认为,特色小城镇是建立在资源特色、产业特色、文化特色、地理特色等一系列"特色"基础上的小城镇,特色小城镇建设则是将这些特色转化成为推动小城镇发展的动力,并以此确定特色竞争优势。

赋予特色小镇明确定义的是 2015 年浙政发〔2015〕8 号文件和 2016 年的发改规划〔2016〕2125 号文件,将特色小镇视为"聚焦特色产业和新兴产业,聚集发展要素,不同于行政建制镇和产业园区的创新创业平台"。

特色小镇是以传统行政区划分为基础,具有鲜明产业特色的建制镇,是实现生产、生活、生态融合的城市发展模式。同时,特色小镇与小城镇关系紧密,二者互为支撑,特色小镇是小城镇的发展方向,而小城镇是特色小镇的发展载体。因此,特色小镇实质是依靠地区的特色环境要素(如生态环境、文化、产业等),建造一个具有明确产业定位、文化内涵、旅游景点的综合性多功能区域的新型城镇化模式。特色小镇的"特色"体现在独一无二的风格、风貌以及风情,其发展内涵是通过对地区资源要素的整理、规划以及优化的过程,探究新型城镇化发展模式③。

2016 年,特色小镇上升到国家层面,成为一种市场化主导的创新创业发展的新模式,其本质是产城融合发展理念下的产业集聚、升级和培育问题,不同点在于特色小镇的文化 IP 营造,实现产业、文化、旅游、生活的融合发展。由于我国地域辽阔,各地经济背景、自然资源迥异,因此特色小镇在不同省份的界定方式与发展模式也有所不同。

郑州市政府 2017 年 2 月 20 日印发的《郑州市人民政府关于开展特色小镇培育工作的意见》(郑政文〔2017〕38 号),对郑州构建特色小镇做出了明确定义:主要是指聚焦特色产业和新兴产业,集聚发展要素,不同于行政建制镇和产业园区的创新创业开放式平台。具有明确产业或业态定位、文化内涵、旅游和一定社区功能,既可以是大都市周边的小城镇,也可以是较大

---

① 李正宏,李波平.湖北特色小城镇建设的思考[J].湖北社会科学,2013(6).
② 蔡续.桂林市特色小城镇建设问题与对策研究[J].中国发展,2015(8).
③ 曾江,慈锋.新型城镇化背景下特色小镇建设[J].宏观经济管理,2016(12).

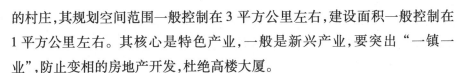

的村庄,其规划空间范围一般控制在 3 平方公里左右,建设面积一般控制在 1 平方公里左右。其核心是特色产业,一般是新兴产业,要突出"一镇一业",防止变相的房地产开发,杜绝高楼大厦。

(二)特色小镇内涵理解

特色小镇以特色的产业及环境资源为基础,以坚定政府政策及投融资支持为依托,以产城一体化综合开发为手段,以泛旅游为引擎与目标归宿,以产业链开发及房产开发为盈利核心。特色小镇在政策层面上,规定了相应的"135"工程。

第一,"一"大目标。住房城乡建设部、国家发展改革委、财政部在 2016 年明确提出,到 2020 年,培育 1000 个左右各具特色、富有活力的休闲旅游、商贸物流、现代制造、教育科技、传统文化、美丽宜居等特色小镇。

根据《住房城乡建设部国家发展改革委财政部关于开展特色小镇培育工作的通知》,培育特色小镇要坚持突出特色,防止千镇一面和一哄而上;坚持市场主导,政府重在搭建平台、提供服务,防止大包大揽,以产业发展为重点,依据产业发展确定建设规模,防止盲目造镇;坚持深化改革,培育壮大新兴产业,打造创业创新新平台,发展新经济。

住建部于 2016 年公布 127 个、2017 年公布了 276 个中国特色小镇的名单。自此掀开了特色小镇大建特建的高潮,但全国各地如此一窝蜂式争相上马的特色小镇建设也因此埋下了隐患。梳理轮番关闭的特色小镇项目,不外乎是"特"之内涵展示不到位所带来的恶劣后果。

建设特色小镇的"特"集中在四个方面:①特在产业"特而强":产业创新驱动、产业链接发展、绿色低碳产业、产业集群化、共享产业生态圈;②特在功能"聚而合":创新产业功能、产业结构完整、生态安全格局、产业形态复合化、特色业态护卫配套;③特在形态"小而美":营造特色景观、城镇风貌协调、建设美丽城镇、优化投资环境、城乡差距减小;④特在机制"新而活":改革机制体制、创新促进要素、流动环境治理制度、吸纳不同主体、收益共享机制。

第二,"三"大原则。即坚持突出特色、坚持市场主导、坚持深化改革。①坚持突出特色要求是指从当地经济社会发展实际出发,发展特色产业,传承传统文化,注重生态环境保护,完善市政基础设施和公共服务设施,防止

千镇一面。依据特色资源优势和发展潜力,科学确定培育对象,防止一哄而上。②坚持市场主导是指尊重市场规律,充分发挥市场主体作用,政府重在搭建平台、提供服务,防止大包大揽。以产业发展为重点,依据产业发展确定建设规模,防止盲目造镇。③坚持深化改革是指加大体制机制改革力度,创新发展理念,创新发展模式,创新规划建设管理,创新社会服务管理。推动传统产业改造升级,培育壮大新兴产业,打造创业创新平台,发展新经济。

第三,"五"大培育要求。即特色鲜明的产业形态、和谐宜居的美丽环境、彰显特色的传统文化、便捷完善的设施服务、充满活力的体制机制。①特色鲜明的产业形态是要求产业定位精准,特色鲜明,战略性新兴产业、传统产业、现代农业等发展良好、前景可观。产业向做特、做精、做强发展,新兴产业成长快,传统产业改造升级效果明显,充分利用"互联网+"等新兴手段,推动产业链向研发、营销延伸。产业发展环境良好,产业、投资、人才、服务等要素集聚度较高。通过产业发展,小镇吸纳周边农村剩余劳动力就业的能力明显增强,带动农村发展效果明显。②和谐宜居的美丽环境是要求空间布局与周边自然环境相协调,整体格局和风貌具有典型特征,路网合理,建设高度和密度适宜。居住区开放融合,提倡街坊式布局,住房舒适美观。建筑彰显传统文化和地域特色。公园绿地贴近生活、贴近工作。店铺布局有管控。镇区环境优美,干净整洁。土地利用集约节约,小镇建设与产业发展同步协调,美丽乡村建设成效突出。③彰显特色的传统文化是要求传统文化得到充分挖掘、整理、记录,历史文化遗存得到良好保护和利用,非物质文化遗产活态传承,形成独特的文化标识,与产业融合发展。优秀传统文化在经济发展和社会管理中得到充分弘扬。公共文化传播方式方法丰富有效。居民思想道德和文化素质较高。④便捷完善的设施服务是要求基础设施完善,自来水符合卫生标准,生活污水全面收集并达标排放,垃圾无害化处理,道路交通停车设施完善便捷,绿化覆盖率较高,防洪、排涝、消防等各类防灾设施符合标准。公共服务设施完善、服务质量较高,教育、医疗、文化、商业等服务覆盖农村地区。⑤充满活力的体制机制是要求发展理念有创新,经济发展模式有创新。规划建设管理有创新,鼓励多规协调,建设规划与土地利用规划合一,社会管理服务有创新。省、市、县支持政策有创新。镇村融合发展有创新。体制机制建设促进小镇健康发展,激发内生动力。

二、特色小镇的类型

根据对现有文献的梳理,目前对特色小镇类型的划分标准尚未统一。较有代表性的划分方法有以下三种。

(一)依据特色小镇评选结果进行划分

我国住建部于 2016 年 10 月和 2017 年 8 月分别公布了"第一批中国特色小镇名单"和"第二批中国特色小镇名单",住建部评选的特色小镇共包括六种类型:旅游发展型、历史文化型、工业发展型、农业服务型、民族聚居型和商贸流通型。除了住建部的划分,我国部分省市也形成了自成体系的特色小镇划分方法。(表 1-5)

表 1-5　住房城乡建设部及部分省市的特色小镇分类情况

部/省市	空间范围	特色产业或小镇类型
住房城乡建设部	建制镇	休闲旅游、商贸物流、现代制造、教育科技、传统文化、美丽宜居等特色小镇
北京市	建制镇、非镇非区	生产性服务业、医疗、教育产业、健康养老、休闲度假等特色产业
浙江省	非镇非区	信息经济、环保、健康、旅游、时尚、金融、高端装备制造等支撑、浙江省未来发展的七大产业,同时兼顾茶叶、丝绸、黄酒、中药等历史经典产业
天津市	非镇非区	聚焦互联网智能制造、信息经济、生态农业、节能环保、民俗文化、电子商务、高端旅游、食品安全、健康养老等民生领域的优势产业、新兴产业
福建省	非镇非区	聚焦新一代信息技术、高端装备制造、新材料、生物与新医药、节能环保、海洋高新、旅游、互联网经济等新兴产业,兼顾工艺美术(木雕、石雕、陶瓷等)、纺织鞋服、茶叶、食品等传统特色产业
河北省	非镇非区	聚焦特色产业集群和文化旅游、健康养老等现代服务业,兼顾皮衣皮具、红木家具、石雕、剪纸、乐器等历史经典产业

续表1-5

部/省市	空间范围	特色产业或小镇类型
江西省	建制镇、非镇非区	现代制造、商贸物流、休闲旅游、传统文化、美丽宜居等
贵州省	建制镇	交通枢纽型、旅游景观型、绿色产业性、工矿园区型、商贸集散型、移民安置型特色小镇

（二）依据小镇主导产业划分

在浙政发〔2015〕8号文件中指出,特色小镇聚焦信息经济、环保、健康、旅游、时尚、金融、高端装备制造七大产业,兼顾历史经典产业(即"7+1"产业)。据此,学者将特色小镇划分为信息经济类、高端装备制造类、金融产业类、时尚产业类、健康产业类、环保产业类、旅游产业类和历史经典产业类八种类型。

前瞻产业研究院从产业分类入手,进一步把特色小镇归纳为"7+X"类型。（表1-6）

表1-6　特色小镇"7+X"型分类表

类型	举例
农业依托型	农业互联网小镇、桃园小镇、葡萄酒小镇、鲜花小镇、稻田艺术小镇、渔港小镇、茶香小镇
制造业依托型	传统制造业:工匠小镇、陶瓷小镇、家居小镇、木雕小镇、工艺小镇、纺织小镇、皮革小镇; 高端制造业:智造小镇、汽车小镇、机器人小镇、新材料小镇、航空小镇、无人机小镇
文旅产业依托型	地貌类/气候类/生物类:海滨/滨湖小镇、滑雪小镇、避暑小镇、温泉小镇、氧吧小镇; 社会/人文/历史遗存/科学技术等:文化名城小镇、休闲古城古镇、文创小镇、民族风情小镇、艺术小镇
金融业依托型	基金小镇、金融小镇
信息技术业依托型	互联网小镇、智慧小镇、大数据小镇、信息港小镇

续表1-6

类型	举例
商贸/物流业依托型	电商小镇、物流小镇、会展小镇
健康产业依托型	健康小镇、医疗小镇
X类型	双创小镇、梦想小镇

（三）依据综合小镇主导产业与地理位置划分

依据综合小镇主导产业与地理位置两大因素,可把特色小镇划分为历史文化型、城郊休闲型、特色产业型、新型产业型、交通区位型、资源禀赋型、生态旅游型、高端制造型、时尚创意型。（表1-7）

表1-7 综合小镇主导产业分类及举例

类型	举例
历史文化型	莲都古堰画乡小镇、越城黄酒小镇、龙泉青瓷小镇、湖州丝绸小镇、上虞围棋小镇、南浔善琏湖笔小镇、朱家尖禅意小镇、奉化布龙小镇、天台山和合小镇、古北水镇、平遥古城、茅台酿酒小镇、馆陶粮画小镇、石鼻古民居小镇、湘西边城小镇、三都赛马小镇、永年太极小镇、新兴禅意小镇
城郊休闲型	安吉天使小镇、丽水长寿小镇、太湖健康蜜月小镇、黄岩智能模具小镇、永嘉玩具智造小镇、下城跨贸小镇、临安颐养小镇、瓯海生命健康小镇、琼海博鳌小镇、旧州美食小镇、花桥物流小镇、小汤山温泉小镇、大路农耕文明小镇、龙溪谷健康小镇、钟落潭健康小镇
特色产业型	大唐袜艺小镇、吴兴美妆小镇、嘉善巧克力甜蜜小镇、桐乡毛衫时尚小镇、玉环生态互联网家居小镇、平阳宠物小镇、安吉椅业小镇、温岭泵业智造小镇、东莞石龙小镇、信阳家居小镇、文港笔都工贸小镇、亭林巧克力小镇、吕巷水果小镇、王庆坨自行车小镇、秀全珠宝小镇
新兴产业型	余杭梦想小镇、西湖云栖小镇、临安云制造小镇、江干东方电商小镇、上虞e游小镇、德清地理信息小镇、余杭传感小镇、秀洲智慧物流小镇、天子岭静脉小镇、枫泾科创小镇、新塘电商小镇、太和电商小镇、黄埔知识小镇、朱村科教小镇、福山互联网农业小镇、菁蓉创客小镇

续表1-7

类型	举例
交通区位型	建德航空小镇、萧山空港小镇、西湖紫金众创小镇、新昌万丰航空小镇、九龙山航空运动小镇、安吉航空小镇、宁海滨海航空小镇、北京新机场服务小镇、人和航空小镇、千年敦煌月牙小镇、深沪海丝风情小镇、博尚茶马古道小镇、秦栏边界小镇
资源禀赋型	青田石雕小镇、定海远洋渔业小镇、开化根缘小镇、西湖龙坞茶小镇、桐庐妙笔小镇、磐安江南药镇、庆元香菇小镇、仙居杨梅小镇、桐乡桑蚕小镇、泾阳茯茶小镇、双阳梅花鹿小镇、陇南橄榄小镇、怀柔板栗小镇、通霄飞牛小镇、金山麻竹小镇、宝应莲藕小镇、花都珠宝小镇
生态旅游型	仙居神仙氧吧小镇、武义温泉小镇、宁海森林温泉小镇、乐清雁荡山月光小镇、临安红叶小镇、青田欧洲小镇、景宁畲乡小镇、杭州湾花田小镇、万宁水乡小镇、龙江碧野小镇、廊下田园小镇、莲麻乡情小镇、锦洞桃花小镇、联溪徒步小镇、丽江九色玫瑰小镇
高端制造型	萧山机器人小镇、宁海智能汽车小镇、长兴新能源小镇、江北动力小镇、秀洲光伏小镇、海盐核电小镇、江山光谷小镇、新昌智能装备小镇、南浔智能电梯小镇、城阳动车小镇、中北汽车小镇、路桥沃尔沃小镇、窦店高端制造小镇、爱飞客航空小镇
时尚创意型	余杭艺尚小镇、滨江创意小镇、西湖艺创小镇、江干丁兰智慧小镇、大江东巧客小镇、安吉影视小镇、兰亭书法文化创意小镇、乐清蝴蝶文创小镇、杨宋中影基地小镇、宋庄艺术小镇、张家楼油画小镇、狮岭时尚产业小镇、增江街1978文化创意小镇

1. 历史文化型小镇——龙泉青瓷小镇赏析

(1) 小镇简介：总体格局为"一核心、三组团"。核心区位于上垟镇,地处浙闽边境龙泉市西部,距市区36公里,龙浦高速、53省道穿境而过。山水资源优越、瓷土资源丰富、民间制瓷盛行,历百年不衰。

上垟作为现代龙泉青瓷发祥地,见证着现代龙泉青瓷发展的历史。走进上垟镇,深山小镇的瓷风古韵,从旧屋翻新的大街小巷里飘溢出来。

曾经的上垟国营瓷厂办公大楼、青瓷研究所、专家宿舍、工业厂房、大烟囱、龙窑、倒焰窑等至今仍在,成为不可复制的青瓷文化历史。

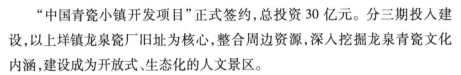

"中国青瓷小镇开发项目"正式签约,总投资30亿元。分三期投入建设,以上垟镇龙泉瓷厂旧址为核心,整合周边资源,深入挖掘龙泉青瓷文化内涵,建设成为开放式、生态化的人文景区。

青瓷文化园是青瓷小镇项目的核心,保留原国营龙泉瓷厂风貌,设置青瓷传统技艺展示厅、青瓷名家馆、青瓷手工坊等各种青瓷主题的休闲体验区,为不可复制的青瓷文化历史增加了新的休闲体验。

中国青瓷小镇初见成效,目前已吸引了89家青瓷企业、青瓷传统手工技艺作坊入驻,带动了当地4000多名农民就业创业。

依托小镇浓厚的青瓷文化底蕴和依山傍水的秀丽风景,城镇建设风生水起,一个世界青瓷技艺传承地、青瓷文化创意集散地、青瓷文化交流汇集地为一体的世界级青瓷小镇已初具规模。

(2)小镇发展解读:打造历史文化型小镇,一是要小镇历史脉络清晰可循;二是小镇文化内涵重点突出、特色鲜明;三是要小镇的规划建设延续历史文脉,尊重历史与传统。

2.城郊休闲型——安顺旧州美食小镇赏析

(1)小镇简介:安顺旧州古镇,集神奇的山水风光、厚重的历史沉淀、绚烂的民族民俗、独特的饮食文化于一身。

借力安顺大屯堡旅游圈战略,多措并举打造古镇旅游新业态,就是当前旧州旅游面临的第三轮机遇,为赢得丰硕成果,旧州变革拉开大幕。在推进大屯堡旅游发展中,旧州立足明代民俗文化资源和独特的美食文化,着力打造乡愁美食小镇。旧州镇怎么打造乡愁美食小镇?答案是"旧州赶场、赶五个场",以五个布局规划旧州的风景和业态。

古镇老街民俗场,从小吃类、匠坊类、发呆类、土产类、演艺类、宗祠类、创客类七大功能板块予以谋划,系统呈现民俗文化、屯堡美食。

金街特色美食场,推出军帐宴、屯家宴等一批精品宴席,打造旧州鸡辣子、糟辣肉片等一批特色菜肴,同时囊括了安顺特色美食和贵州美食,实现"赶旧州乡场·逛贵州食堂"。

文星田园风光场,依托邢江河湿地公园,突出"坐着小火车去赶场"这一亮点,打造旧州屯堡闲生活、慢生活的田园风光场。

浪塘美丽乡村场,着力完善农村基础设施和公共配套服务,同时,整合

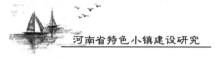

屯堡传统饮食文化资源,推出屯堡菜系,布局特色民宿客栈等业态。

传统农耕体验场,推出传统农耕体验项目,开发观花、摘果、采茶、识药等一批乡村业态,让游客亲自体验到传统农耕文明和休闲农业、农家生活的欢乐。

(2)小镇发展解读:打造城郊休闲型小镇,一是小镇要与城市距离较近,位于都市旅游圈之内,距城市车程在2小时以内;二是小镇要根据城市人群的需求进行针对性的开发,以休闲度假为主;三是小镇的基础设施建设与城市差距较小。

3.特色产业型——平阳宠物小镇赏析

(1)小镇简介:平阳宠物小镇定位为国内知名宠物主题小镇,打造成为包含温州宠物用品研发制造基地、温州宠物主题文化时尚中心、南雁景区休闲旅游特色门户和北港片区新兴产城融合板块四大功能的特色小镇。

(2)小镇分三大功能区:一是结合游客接待中心、宠物文化博物馆、产业研发与公共服务中心和宠物产业总部经济园的建设打造小镇的核心区;二是宠物用品产业核心制造基地,包括科创园、电商园、生产示范园,以及宠物用品小微创业园;三是以旅游和居住为主的综合服务性功能区块,包括宠物时尚主题乐园、特色旅游村、宠物用品商业街和综合商住区。

小镇发展解读:打造特色产业型小镇,一是要小镇产业特点以新奇特等产业为主;二是小镇规模不宜过大,应是小而美、小而精、小而特。

4.新兴产业型——西湖云栖小镇赏析

(1)小镇简介:云栖小镇建设以云计算为核心,大数据和智能硬件产业为主导产业的特色小镇。云栖小镇努力建设成为浙江特色小镇建设的示范镇、中国创业创新第一镇,探索出一条产业、文化、旅游、社区功能融合发展,体制机制灵活的新型城镇化建设之路。云栖小镇计划以云计算为科技核心,以阿里云计算为龙头,通过3～5年时间的努力,打造一个富于科技人文特色的中国首个云计算产业生态小镇。

(2)小镇发展解读:打造新兴产业型小镇,一是小镇位于经济发展程度较高的区域;二是小镇以科技智能等新兴产业为主,科技和互联网产业尤其突出;三是小镇有一定的新兴产业基础的积累,产业园区集聚效应突出。

5. 交通区位型——萧山空港小镇赏析

(1)小镇简介:萧山空港小镇在距离萧山主城区15公里、杭州主城区20公里的地方,已成为萧山发展"互联网+"的高地,仅今年上半年,便实现网上销售额21.57亿元。

依托航空特色,集聚电商物流巨头,抓住跨境电商发展机遇,在国家"一带一路"和"互联网+"背景下,积极打造萧山产业转型升级的新样本。

小镇规划3.2平方公里,地处杭州空港新城核心地带,形成"一心、双轴、四区"总体布局架构,三小时车程能覆盖长三角主要中心城市。

依据产业、文化、旅游、社区"四位一体"发展理念,认真践行"信息引领、智慧应用、模式创新、三生融合"四大发展要求,以"产业重镇""主题小镇"为定位。

通过三年左右时间建设,建立空运、航运、铁路、公路等多式联运智能化物流网络体系,并积极向电子商务、物流装备制造延伸,打造浙江不多、国内领先、有影响力的空港特色小镇。

萧山空港小镇构建的以智慧云、智能链、智通关、智生态(4I)为核心的"智慧物流"体系,使其完成了从无到有、从小到大以及半年线上交易额超20亿的迅速发展。实现了自身的产业转型升级,让小镇成为萧山企业转型升级的重要平台。

(2)小镇发展解读:打造交通区位型小镇,一是要小镇交通区位条件良好,属于重要的交通枢纽或者中转地区,交通便利;二是小镇产业建设应该能够联动周边城市资源,成为该区域的网络节点,实现资源合理有效的利用。

6. 资源禀赋型——定海远洋渔业小镇赏析

(1)小镇简介:定海远洋渔业小镇重点打造集科研、生产、综合物流于一体的海洋健康食品、新型海洋保健品、远洋生物医药等海洋健康产业,采用"海洋健康产业+"的创新发展模式。促进健康产业与新经济模式的充分"嫁接、契合、互融",积极推动创意、文化、旅游、电子商务等新兴业态发展。构建形成多链条、高融合的新型产业生态圈,积极打造成为浙江富有浓郁海岛渔文化气息的远洋渔业特色小镇。

远洋渔业小镇总体布局为"一核五区",包括核心区(远洋渔都风情湾

区,即小镇客厅)以及远洋健康产品加工区、健康产品物流区、生活配套区、健康休闲体验区和综合保障区。

创建"远洋渔业小镇",有利于更高品质地打造舟山国家远洋渔业基地,成为浙江海洋经济发展新的增长点;有利于完善浙江省健康产业体系建设,成为浙江健康产业发展示范区与产业基地;有利于海岛文化传承和高端要素集聚,成为浙江舟山群岛新区的形象展示窗口;更有利于优化浙江舟山群岛新区城乡空间格局,成为浙江"产城融合"的典范区。

定海远洋渔业小镇具有五个方面的发展优势:一是舟山远洋渔业全国领先,具备发展远洋健康食品产业的坚实基础。二是远洋渔业前景广阔,舟山拥有全国不多的国家远洋渔业基地。三是岸线腹地资源极佳,定海西码头区域远洋渔业基地建设初步成型。四是百年渔港历史传承,定海西码头渔港人文底蕴深厚。五是各级领导高度重视,省市政府全力支持远洋渔业基地建设。

定海远洋渔业小镇大力发展以"海洋健康食品和海洋生物医药研发制造"为主的海洋健康制造业,积极培育远洋渔业的总部服务经济和文化休闲经济功能。围绕"海洋健康制造"主题积极引进战略运营商,不断改善和塑造远洋渔业小镇的软硬件环境,建成"一港、一湾、一基地"的目标愿景。

按照"三年初见成效"的总体安排,定海坚持政府引导、企业主体、市场化运作的原则,进一步强化规划引导、产业培育和要素保障,加快和督促特色小镇项目推进。积极打造一个产业特色明显、地方文化独特、生态环境优美、"产、城、人"三位一体的省内不多的远洋渔业健康产业小镇,使之成为长三角地区乃至全国海洋健康产业的新样板、新典范。

(2)小镇发展解读:打造资源禀赋型小镇,一是要小镇资源优势突出,处于领先地位;二是小镇市场前景广阔,发展潜力巨大;三是对小镇的优势资源深入挖掘,充分体现小镇资源特色。

7.生态旅游型——丽江九色玫瑰小镇赏析

(1)小镇简介:九色玫瑰小镇位于丽江市古城区七河镇金龙村,是美丽中国"双百"玫瑰园区(乡村)工程率先启动的项目,由云南丽江玫瑰小镇旅游开发公司投资开发,打造一个集旅游观光、生物加工、健康养老等多业态为一体的玫瑰生态全产业链项目。

该项目将结合村内9个民族主题文化元素,开发面积约3.6平方公里,分6个板块,规划用5年时间,投资约5亿元,集玫瑰种植、玫瑰产品研发生产、旅游观光、电子商务销售为一体。建成"玫瑰爱情主题小镇旅游生态圈""玫瑰全产业链生态圈""婚庆全产业链生态圈""金融资本对接经济圈""村域+区域联动经济圈"。该项目的目标是将"九色玫瑰小镇"打造成AAAAA级玫瑰生态景区。

九色玫瑰小镇的名字起源于金龙村422户居民,一共包含了纳西族、白族等9个生活在这里的少数民族,所以用了9种不同的颜色表示,村民们为自家的房子挑选颜色,艺术感十足。

(2)小镇发展解读:打造生态旅游型小镇,一是要小镇生态环境良好,宜居宜游;二是产业特点以绿色低碳为主,可持续性较强;三是小镇以生态观光、康体休闲为主。

8.高端制造型——宁海智能汽车小镇赏析

(1)小镇简介:宁海智能汽车小镇循着产城融合理念,推进小镇基础设施、绿化景观、文化展示馆、智慧城市建设。这里以新能源汽车产业为核心,以智能化为特色,加快建设工业参观廊道、汽车主题公园、科技文化中心、特色街区以及慢行系统等功能区块,增强新能源汽车的辐射和集聚功能。

智能化是小镇的较大特点。在小镇创建过程中,始终突出和融合"智能化"与"汽车"两大元素,实现"产品、生产、产品管理、商业模式、小镇建设管理"五大智能化。

在小镇的管理上,借助物联感知、"互联网+"、移动互联网的技术提供整体智慧化应用服务,建成集基础设施物联、智慧安防、智能工地、智慧旅游、便民生活于一体的智慧小镇服务平台。

(2)小镇发展解读:打造高端制造型小镇,一是要小镇产业以高精尖为主,并始终遵循产城融合理念;二是注重高级人才资源的引进,为小镇持续发展增加动力;三是突出小镇的智能化建设。

9.金融创新型——上城玉皇山南基金小镇赏析

(1)小镇简介:杭州玉皇山南基金小镇正式揭牌,一个类似于美国对冲基金天堂——格林尼治的基金小镇,在国内诞生了。基金小镇凭借金融业列入首批浙江省特色小镇创建名单。玉皇山南基金小镇位于杭州市上城区玉皇山南,地处西湖世界文化遗产保护带的南端。车水马龙地,玉皇山脚下;背倚八卦田,南宋建筑群。这片南宋皇城根下的产业园,三面环山,一面临江,是千年皇城脚下的城中村,西湖边上的原住地。玉皇山南基金小镇核心区规划总占地面积2.5平方千米,总建筑面积约30万平方米。它是以美国格林尼治基金小镇为标杆,运用国际先进理念和运作模式,结合浙江省和杭州市的发展条件和区域特质所打造的集基金、文创和旅游三大功能为一体的特色小镇。

基金小镇用"微城市"的理念打造园区,建有生活配套服务平台——在玉皇山南集聚区内建设的公共食堂、商务宾馆、停车场、配套超市等。

基金小镇还将提供一系列特色配套服务。比如引进由省金融业发展促进会组建和管理的"浙江省金融家俱乐部",将创办成立"浙江金融博物馆",成立对冲基金研究院,为小镇入驻私募机构提供专业化服务。

根据规划,一期的山南国际创意产业园已建成,入驻企业以文创、私募(对冲)基金为主;二期甘水巷、海月水景公园、鱼塘北地块正在建设中,主要集聚私募基金龙头型企业;三期三角地仓库区块和四期白塔片机务段区块,引进为基金小镇提供配套金融服务的私募中介机构、初创型机构等。此设计将碎片化的基金小镇整合入微小镇生活圈,描绘着线上线下、工作生活紧密关联的小镇蓝图。

(2)小镇发展解读:打造金融创新型小镇,一是要小镇经济发展迅速的核心区域,具备得天独厚的区位优势、人才优势、资源优势、创新优势、政策优势;二是小镇有一定的财富积累,市场广阔,投融资空间巨大;三是科技金融是此类小镇发展的强大动力和重要支撑。

10.时尚创意型——余杭艺尚小镇赏析

(1)小镇简介:艺尚小镇位于临平新城核心区,规划面积3平方千米。作为未来的城市副中心,规划区成为临平要素集聚、交汇的链接区块。其建设对整合临平的区域资源、梳理城市空间结构、优化城市服务功能、提升城市生活品质有着至关重要的作用。

艺尚小镇以时尚产业为主导,把推进国际化、体现文化特色与加强互联网应用相结合作为小镇主要定位特色。规划形成"一心两轴两街"的基本格局。"一心"为小镇的形象之心、交通之心、功能之心;"两轴"为沿望梅快速

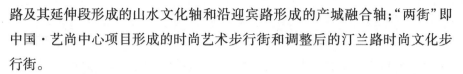

路及其延伸段形成的山水文化轴和沿迎宾路形成的产城融合轴;"两街"即中国·艺尚中心项目形成的时尚艺术步行街和调整后的汀兰路时尚文化步行街。

艺尚小镇产业规划由时尚设计发布集聚区、时尚教育培训集聚区、时尚产业拓展集聚区、时尚旅游休闲集聚区、跨境电子商务集聚区和金融商务集聚区6部分组成。

艺尚小镇产业定位于设计与研发、销售展示、旅游休闲以及教育与培训等,引进品牌服装企业80家左右。

中法青年时尚设计人才交流计划基地已落户"艺尚小镇";中国服装协会、中国服装设计师协会、法国时尚学院、中法时尚合作委员会已签署入驻协议。

美国纽约大学时尚学院、英国圣马丁艺术学院和意大利马兰欧尼时尚学院三大国际知名时尚学院正在积极引进中,七匹狼、太平鸟等40余家国内知名品牌已签订入驻协议。

三、特色小镇的作用

小城镇作为城市与农村的链接枢纽,具有承上启下的作用。而特色小镇作为小城镇的发展方向与新型城镇化的具体措施,可以实现生产、生活、生态融合,具有内联外通的作用,主要表现为以下几个方面。一是特色小镇具有整合资源、优化要素配置的作用。特色小镇的发展理念是在原有小城镇基础上,保留具有地方性特点的产业并将其无限放大,达到整合资源、优化要素配置的效果。特色小镇可以在有限的空间里充分利用资源,实现区域经济发展最大化①。二是特色小镇可提升资源要素转移能力,缩小城乡经济差距。特色小镇的位置一般处于城市与农村接合部,在传统城镇化发展中该区域往往被忽视。因此,特色小镇如果利用好城乡接合部的自然资源,通过完善基础设施建设,有可能创造出新型区域经济发展模式。随着特色小镇发展模式逐渐成熟,它将吸引更多的资金要素与人力要素,这有利于生

---

① 苏斯彬,张旭亮.浙江特色小镇在新型城镇化中的实践模式探析[J].宏观经济管理,2016(10).

产要素流动,进而带动周边农村经济发展。三是特色小镇有助于缓解中心城市发展顽疾,促进中国城镇化进一步发展。随着中国城镇化进程不断推进,大城市病问题日益严重。人口过度膨胀、交通拥挤、环境污染、资源匮乏等问题严重阻碍了城市发展。虽然政府施行了许多缓解大城市顽疾的政策(如建立开发区、设立卫星城等),但由于开发区的建立以及建设卫星城所在的区域仍与中心城市所属一个行政区域,没有相对独立的公共服务体系,其发展仍受到中心城市左右,因此无法真正缓解、消除中心城市存在的顽疾。特色小镇通过与中心城市的空间错位以及行政错位,实现独立自治。行政上的独立可以摆脱中心城市的束缚,更灵活地使用社会融资方式或者政府财政支持,更好地建设公共基础设施与完善公共服务,建设更适合生存与工作的环境,吸引中心城市居民,从而达到缓解中心城市顽疾的效果。

特色小镇作为新型城镇化下新型的发展模式,对城乡关系、城镇化的影响非常深远。[①] 其影响大致有以下几方面。

1. 特色小镇能促进农民就地城镇化

我国常住人口城镇化率已经突破 50%,但是仍然有超过 2 亿的农民尽管居住在城市,却无法享受城市配套的教育、医疗、保障性住房、养老等政策。到 2030 年我国预计城镇化率将达到 70%,如果仅依靠大城市带动农村发展是很难完成的。缩小城乡差距,带动农民就地城镇化非常必要。新型城镇化讲求以人为本,推行绿色可持续发展。小镇拥有众多优质资源,相对于大城市高昂的房价、巨大的就业压力,小镇对于农民来说入驻成本更低,生态环境更好。农村的剩余劳动力不断向特色小镇集中,能促进城市和农村、工业和农业现代化的发展,防止断裂带现象的发生。因此,推动特色小镇建设是农民实现就地城镇化的重要途径之一。

2. 特色小镇能提升农民整体素质,减少留守儿童

特色小镇的发展是以一个特定的产业作为支撑,无论是农业、工业,还是旅游业、高新技术产业。产业、企业、区域分工都需要众多劳动力。农民在参与工作的过程中提升了工作能力,企业为员工提供的技术培训、免费教

---

① 赵蒨芸.苏南特色小镇发展及其在城镇化进程中的作用研究[D].南京财经大学,2018.

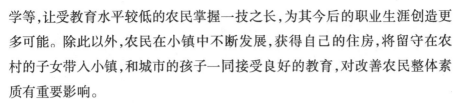

学等,让受教育水平较低的农民掌握一技之长,为其今后的职业生涯创造更多可能。除此以外,农民在小镇中不断发展,获得自己的住房,将留守在农村的子女带入小镇,和城市的孩子一同接受良好的教育,对改善农民整体素质有重要影响。

3. 特色小镇能提升居民生活质量

"以人为本"是目前新型城镇化的重心,特色小镇的建设不同于传统城镇化,不是通过房地产开发来推动城乡经济发展,它更注重人们对于生活环境的满意度,即人的城镇化。生产、生活和生态空间三者结合,为小镇居民提供完善的科技、医疗、教育、交通等公共设施服务,真正做到产城融合。在特色小镇定居的并不都是农民,还有很多城市人。他们迫于城市的环境压力,选择在小镇生活,一方面小镇交通方便,工作并不会受到距离的影响,另一方面,小镇生活成本低,环境更加适宜。特色小镇将城市人与农民融合,对城乡一体化建设做出巨大贡献。

4. 特色小镇是城乡一体化的重要推动力

城乡分离是阻碍我国发展农村经济的重点,实现城乡一体化,需要把工业和农业、城市和农村、城市居民和农村居民整合为一个系统进行规划。对此,我国正全面进行户籍制度改革。特色小镇能更好地落实户籍制度,推动公共服务均等化,实现资源共享、市场联动、人才流动、社会保障。同时,通过特色小镇的建设进行新农村改造,加快现代化步伐。已经拥有特色产业的农村可以申报特色小镇,拥有得天独厚优势的农村,政府可以扶持其发展为特色小镇。特色小镇既可以和城市融为一体,又可以促进农村发展。

5. 特色小镇有助于激发城镇化建设的市场活力

特色小镇是"产、城、人"相融合的一种发展模式。它不能被简单地定义为一个行政单位,也不是一个特定的开发区。传统城镇化中,政府所扮演的角色是一个引领者、管理者,企业只是政府行为的跟随者,市场服从于政治。但在特色小镇的建设中,政府不再是企业发展的主导,不再参与重大事项的决策,而是在企业发展的过程中为企业创造良好的环境,回归公共服务的职能,使企业有更广的空间自由发展,防止政府滥用职权现象的发生。同时,特色小镇的公共服务化水平更高。开发区模式是一种典型的发展型政府逻辑,中心任务是经济成长指标。因此,公共政策难以反映、平衡日益多元化

群体的差异化诉求,甚至会产生弱势群体权益从属于地方财政收益的情形。特色小镇的建设并没有偏颇于某些特定群体,而是将不同阶层、不同收入水平、不同身份背景的人结合在一起,创造多元化公共服务体系。

6.特色小镇有助于产业转型升级

当前发展中国家在经济发展过程中面对的首要问题是创新。浙江省作为制造业大省,低成本过去一直是它的核心竞争力,随着人力资本的提升,成本优势不再明显。生产者和消费者信息的不对称、技术匮乏导致浙江省制造业在很长一段时间内停滞不前。在此背景下,特色小镇建设通过发展技术更高、更独一无二的产品重新找到立足之地。同时,通过与"互联网+"国家政策的结合,利用网络获取消费者的喜好,减少不必要的生产,缓解有效供给不足的问题,实现供给侧结构性改革。苏南与浙江省同样作为以传统制造业为主的地区,有着良好的教育资源和师资力量,每年为国家输送的高层次人才数不胜数。特色小镇与高校发展结合,达到产业链、人才链、资源链三链贯通,实现经济增长。

7.特色小镇能促进城镇资源和文化历史的保护

独特的文化是一个小镇最深刻的底蕴和内涵。特色小镇的文化一方面表现为传统意义上的人文、历史、风土、习俗,例如依托江南水乡的美景,独特的建筑风格,江浙一带有诸如乌镇、周庄、西塘等远近闻名的小镇。依托徽派建筑,安徽有诸如宏村、南屏这样的小镇。这些都仅仅是对文化简单的糅杂、传承,是区域内特定的文化底蕴。但是,特色小镇中所倡导的文化更多的是通过各种要素的融合为小镇创造的品牌效应。社会成员对小镇的基础设施、环境风景的满意程度决定了小镇的吸引力,高层次人才的流入为小镇的发展奠定了基础。通过设施和政府保障的不断完善增强小镇居民的归属感,构建和谐、深厚的社会关系。充分发挥小镇居民的创新能力和责任意识,为小镇发展注入更多创新元素,人们为小镇的贡献更具自觉性。

四、特色小镇发展机遇

从城镇化发达的欧美国家看,城镇化发展大概分为三个阶段。一是在没有统一规划、管理的情况下,城市在发展过程中自发地进行资源配置。二是政府参与城市规划、管理,并通过政策影响与推动城市产业经济区建设。

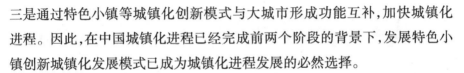

三是通过特色小镇等城镇化创新模式与大城市形成功能互补,加快城镇化进程。因此,在中国城镇化进程已经完成前两个阶段的背景下,发展特色小镇创新城镇化发展模式已成为城镇化进程发展的必然选择。

1. 国家政策扶持为特色小镇发展提供制度保障

2016 年 10 月,第一批公布了 127 个特色小镇的名单,这标志着中国正式发展特色小镇模式。经过近一年的发展,特色小镇就取得了良好成绩,表现在新增就业岗位、基础设施基本达标、体制机制取得创新成果。首批特色小镇带动新增就业人口 10 万人,每个特色小镇新增就业 800 个,并且个人收入均超过全国平均水平。特色小镇的融资 50% 来自 PPP,90% 的特色小镇构建了集规划、管理、建设为一体的"一站式"服务,极大地提升了特色小镇的管理运行效率。在特色小镇取得瞩目成绩的前提下,住房和城乡建设部办公厅在 2017 年 5 月下发了全国第二批 300 个国家级特色小镇申报通知,全力扶持特色小镇发展。值得注意的是,政府在特色小镇申报环节上,增强了监管,尤其对以特色小镇名义开发房地产的小城镇实行一票否决,并且规定发展旅游型的特色小镇不得超过三分之一,全面保证特色小镇发展质量。

2. 中国城镇化发展仍有较大上升空间

统计显示,中国城镇化发展与城镇化强国相比仍有不小差距,具有很大的上升空间。中国人口超过百万的城市大约有 100 个,占城市数量24.57%;而美国占比为 45.25%、日本占比 65.66%、韩国占比 47.82%(表 1-8)。这表明中国城镇化发展的大城市集聚效应还不明显,百万城市群人口比例仍有近 20% 的提升空间。在城镇化率方面中国则落后更多,2015 年中国城镇化率为 56.10%。而美国为 81.62%,日本为 93.50%,韩国为82.47%。因此,中国城镇化率仍有近 40% 的增长空间。巨大的城市集群发展潜力与城镇化率提升空间为特色小镇发展提供了良好的发展基础,有利于特色小镇模式的实施。

3. 符合城市发展自然规律,契合国家新型城镇化发展要求

当前,中国城市越发达,城市病越严重。特色小镇的出现是解决大城市困境、复兴城市发展的必然选择。特色小镇发展模式从建设、运营、管理等多方面创新城市发展,与国家推行的新型城镇化发展要求相一致。一是特色小镇发展模式更加注重市场需求,小镇建设更专业化。与传统城市发展

相比,特色小镇在建设过程中不会统一规划建设,它会将特色小镇的各个组成部分分开建设,将每一部分交托给专业人员进行建设,解决政府不专业问题。二是推进特色小镇运营模式创新,能加强城市与居民的紧密度。特色小镇的建设与当地居民密不可分,特色小镇在建设过程中会充分听取与采纳当地企业与居民的建议,以企业和居民为建设开发主体,保证特色小镇发展主体多元化。通过民众智慧,形成特色小镇与居民的互动,加强二者之间的联系密度。三是特色小镇的科学发展,使之具有可持续发展特性。特色小镇的开发与发展不以土地面积为基础,不以小镇面积扩张为目的,特色小镇的日常运营维护成本较低。根据经济发展规律可知,成本越低,竞争力越强,因而特色小镇更具有可持续发展能力。

表 1-8 中国与其他国家百万人口城市数量占比、城镇化率对比

时间 (年)	百万人口城市数量占比（%）				城镇化率（%）			
	中国	美国	日本	韩国	中国	美国	日本	韩国
1960	7.9	38.73	40.56	21.28	19.75	70	63.27	27.71
1970	7.7	41.59	51.84	31.29	17.38	73.6	71.88	40.7
1980	7.96	41.13	55.25	42.69	19.39	73.74	76.18	56.72
1990	9.64	42.15	58.22	51.28	26.41	75.3	77.34	73.84
2000	15.47	43.79	59.3	48.66	36.22	79.09	78.65	79.62
2005	19.76	44.07	61.04	47.76	42.99	80.73	85.98	81.35
2010	21.51	44.5	63	48.38	47.5	80.77	90.52	81.94
2015	24.57	45.25	65.66	47.82	56.1	81.62	93.5	82.47

第三节　特色小镇发展现状及模式

一、我国特色小镇发展规模

（一）特色小镇总体发展规模

2014年浙江省首次提出"特色小镇"，而真正引爆特色小镇的契机在于2016年7月三部委联合发布的《关于开展特色小镇培育工作的通知》（建村〔2016〕147号）和2016年10月公布的《住房城乡建设部关于公布第一批中国特色小镇名单的通知》（建村〔2016〕221号），尤其是三部委提出"到2020年，培育1000个左右各具特色、富有活力的休闲旅游、商贸物流、现代制造、教育科技、传统文化、美丽宜居等特色小镇"之后，各地积极开展培育特色小镇的探索尝试，各项地方规划密集出炉。

2016年公布第一批127个中国特色小镇，2017年7月，住建部公布了第二批276个中国特色小镇，至此全国特色小镇一共有403个。

从人口规模看，人口数量超100万的特色小镇有32个，人口数量超20万的特色小镇有6个。从各区域的特色小镇数量来看，华东地区的数量是最多的，有117个，其中浙江省数量最多，为23个。小镇数量并列第二的是江苏和山东，拥有22个特色小镇。总体看，特色小镇建设正成为当下我国的经济新热点，迅速崛起。热潮之下，特色小镇已经不再是一个普通的经济学概念或者行政学概念，而是一个实实在在的集产业、文化、旅游和社区功能于一体的经济发展引擎（图1-2、图1-3）。

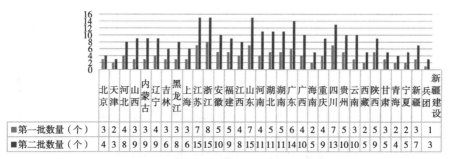

	北京	天津	河北	山西	内蒙古	辽宁	吉林	黑龙江	上海	江苏	浙江	安徽	福建	江西	山东	河南	湖北	湖南	广东	广西	海南	重庆	四川	贵州	云南	西藏	陕西	甘肃	青海	宁夏	新疆	新疆兵团建设
■第一批数量（个）	3	2	4	3	3	4	3	3	7	8	5	4	7	4	5	6	4	2	4	7	5	3	2	5	3	2	2	3	2	2	3	1
■第二批数量（个）	4	3	8	9	9	9	6	8	6	15	15	10	9	8	15	11	11	11	14	10	5	9	13	10	10	5	9	5	4	5	7	3

图1-2　住建部公布特色小镇省际分布数量

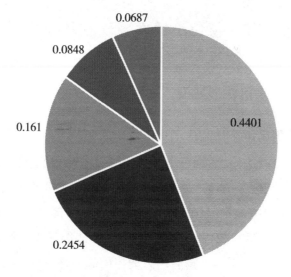

图 1-3   我国特色小镇区域分布图

（二）特色小镇总体投资规模

据中研研究院《2020—2025 年特色小镇行业市场深度分析及发展策略研究报告》显示：特色小镇融资分为投资主体前期直接融资和后续跟进融资，前期投资主要由特色小镇投资人提供资金，用于基础建设和产业打造，后续跟进融资指根据特色小镇的产业基础和运营能力综合评定特色小镇的潜力，以此决定是否跟投，产业基础和运营能力决定了小镇是否可以滚动融资跟进发展。

特色小镇是经济新常态下供给侧结构性改革的一招先手棋，小镇的建设有利于集聚人才、技术、资本等高端要素，实现小空间大集聚、小平台大产业、小载体大创新，有助于经济转型发展、城乡统筹发展。

根据已经初步建成，企业已进驻运营的部分小镇统计来看，平均一个特色小镇投资额约为 50 亿～60 亿，特色小镇规模较小的约为 10 亿，而较大可达到百亿。按照住建部总规划 1000 个特色小镇将产生 5 万亿～6 万亿投资额，占全国总 GDP 的 7％；如果按 31 个省市的规划总和，2400 多个特色小镇将产生 12 万亿～15 万亿投资额，可为经济增长提供强大推力。

另外，从对国内已建成小镇的样本统计来看，总投资中基建设施投资占

比 30%～50%,估算全国 1000 个小镇基建投资将有 1.5 万亿～3 万亿。

根据对全国 31 个省市特色小镇产业规划的汇总,这些省市 2020 年的规划目标高达 2468 个,远远超过三部委的规划。

(三)第一批特色小镇分布整体特征及分布

1.南、北分化明显,南方比重较大,尤其集中在长三角地区

2016 年公布的 127 个特色小镇名录,南方省份有 75 个、北方 52 个,仅浙江、江苏、上海、安徽四省即分布有 23 个特色小镇,占去第一批次中近 20% 名额。

这与南方尤其是长三角地区的城镇化发展程度、经济实力、产业化阶段有密不可分的内在联系,但更显示出目前一些超大城市人口过于集中所出现的"城市病",特色小城镇出现恰恰可以解决城市病所带来的居住成本畸高、生活质量下降等问题,有效吸纳周边人口、疏导城市资源。

2.以产业带为特色,中部崛起战略下特色小镇发展具备良好的产业基础

中部地区特色小镇较为集中的地区,以湖北(5 个)、湖南(5 个)、河南(4 个)、江西(4 个)、山西(3 个)为代表,这充分显现了在中部崛起战略引导下,我国中部经济区已在宏观层面为特色小镇培育提供良性的产业土壤。

纵观名录中出现的中部特色小镇,如吕梁市汾阳市杏花村镇、鹰潭市龙虎山风景名胜区上清镇、宜春市明月山温泉风景名胜区温汤镇、上饶市婺源县江湾镇、长沙市浏阳市大瑶镇、娄底荷叶镇等,几乎所有小镇都依托有良好的优势产业基础,如旅游度假、新能源、特色工业等。

3.中西部少数民族地区后发优势明显,具备打造特色小镇的资源基础

虽然总体上第一批次中,中西部地区的特色小镇分布较小,但依托民族文化塑造特色小镇品牌仍是目前可行性较强的路径模式,如喀什地区巴楚县色力布亚镇、塔城地区沙湾县乌兰乌苏镇、阿勒泰地区富蕴县可可托海镇、海东市化隆回族自治县群科镇、海西蒙古族藏族自治州乌兰县茶卡镇。

4.人文型小镇备受青睐,自然资源依托型小镇亟需打造文化软实力

第一批特色小镇认定中,人文型特色小镇备受青睐,如银川市西夏区镇北堡镇、拉萨市尼木县吞巴乡、山南市扎囊县桑耶镇、许昌市禹州市神垕镇等地。该类小镇的典型特质是依托当地优质的历史文化底蕴、民俗文化传

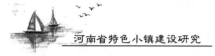

统、特色景观资源,走出了一条人文与资源相结合的特色小镇发展道路。这与那些单纯依靠自然资源或产业资源进行驱动的小镇打造相比,具备后者难以企及的先天优势。

5. 就业情况来看,长三角、珠三角、环渤海地区的特色小镇表现突出

特色小镇最关键的是要解决居民就业问题。在首批127个特色小镇中,就业规模最大的镇是广东佛山北滘镇(18.7万个就业岗位),最小的是青海乌兰县茶卡镇(1010个就业岗位),127个特色小镇(5个数据缺失)平均提供的就业岗位为26624个。

从就业的特征分布来看,长三角、珠三角、环渤海地区的特色小镇在提供就业岗位方面表现突出,长江中游地区、西北地区和东北地区的特色小镇的就业供给能力依然偏弱。另外,特色小镇主导产业吸纳的就业人口只占全部就业人口的47.9%,可见特色小镇的主导产业尚不够清晰。

6. 特色小镇对乡村振兴起到支撑作用,但建设用地仍较粗放

特色小镇与城市的关系分为大城市近郊、大城市远郊和农业地区三种类型,其中农业地区的特色小镇最多,其次是大城市近郊区,而大城市远郊区的特色小镇最少。可见,特色小镇在乡村振兴的过程中起到了非常重要的支撑作用。

不过,小城镇建设用地比较粗放。127镇(5个数据缺失)人均建设用地面积243.75平方米,平均建成区规模为6.68平方公里,东部沿海地区的小城镇建成区规模普遍较大,而内陆地区的小镇建成区规模普遍偏小。

总之,从各方面特征来看,127个入选的特色小镇的差异性明显,展现了我国各种类型的小城镇特征,但巨大的差异性同时也是我们当下小城镇发展面临的最大问题所在,贫富差异、地形差异、规模差异、区位差异、文化差异等都使得国家和省级层面的政策制定困难重重。

对于当下的小城镇规划、建设和发展而言,能够学习复制的省份和地区非常少,因地制宜、产城融合、探索创新仍是当前特色小镇建设的关键。

(四)第二批特色小镇特征及分布

2017年8月28日,住房城乡建设部会同发改委和财政部公布了第二批276个中国特色小镇培育名单。

1. 总体特征

（1）数量分布特征。276 个小镇分布于全国 31 个省、市、自治区和新疆生产建设兵团,数量最多的是浙江、江苏和山东三省,分别入选了 15 个,其次是广东和四川两省,分别为 14 个和 13 个;数量最少的天津和新疆生产建设兵团,分别为 3 个;大部分省份为 5～10 个。入选数量的多少与这些省份特色小镇培育开展的力度和成效有关(表 1-9)。

表 1-9　第二批特色小镇省际分布

省(市、自治区、直辖市)	个数	省(市、自治区、直辖市)	个数	省(市、自治区、直辖市)	个数
北京市	4	安徽省	10	四川省	13
天津市	3	福建省	9	贵州省	10
河北省	8	江西省	8	云南省	10
山西省	9	山东省	15	西藏自治区	5
内蒙古自治区	9	河南省	11	陕西省	9
辽宁省	9	湖北省	11	甘肃省	5
吉林省	6	湖南省	11	青海省	4
黑龙江省	8	广东省	14	宁夏回族自治区	5
上海市	6	广西壮族自治区	10	新疆维吾尔自治区	7
江苏省	15	海南省	5	新疆生产建设兵团	3
浙江省	15	重庆市	9		

（2）地理分布特征。从地形特点上看,第二批特色小镇的分布呈现出一定差异,平原镇占比最大,达到了 40%;丘陵镇占比 33%,与第一批持平;山区镇占比 25%,比第一批少了 8 个百分点。从区位特点上看,农业地区的镇最多,占到了 49%;其次为城市近郊镇,占比 30%;城市远郊区镇占比最少,为 21%。值得一提的是,第二批中农业镇占比比第一批高了 6 个百分点。

（3）功能类型特征。从特色小镇的功能类型来看,虽然第二批评选强调控制历史文化和旅游型小镇的总量,但实际上旅游发展型小镇仍然最多,占到 54%,比第一批仅下降了 6 个百分点;其次为历史文化型小镇,占比超过 34%,同样下降了 6 个百分点;相应地,农业型、工业型和商贸流通型小镇的数量有所增长(一个镇的类型可以有多种,可以重叠)。总体而言,本批次特色小镇的类型比第一批更加丰富。

(4)获得省级以上称号情况。276 个特色小镇获得的国家级称号达到 331 项,省级称号达到 175 项,平均每镇获国家级称号 1.2 项。其中有 160 个镇是国家级重点镇,35 个镇是全国特色景观旅游名镇(住建部以及国家文化和旅游部组织评选),35 个镇是中国历史文化名镇(住建部和国家文物局组织评选),52 个镇是全国美丽宜居小镇(住建部评选),35 个镇是国家新型城镇化试点镇(发改委评选),14 个镇是财政部和住建部建制镇试点示范。(见图 1-4)

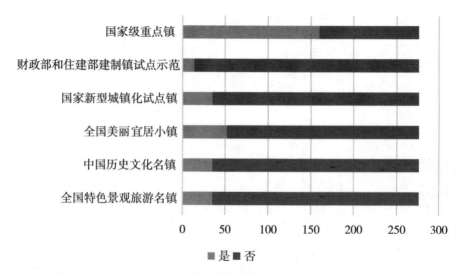

图 1-4　获国家级称号情况统计图

(5)文化传承。104 个小镇有国家级非物质文化遗产传承,158 个小镇有省级非物质文化遗产传承,175 个小镇有市级非物质文化遗产传承,合计 82%(可重叠)的入选特色小镇有一定程度的非物质文化遗产传承。(见图 1-5)

2.经济特征

第二批获批特色小镇的 GDP 产出分布呈现团块状,产出最大的除了三大城市群地区以外,还有山东省以及福建、广西、重庆和陕西等地。一些中西部的镇 GDP 产出很大,比如内蒙古鄂尔多斯市的罕台镇,GDP 高达

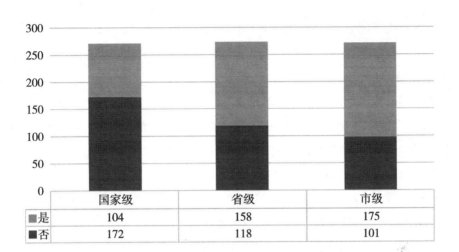

	国家级	省级	市级
■是	104	158	175
■否	172	118	101

■否　■是

图1-5　是否拥有非物质文化遗产统计图

424亿元,占了全县的半壁江山,是本次入选特色小镇中GDP最高的镇;比如重庆市的龙水镇GDP高达103亿元,山东省有3个入选镇GDP过百亿元。这些小镇的共同特点是,产业特色鲜明、基础相对好,有一定的传承。

总体来看,276个镇的平均GDP产出为37.4亿元,是第一批特色小镇均值的81.7%,其所属县的GDP均值为396亿元,入选小镇不一定是县域经济重镇。可见第二批特色小镇的入选,GDP只是考量因素之一,不是决定因素。GDP产出最小的是阿里地区普兰县巴嘎乡,仅有1792万元,只及罕台镇的4‰。

从人均GDP水平来看,276个小镇的差距有所减小(相对GDP总量的差距而言),最低的只有2800元(贵州省者相镇),最高的达到了77.09万元(罕台镇),平均水平为6.32万元/人。从地域差异来看,东中西部没有明显差异,东部有经济强镇也有弱镇,中西部亦然。

特色小镇居民的收入情况,差异依然存在。276个镇的城镇居民收入均值为26772元,比第一批的均值略高。276个镇的城镇居民收入中位数是26386元,收入最高的是天津市大王古庄镇,达到了9万元,最低的是青海省海东市民和县官亭镇,只有3825元,前者是后者的24倍。由此看见,地区差

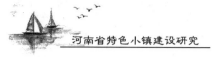

异广泛存在。

农民人均纯收入的均值为 15 878 元,是城镇居民的 59%,中位数是 14 341 元,最大值是 73998 元(吉林省延边州安图县二道白河镇),最小值是 4382 元(青海省海东市民和县官亭镇)。

第二批特色小镇的公共财政收入的差距同样巨大,最高的镇是嘉定区安亭镇,高达 140 亿元;而最低的衢州市江山市廿八都镇,只有 156 万元,前者是后者的 8974 倍。尽管公共财政收入的均值是 3.23 亿万元,但是中位数仅为 7256 万元,也就是说有 138 个镇的公共财政收入小于 7256 万元。但是从地域上看,差异并不是太明显,东部有财政强镇也有财政弱镇,西部亦然。其实 7000 万元的公共财政收入对于小镇而言已经不低,但数据统计显示,可支配公共财政收入均值为 1.64 亿元,中位数为 3939 万元。276 个镇的可支配财政收入占公共财政收入的比重平均为 62%,其中有 38 个镇低于 1000 万元。由此可见,第二批入选的特色小镇在财政上依然很困难,后续的建设还有很多困难需要克服。

从上述经济指标分析来看,第二批 276 个特色小镇并不都是经济强镇,主要还是体现在特色资源、特色产业和特色风貌上。但从更微观信息的提取上看,如同第一批特色小镇,大部分第二批入选的特色小镇尚未实现资源、产业、风貌的协调发展,补短板的工作任务依然不轻。

针对投资情况而言,2016 年 276 个镇全社会固定资产投资总量高达 6271 亿元,均值为 22.89 亿元,但中位数仅为 11.85 亿元,可见投资相对较为集中,呈现冷热不均的状态,最高的投资是在吉林省白山市抚松县松江河镇,为 224 亿元。

从民间固定资产投资来看,其占比超过 50%,平均值达到 14.3 亿元,中位数为 6.14 亿元,民间投资最大的是绥芬河市阜宁镇,为 132 亿元。再看房地产投资,2016 年 276 镇的总投资量为 824 亿元,平均投资强度 3.18 亿元,只占全社会固定资产投资额的 13.2%。如果看 2017 年一季度的房地产投资数据的话,276 个小镇的投资总额仅占全社会固定资产投资额的 116%。从数字上并没看出房地产热的明显痕迹。

3．产业特征

(1)产业类型分布。特色小镇的关键动力是产业。第二批特色小镇将产业类型划分为商贸流通型、工业发展型、农业服务型、旅游发展型、历史文化型、民族聚居型和其他类型共计 7 种。从各类型的空间分布来看,商贸流通、农业服务型和旅游发展型的分布较为广泛,各区域几乎均有分布;工业发展型呈现出北多南少的特点,且长三角和华北地区最多;历史文化型的分布呈现出南多北少的现象,民族聚居型总量较少,主要分布在西部和西南地区。从类型归属看,很多小镇兼具多重特征,比如长春市绿园区合心镇兼具商贸流通型、农业服务型和旅游发展型三重特色。总之,第二批特色小镇的产业类型比第一批更加丰富,产业凝练更加突出,比如高山滑雪小镇、运动服装小镇、起重机小镇、风筝小镇、樱花小镇等。

(2)主导产业特征。第二批特色小镇的产业更具特色,其主导产业的产值亦很突出。统计显示,2016 年 276 镇的主导产业产值高达 1.42 万亿元,比 2015 年增长 13.2%。虽然主导产业的产出均值高达 52 亿元,但其中位数仅为 9.5 亿元,即只有一半的小镇产值高出 9.5 亿元,呈现出冷热不均的状态,其中产出最高的是上海市嘉定区的安亭镇(汽车),高达 1041 亿元。

(3)就业特征。特色小镇最关键的还是要解决居民的就业问题。从其主导产业吸纳就业的情况来看,平均每镇解决就业 12 906 个,中位数是 6349。创造就业岗位最多的是南宁市横县校椅镇(国家级星火技术密集建设区),吸纳就业 168 622 个。

4．建设特征

(1)人口规模特征。276 个特色小镇的镇域人口平均规模为 5.63 万人,中位数是 4.46 万人,规模最大的是佛山市顺德区乐从镇,镇域人口高达 31.13 万人,规模最小的西藏阿里地区普兰县巴嘎乡,只有 1690 人。镇区平均规模为 2.61 万人,中位数是 1.87 万人,规模最大的是泰州市泰兴市黄桥镇,镇区人口高达 15.69 万人,规模最小的也是西藏阿里地区普兰县巴嘎乡,只有 652 人。

(2)建成区面积。从 276 个特色小镇的建成区面积来看,长三角、珠三角和山东半岛地区的镇建成区面积较大,内陆地区相对较小(除川渝、桂、豫的部分镇)。2015 年,276 个镇的建成区面积平均为 6.41 平方千米,中位数为3.29平方千米,建成区面积最大的是佛山市南海区西樵镇,为63.16平方千米,最小的为新疆维吾尔自治区博州精河县托里镇,为7800平方米。再看人均建设用地,276个镇的人均建设用地面积是327.05平方米,人均建设用地面积最小的是吐鲁番市高昌区亚尔镇,仅0.34平方米,面积最大的为海南省海口市石山镇,高达3007平方米。

(3)规划编制。从各镇规划的编制情况来看,100%都有总体规划。从规划编制内容来看,大部分镇的规划都有智能定位、镇村联动发展措施、镇区风貌塑造、建设高度和强度控制、近期项目库等。但是从各镇的总体规划质量来看,普遍较低。90%以上的镇有规划建设管理机构、一站式综合行政服务和综合执法机构。

(4)服务设施建设。276个镇自来水平均达标率98%,污水处理率平均为84%,生活垃圾无害化处理率平均为98%,宽带入户率平均为83%,平均拥有5个大型连锁超市或商业中心。

从各方面特征来看,127个入选的特色小镇的特征差异性明显,展现了我国各种类型的小城镇特征。但巨大的差异性同时也是我们当下小城镇发展面临的最大问题所在,贫富差异、地形差异、规模差异、区位差异、文化差异等都使得国家和省级层面的政策制定困难重重。即便是当下的浙江省特色小镇建设经验(产业小镇,供给侧创新)而言,能够学习复制的省份和地区也是非常之少。因此,"因地制宜,产城融合,探索创新"虽是老话,但对于当下的小城镇规划、建设和发展而言,仍然是受用的。

二、我国特色小镇发展现状[①]

1. 各地区发展特色小镇从注重数量逐步转向注重质量

2017年年底前,对外宣称为"特色小镇"的数量较多,其中存在大量虚假虚拟"特色小镇"。截至2021年上半年,全国各省份清单内特色小镇减少至1600个左右,其中的一半位于东部发达地区。按照各省份动态调整、优胜劣汰的工作计划,预计数量还将进一步减少。

---

① 李韶辉.特色小镇建设发展明确13项具体指标[N].中国改革报,2021-10-8.

2.各地区初步建立起特色小镇清单管理机制

大部分省份发改委已将清单报省级人民政府审核后印发,一些清单正在履行报批程序。特色小镇清单"少而精"导向初步树立,在31个省份中,19个省份清单内的特色小镇数量少于50个。

3.各地区逐步健全特色小镇工作机制

大部分省份切实加强统筹协调,将特色小镇工作纳入了本省份新型城镇化工作领导小组或厅际联席会议机制。一些省份建立了规范纠偏长效机制,持续开展拉网式排查整改和"回头看"行动。一些省份建立了典型引路长效机制,持续总结推广典型经验、予以正面引导。

4.全面施行"一张清单管到底"

全国特色小镇必须纳入各省份清单,未纳入的必须及时清理或更名,2020年9月《国务院办公厅转发国家发展改革委关于促进特色小镇规范健康发展意见的通知》(后简称《导则》)中,关于特色小镇清单统一管理制度的明确要求。各省份将全面建成特色小镇清单,纳入清单的应具备《导则》提出的基础条件,建成后应达到《导则》明确的各项指标要求。每年年底前公布清单,并报送国家发改委纳入全国特色小镇信息库。国家发改委对各省份清单实行"窗口指导",进行监督、引导和督促调整。

5.坚决清理清单外"特色小镇"

各省份正在对此前各有关部委或行业协会、地方各级人民政府、市场主体已建设或命名的特色小镇进行全面审核,将有条件有基础且符合《导则》要求的纳入清单,对不符合的进行清理更名、撤除宣传内容。此外,未来在开展项目审批(核准、备案)等工作时,强化对项目名称的把关指导,防止清单外项目命名为"特色小镇"。

6.确保清单内特色小镇严守底线

各省份将持续开展监测监督监管,确保清单内特色小镇不突破合规用地底线、生态环保底线、债务防控底线、房住不炒底线、安全生产底线。对违反以上五条底线的行为限期整改,对性质严重的抓紧清理,发现一起、处理一起,做到"零容忍"。

7.四大症结,造成"短命"

特色小镇经过建设热潮,很快就凸显各类弊端,部分特色小镇"倒闭",

究其原因,症结主要在以下四个方面。

(1)同质扎堆,毫无规划。某一小镇声名鹊起,随之而来的就是跟风照搬,大家都希望能趁热"捞一把"。西部某省一处古镇,因热播电视剧的展示而走红,短短两年内,方圆200平方公里内冒出民俗文化村、影视城乃至景观农业园等6个文旅项目,村一级的"小打小闹"尚不在内。有专家直陈,如此"复制粘贴"式上项目,等于自相残杀,哪能形成良性循环?

(2)内涵空洞,特色全无。这一点许多游客已经看清了:一条小吃街、一条商业街、一个广场、一堆仿古建筑,就是一些特色小镇的全部世界。"去一次不会去第二次,看一个不会看下一个。"有游客说,"去小镇我们希望感受的是文化乡愁,不是看一堆假古董,买一堆地摊货。"

(3)资本工具,沦为幌子。有个别特色小镇上马莫名其妙,甚至触碰生态或土地红线,结果,没建成就被叫停,数亿元投资打了水漂。一些特色小镇项目获取土地不需要经过"招拍挂",可以大大削减地产商的成本,因此有些房地产企业就打起借特色小镇"拿地"的算盘。其建设目的在于建设特色小镇配套的房地产项目上,本质在于卖房子,对于特色小镇能否建设毫不在意。

(4)政绩推动,盲目上马。为了政绩"亮眼",一些地方政府只惦记做项目的加法,不考虑规划的章法。基层干部最头疼的上级硬指标,就是"引进项目",而特色小镇因为纸面上可以勾勒出多方面的效益,往往成为地方的选择。加之对于领导的"拍脑袋",约束机制往往缺失,论证环节更是从简,特色小镇"前仆后继"。

三、特色小镇发展模式

特色小镇作为城镇化发展的创新模式,"特"体现在产业、机制与功能方面。因此,特色小镇的发展模式将分为三类:产业型发展模式、功能型发展模式、机制型发展模式[①]。

(一)产业型发展模式

特色小镇产业型发展模式的核心是产业优势,表现为"一镇一产业"。

---

① 薛德升,曾献君.中国人口城镇化质量评价及省际差异分析[J].地理学报,2016(2).

主要是通过发展单一产业,做到产业精、细、特、强。利用互联网技术,推动特色小镇朝着产业链方向发展,形成研发、生产、销售、售后一站式服务(图1-6)。由此可知,产业型特色小镇发展模式的关键是"互联网+"技术。一是特色小镇需要进行产品研发,使用具有市场竞争力的核心技术进行产品生产与服务。二是特色小镇对产品的销售采用互联网营销模式,即 B2B、B2C 模式,有助于扩大特色小镇产品业务服务范围。同时,产业型特色小镇还接受客户的个性化产品或者服务定制,通过"互联网+"技术,将客户的定制产品或者服务需求提交给研发部门,进行生产与销售。三是特色小镇可以通过客户对产品或者服务的反馈进行售后服务,在不断与客户的交流中提升产品与服务质量。

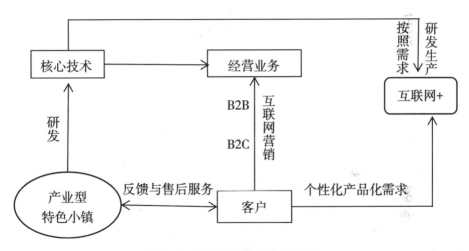

图1-6　产业型特色小镇发展模式

(二)功能型发展模式

从特色小镇实际发展情况看,功能型发展模式是中国特色小镇主要发展模式,包括生态旅游型特色小镇、文化传承型特色小镇、休闲旅游型特色小镇等。无论何种功能型特色小镇,其核心都是通过提供消费服务、产品定制以及门票销售获得收益,具体发展模式如图1-7所示。就生态旅游型特色小镇而言,小镇选址要在自然环境优美且污染少的地区,将生态资源环境转换成经济优势。生态旅游特色小镇的收入主要来自客户游玩自然生态环境的门票收入以及在度假公寓的消费,同时也包括提供具有纪念意义的生态产品定制收入。休闲型特色小镇则是在原有的生态环境基础上加以开发、延伸,形成了包括休闲集聚、居住集聚的旅游型特色小镇。休闲型特色小镇提供的业务服务更加广阔,不仅可以满足客户的游玩需求,同样也提供如养生、住宿、娱乐等服务。文化传承型小镇的建设需要建立在具有人文景观或者文化底蕴的古城或者村落,需要具有较强的文化资源、古老的文化习俗以及非物质文化等,这种特色小镇收入主要来自文化参观、讲解的门票收入。

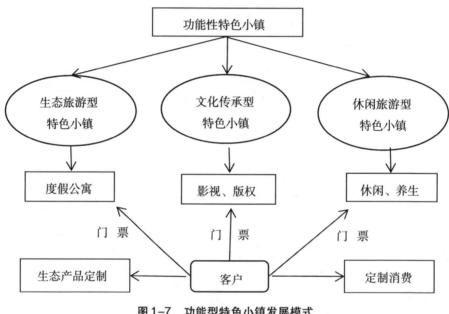

图1-7 功能型特色小镇发展模式

(三)机制型发展模式

机制型特色小镇的特点是,小镇在建设的过程中由政府作为主要引导、龙头企业为发展主体、服务型企业形成具有层次感的产业链发展模式。这种特色小镇的核心是政府利用资金支持以及政策支持,吸引龙头企业对特色小镇投资,进而吸引可以为龙头企业服务的小型服务企业加入小镇建设,从而带动特色小镇快速发展,具体发展模式如图1-8所示。一是政府根据特色小镇的发展需求,前期对小镇的基础设施建设提供一定的资金投资支持,增加特色小镇的区位价值①。同时,使用政策指引促进特色小镇发展,吸引社会企业投资。比如,对某些产业的扶持政策、优惠税收政策等方式。二是在特色小镇建设中期,依靠市场发挥作用,结合 PPP 模式,吸引当地龙头企业资金投入,为特色小镇的建设提供保障。三是通过龙头企业的加入,吸引可以为其服务的上下游企业加入特色小镇建设,进而形成多层次的产业生态圈,加快特色小镇的产业快速集聚。

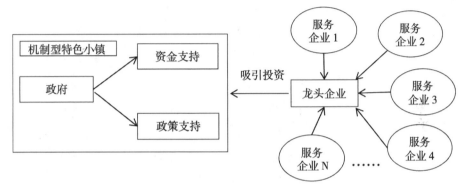

图 1-8　机制型特色小镇发展模式

第四节　特色小镇发展机理

一、坚持城镇化、农业与工业协调发展

张培刚先生论述的农业国工业化理论中的工业化主要有三层含义。第一,农业和工业是相互依存的关系。一个国家经济的发展需要工业和农业维持一定的动态平衡关系,不是片面的在前一时期发展农业,在后一时期发展工业。食物是人类赖以生存的资源,实现工业化必须依靠农业部门提供的各种生产要素。同时,农业也是重要的市场要素,是城市中生活用品的购买者。因此,工业化发展必然使得农业发展占比逐年下降,但这并不意味农

---

① 陈多长,游亚.地方政府土地财政行为对城镇化模式选择的影响[J].经济体制,2016(1).

业在市场经济中的基础性作用被削弱。第二,农业在工业化中的地位不可或缺。农业不仅为人类提供初级产品和基本生活要素,其在整个技术变革、经济发展、生产方式转变过程中都有举足轻重的地位。众多发展中国家的国民经济收入、就业岗位都依赖农村,因此推行农业现代化是改善这些国家经济发展的核心,农业与工业发展应受到同等程度的重视。第三,工业化离不开农业发展。经济的发展、城镇化水平的提高,使人们对农业的需求更加旺盛。为了适应这种变化趋势,农业必须更具现代化。农民既作为生产者,又作为消费者,为生产和消费目的购买工业品的能力取决于农民的收入水平和农业生产方式的提升。所以,为了工业更好的发展,农业作为基础应加强动态调整和协同发展。

除此以外,工业化推进促使农业机械化程度的提高,必然引起劳动力需求减少,产生大量剩余。农民在农村无法生存,城市又拥有吸纳这些劳动力的能力,为其提供更好的发展平台,创造更多的就业机会,许多农民自发向城市转移。依托工业化强有力的保障,城镇化不断发展。根据我国目前发展现状,大量农村剩余劳动力涌向城市,极大地考验着城市的空间承受能力。而城市的发展主要依托工业,工业带动劳动力聚集。因此,如何将这些剩余劳动力进行合理分配,防止"城市病"的发生,工业与城市区位在空间上布局的合理性尤为重要。

特色小镇建设作为新型城镇化发展模式,就是对工业和城市布局的合理规划。特色小镇注重工业和农村的协同发展,积极培育特色产业。目前我国很多特色小镇以农业为发展基础,结合科学技术创新,在政府制度的保障下不断对农业进行改进。

二、良好的区位优势

特色小镇的发展需要良好的区位优势,这些优势不仅体现在资源、环境,还体现在经济基础、设施建设上。

首先,从自然资源来说,丰富的资源是特色小镇选择主导产业的重要因素。很多特色小镇的建设最初是由自身拥有的自然资源所决定的,如何将这些资源作为小镇发展的重心,提高使用效率,推广产品优势,推动经济增长尤为关键。中国地大物博,拥有非常罕见的自然资源,尤其在江南水乡和云南,适宜生长的气候,肥沃的土壤和充沛的雨水,为很多农作物的生产创造了有利条件。丽江的玫瑰小镇,大片的玫瑰花田为当地的居民带来了丰厚的收入,尤其在情人节,经常出现供不应求的情况。为了进一步拓宽经济增长,云南玫瑰旅游开发公司投入大量资金,着力完善小镇的产业链。除了玫瑰花的售卖,小镇开发了不同色彩的玫瑰田供游客观赏,和当地的婚庆公司联合为情侣提供婚纱拍摄基地,与宾馆、度假村合作推出不同主题房间等。沿海地区依靠海产资源,也发展了众多特色小镇。

浙江舟山定海区的远洋渔业小镇,重点打造各种海洋健康食品、保健产品,将科研、生物结合,抛开过去单纯的打渔捕捞,创新产业增值链,融入休闲观光区和综合保障区,将远洋渔业小镇打造成中国渔业基地。

其次,我国特有的历史文化也可以作为特色小镇发展的基础。浙江省的龙泉青瓷小镇,主要以青瓷生产作为特色产业。青瓷距今已经有超过一千多年的历史。龙泉青瓷在历史长河中几经衰败盛行,2011 年龙泉市凭借古老的历史文化、较为完善的旅游基础,被誉为"中国青瓷小镇"。随着小镇的不断开发,越来越多的工艺作坊入驻,吸引了全国各地的游客和来自各大高校美院的学生前去学习写生。2015 年,浙江省提出特色小镇建设,龙泉市积极与上海道铭公司合作,致力于将龙泉青瓷小镇打造成世界一流的青瓷基地。目前,龙泉青瓷小镇以先保护生态,后经济发展作为宗旨,注重绿色环保,真正做到了特色小镇的可持续发展。

再次,良好的地理位置为特色小镇发展带来便利。浙江萧山的空港小镇距离主城区较近,拥有 160 多条国内外航线,将近 3 小时的车程就可以覆盖整个长江三角洲。小镇内还有空港保税仓、出海码头等,实现了航空、陆地、海港、电子商务全方位贯通。京东、圆通、申通、准时达等国家先进物流公司的进驻也使其成为浙江省数一数二的智慧物流基地。阿里巴萧山产业带依托大数据和产业平台将人流、物流、资金流、商流、信息流融合成五流一体,打造萧山的"网购一条街",将产品通过 B2B 平台售卖。小镇中的有棵树集团开发的"爬虫系统",更精准地收集消费者的购买数据,每天自动形成一份报告,让商家清晰地了解顾客需要什么、喜欢什么样的商品,实现信息堆成,完善供给侧结构性改革。2017 年空港小镇的网上销售额已经突破50 亿元。

最后,特色小镇的发展需要经济基础的支撑。21 世纪是我国经济腾飞的时代,"以人为本"的理念更深入人心。我国作为世界第二大经济体,已经逐步实现了从"世界工厂"到"全球超市"的转变,每年消费拉动经济增长的比重已经超过一半。除此以外,特色小镇的经济支撑主要来源于小镇自身,拥有国家强大的资金投入,当地企业的资金融通和流动能力也不容忽视。由于特色小镇的面积较小,资金流通速度快,企业速动比率和流动比率很高,再加上我国金融体系不断完善,区域资金链完整,对盘活当地经济有巨大贡献。

三、专业化分工的支撑

(一)产业聚集分工

小镇的发展必须以特定产业作为支撑,不管是农业、工业、高新技术产业还是旅游业。聚集式的发展不仅能给企业带来更多的便利和资源共享,还能推动特色小镇的发展,提高小镇的综合竞争力和整体水平。产业集聚形成的完整产业链对特色小镇的建设主要有以下几个优势:

第一,产业集聚可以促进邻近和外部效应的产生。产业集聚使得邻近的企业之间能够实现资源、人才、技术等的自由流通和运用,大大减少了企业发展的成本。而产业集聚带来的企业自身发展又给其他相近企业增强了规模经济和范围经济。通过区域内的竞争、合作和创新,产业集聚使该企业快速发展。

第二,产业集聚可以形成区域性创新体系。为了使我国的企业拥有核心竞争力,企业与企业、企业与政府之间通过组建核心、支撑和环境价值体系推动特色小镇的产业集聚。核心价值体系是根本,它通过企业之间的合作与竞争寻求他人无法突破的技术难题,将无法复制的技术作为知识产权、核心武器。支撑价值体系主要是指政府对于产业集聚所进行的措施,诸如为企业的发展提供资金支持、为特色小镇的可持续发展进行环保约束等。环境价值体系主要是指外部市场、相关法律制度等,是产业集聚的外部因素。

第三,产业集聚可以促进区域内的经济发展。一方面,产业集聚必定带来人口集聚,企业的发展需要大量劳动力,农民聚集到小镇中心,降低企业

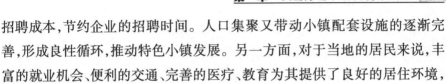

招聘成本,节约企业的招聘时间。人口集聚又带动小镇配套设施的逐渐完善,形成良性循环,推动特色小镇发展。另一方面,对于当地的居民来说,丰富的就业机会、便利的交通、完善的医疗、教育为其提供了良好的居住环境,人们生活水平的提高进一步拉动了当地的消费经济增长。

(二)企业分工

根据斯密分工理论,企业之间的分工促进产业链中的各个环节分化得更为精细。在特色小镇的发展中,企业分工有着举足轻重的作用。

特色小镇的发展离不开企业内分工。以阿里巴巴为例,它是一个集物流服务、金融服务、跨境电商服务、广告服务为一体的企业,规模庞大,员工众多。但是,阿里巴巴集团的公司遍布在浙江不同区域。它的金融服务主要集中在高新技术开发区,它的仓储物流则位于萧山空港特色小镇。企业内分工使各个环节在不同特色小镇中发挥优势。

特色小镇的发展离不开企业间分工。同一产业中的不同企业聚集,彼此良性竞争与合作,分享资源,取长补短,更好地进行科学技术的创新。不同产业中的不同企业分工。产品从制作到出售需要一整个流水线的操作,尽管不同企业生产的零件不同,但是他们的目标一致。特色小镇中企业间分工可以减少运输成本,为产品的制作提供便利。每个企业所制作的零件也是特定的,极大地提高劳动生产率,在单位时间内创造更多的财富。

(三)城市分工

都市圈城市分工是产业聚集分工和企业分工共同作用的结果。城市分工是不同城市、不同地区为了寻求利益最大化进行的分工合作。城市之间的合作,必定是双方都认为获得了期望收益,如果一方不满意,他就会拒绝合作。同时,城市分工的持久性也会因为各方收益和支出的平衡性发生改变,如果一方只有支出没有收益,那么城市分工也不会形成。城市分工导致不同地区生产不同的产品,并最终通过贸易进行分配。

基础部门和非基础部门是构成城市经济的关键点,基础部门是指向区外输出产品的部门,城市经济的发展由这个基础部门决定。向外输出的产品数量增加、质量增强可以带来区域经济发展的乘数效应。同时,城市经济的增长可以促进基础部门的进一步发展,推动国际贸易地位的提升,深化区域之间的分工,形成双向因果关系。

基础部门的发展对整个城市的经济至关重要。从特色小镇的角度进行分析,每个地区的特色小镇在发展初期都会通过自然优势、区位优势选择发展的产业,获得一定的竞争力,这种竞争力体现在产品对外的价格上。如果这个城市基础部门生产的产品价格,即产品成本和运输费用总和可以低于其他城市,那么这个基础部门对当地的经济就有促进作用。例如,自然环境突出的地区一般发展旅游业,矿产、稀有金属资源丰富的地区一般发展冶金业,临近江海湖泊的地区一般发展渔业。先天性的差异导致不同区域、不同小镇基础分工的不同。随着科技发展,后天差异逐渐形成,成为城市经济发展的又一推动力。

在发展中持续获得竞争力,不仅要保持原有先天绝对优势,还要通过不同城市特色小镇之间紧密的分工合作、广泛的交流联系、共享的技术资源和合理的分配创造共同发展、空前繁荣的发展景象。

(四)城乡分工

城乡分工较城市分工区域面积更小,城乡分工多指一个区域中城市和农村对产业定位的不同引起的分工。城市是人才集中的区域,完善的基础设施和快速的经济发展吸引了大量人口。相较农村,城市的地块更稀缺,对企业来说其租金更昂贵。因此,绝大多数生产企业由于需要庞大的占地面积多集中于农村,高新技术、服务业多集中于城市。这就引起了城乡之间的分工。但是,一味将城市和农村分离对我国经济发展必定产生很多不利影响,为了防止断裂带的产生,特色小镇的重要性不言而喻。特色小镇没有城市发展得那么繁荣,也不像农村经济资源匮乏。特色小镇可以真正做到城市和农村的结合。

综上所述,不同产业、不同企业、不同城市、城乡之间的分工合作更好地推动了特色小镇的发展。使每个小镇的企业在拥有特色产业的基础上进行分工合作,达到彼此利益最大化,推动经济发展,缩小城乡之间贫富差距。

四、政府制度的引导和保障

特色小镇的发展是我国转变经济发展方式的着力点。政府重视创新驱动发展,逐步将过去"小而全""大而全"的产业转变为更具不可取代的"小而特"产业,同时将特色产业和当地小镇的特色文化结合。

　　我国在推行城镇化、破除城乡二元结构的道路上已经行走了很多年,但经济情况和全球形势转变,传统城镇化已经很难满足发展现状,膨胀式的发展道路给城市带来了大量劳动力,但城市吞并农村显然是没有长远性的。不仅给城市增加了各种弊端,如交通堵塞、噪声污染、环境破坏等,也使农村的发展更加落后和闭塞。年轻劳动力大量涌入城市,农村成为妇女儿童的栖息所,造成众多留守儿童和老人,普遍的低素质更不利于农村发展。对此,我国政府在近几年发展形势中所倡导的创新、科技、互联网正不断引导农村发展。以浙江来说,依托"互联网+"模式,政府基于一体两翼发展战略,推动杭州市梦想小镇、云制造小镇、云栖小镇等"互联网+"特色小镇逐渐发展,杭州市为其提供了良好的经济支撑、基础设施建设、人才引进等,这些特色小镇也进一步拉动了杭州市科学技术的发展。

　　除此以外,制度作为发展国家政策的保障,决定着我国的发展方向,良好的制度安排可以在一定程度上减少空间交易成本的发生。我国以往采用自上而下的发展模式,不容易带动普通大众的积极性。而根植于人民的自下而上的发展,可以更好地发挥市场在资源配置中的决定性作用。对于农民个人来说,2016年浙江省出台的一系列政策将居民的经济身份和社会身份分离,使农民享受一定程度的城镇待遇,而其自身所拥有的农民权益也会保留。这一举措改善了阻碍劳动力自由流动的情况,农民可以到距离较近的小镇就业,减少其因生活习惯、文化风俗导致的区位转移交易成本,促进特色小镇的人口资源流动。由于特色小镇的规划发展核心面积一般不超过3平方千米,"小而精"的设计使小镇的发展更加集中,发展基础更加稳固,也避免了诸如发展过快导致的资源跟不上步伐、环境承受力跟不上人口等引发的"排队"现象。目前我国特色小镇的建设实行创建制,不同于过去颁布一个政策,行之有效的进行表彰和奖励,创建制更多的是一种引导规范,政府在特色小镇的发展中严格把关,每年都要进行相应的评估和审核,防止其打着"特色小镇"的名义进行房地产开发。

　　同时,地方政府为企业所作的贡献是巨大的。企业的目标是实现自身利润最大化,随着成本价格的透明化,传统实体企业的空间利润逐步缩小,如何抵御互联网科技、金融带来的冲击,通过不断的技术进步和成本降低在实体经济中保留一席之地成为重点。因此,地方政府逐步降低企业的入驻成本。杭州市的梦想小镇是浙江省政府最先推出的一批特色小镇,对于入驻梦想小镇的企业,政府给予优惠政策。三年内通过审批核准的企业能够获得每人 10～150 平方米的免租金办公场所,对于刚毕业创业的大学生给予无息贷款、财政补助、无风险资金池、中介服务补贴,大学生创业企业符合一定条件还可以免费申请梦想基地公寓或者按照博士、硕士、本科分别获得一定的租房补贴。不同地方政府对特色小镇建设的支持降低了企业营运成本,浙江省的民营企业不断发展。

最后,特色小镇的可持续发展离不开政府的规范与约束。传统城镇化发展片面强调发展经济,忽视了对生态环境的保护。国家提出的新发展理念之一就是绿色发展,一方面,政府不断推进生活绿色,提升居民个人环保意识,倡导低碳出行,多乘坐公交车,提高私家车的使用效率,节约资源。尤其对于以旅游为特色产业的小镇,良好的行为规范能使景色更加优美。另一方面,绿色发展不仅仅是对环境的保护和资源的节约,还在于在经济活动中降低成本,建立完善的绿色制度。

第五节　特色小镇发展前景及展望

一、特色小镇发展前景

中国特色小镇仍处于起步发展阶段。从发展成熟度看,沿海发达地区的特色小镇发展速度快于内陆地区,大中型城市郊区周边的特色小镇发展速度要快于小城市与农村周边特色小镇。

尤其是在一些经济发达地区,特色小镇的发展势头良好,居住在特色小镇内已经成为生活的新趋势,成为生活高品质的象征。随着中央不断发布有利于特色小镇发展的政策,以及省政府对特色小镇金融支持政策体系不断完善,可以预见在中心城市限购限贷的背景下,特色小镇将迎来全新的发展高潮[1]。

---

① Hans Thor Andersen, Lasse Miller-Jensen, Sten Engelstoft. The End of Urbanization Towards a New Urban Concept or Rethinking Urbanization [J]. European Planning Studies, 2011(4).

一是在新型城镇化发展要求下,特色小镇迎来政策红利快速释放期。特色小镇的概念最初是由浙江省在 2015 年"两会"工作报告中提出的。同年 4 月浙江省出台了《浙江省人民政府关于加快特色小镇规划的指导意见》,对特色小镇的初步发展形态做出规划。随后,浙江省的特色小镇发展模式由于取得了优异的成果,得到国家部委认可,并积极地向全国推广。2016 年 2 月国务院颁布的《关于深入推进新型城镇化建设的若干意见》指出,要加快推进特色小镇规划建设的实施方案,发展具有特色优势的魅力小镇,进而带动农业现代化以及周边农村城镇化。在此政策背景下,特色小镇发展模式得以在全国推广。目前从特色小镇支持政策看,各地已经出台若干特色小镇指导意见或者具体方案,并且一旦省市级特色小镇进入国家示范名单,在土地用地、补贴、奖励等方面都可以获取一定收益。此外,从各地的"十三五"规划看,大部分省市都增加了特色小镇规划建设的实施方案并提高了对特色小镇的资金支持,特色小镇发展明朗。

二是特色小镇建设融资政策不断完善。政府在特色小镇建设资金方面给予大力支持,特色小镇融资体系不断完善。在融资方面,通过创新金融产品拓宽融资渠道。在支付方面,优化了特色小镇周边网点布局,完善支付体系。2015 年 10 月,浙江省发布《关于金融支持浙江省特色小镇建设指导意见》,从特色小镇融资六大方面列举了 16 条具体融资措施,并且鼓励基金、信托、融资租赁、PPP 等金融融资方式加入特色小镇建设,以投贷联动的方式对特色小镇的融资提供支持。

三是土地"三权分置"政策为特色小镇发展提供基础。土地"三权分置"使原本零碎化的农村土地变得连片化,土地的使用面积与效率大幅度提升,并且使单一的农户耕作模式走向多元化的现代化农业经营,丰富了农业发展多样化,为农村产业融合提供了便利。同时,土地的"三权分置"释放了农村劳动力、农业资金、生产技术等生产要素,为要素自由流动创造了可能,使生产要素可以更为集中,有利于特色小镇的基础建设。以黑龙江省兰西县的农业特色小镇发展模式为例。该县将农民的土地承包给当地农业合作社,经过当地农业合作社的整理后,将土地二次信托给由当地企业、研究院、交易所共同建立的"兰西中信现代农业服务有限公司",并发放给当地农民信托凭证。"兰西中信"利用资金优势、科技优势以及管理优势,将兰西县的农业实行集中生产,促进了当地农业现代化运营,加速了周边农业服务行业的集聚,经济实现了快速发展。

二、特色小镇发展展望

第一,发展绿色生态特色小镇。随着城市雾霾污染加重以及交通拥挤,城市居民在节假日、休息日去城市周边郊区度假已经成为主要选择。互联网技术的发展、车辆的普及使人们在远离中心城市的郊区生活与工作成为可能。国家"十三五"规划提出的绿色发展理念,使绿色生态小镇具有较大发展潜力。

第二,发展精—小—特的特色小镇。随着人们生活观念的转变,相比节奏较快的大城市,规模较小的特色小镇生活节奏更适合人们生活。国家政策由发展大城市转变成发展具有特色的小城市。发展观念也从由最初的小城镇变成大城市,再转换成小城镇质量化发展。人们对生活质量要求更高,对居住周边的文化氛围更加看重,具有特色的小镇对其更具有吸引力。

第三,发展智能化特色小镇。互联网技术高速发展,大数据技术、云计算技术可助力特色小镇管理更加便捷[1]。特色小镇智能化发展有利于形成特色小镇产业链,促进特色小镇的产业发展。特色小镇智能化发展可以减少小镇地理位置相比于中心城市的劣势,提高特色小镇居住质量。

---

① Alan L. Saltztein. Governing America's Urban Areas [M]. Belmont, CA : Thomson Wadsorth, 2003.

第二章

河南省发展特色小镇发展现状

一、特色小镇发展现状研究评述

在对特色小镇建设、发展水平的研究中,既有定性评述,也有诸多学者针对不同的案例小镇进行定量测评。且定量测评模型多样,亦表现出不同的测量指标。

针对特色小镇指标体系的研究主要包括,吕康娟等[①]将小城镇评价指标体系分成四部分:自然优势、经济效益、社会效益、建设优势,由此构建小城镇建设评价指标体系。吴一洲等[②]构造了基本信息、发展绩效和特色水平三个维度的特色小镇发展水平指标体系。潘静波[③]基于空间到时间、小镇内和小镇外二维视角,设计了区域经济环境、特色金融小镇金融发展指标、金融生态环境、金融制度安排、金融管理和服务水平、互联网金融发展指标等对

---

① 吕康娟,刘延岭,关柯. 小城镇建设评价指标体系的研究[J]. 城市发展研究,2001(5):69−72.

② 吴一洲,陈前虎,郑晓虹. 特色小镇发展水平指标体系与评估方法[J]. 规划师,2016(7):123−127.

③ 潘静波. 二维视角下金融类"特色小镇"的培育指标体系构建:以杭州市为例[J]. 经贸实践,2016(20):31−32.

金融类"特色小镇"进行评估。温燕等[①]依据 GEM 模型和专家调研形成了资本资源力、产业发展力、基础设施力、政府支持力、环境资源力五个方面的特色小镇核心竞争力指标体系。赵海洋[②]设定了基础设施建设、生态环境影响、相关制度建设、社会民生发展以及社会经济发展五个潜变量并分别确定了基于 SEM 的特色小镇社会效益评价指标。徐友全等[③]基于 GRA-AHP 方法对建造风险、特定项目风险、金融风险、信用风险等八项特色小镇 PPP 项目建设指标进行风险评价。雷仲敏等[④]基于特色小镇的科学内涵构造了产业、环境、文化、功能、体制五个维度的指标体系对青岛夏庄生态农业特色小镇进行实证研究。董兴林等[⑤]构建了经济、社会和资源环境三个方面可持续发展指标体系,评价了青岛西海岸新区特色小镇可持续发展情况。闵忠荣等[⑥]按照"产业发展、和谐宜居、文化传承、设施服务"的创建要求,选取了特色产业、宜居环境、传统文化、设施服务和体制机制五个类别指标对江西省建制镇类特色小镇建设进行评价。高雁鹏等[⑦]基于特色小镇的内涵及特征,结合三生空间的提出背景和发展目标,分别构建镇区、村庄层面的三生功能特色小镇评价指标体系。田学礼等[⑧]构建了涵盖体育特色小镇基本信息、体育特色产业、体育特色资源、体育公共服务四个维度的特色小镇发展水平评价指标体系。薛燕[⑨]从小镇茶基础条件、茶产业竞争力、综合效益方面选取

① 温燕,金平斌.特色小镇核心竞争力及其评估模型构建[J].生态经济,2017(6):85-89.

② 赵海洋.基于 SEM 的我国特色小镇项目社会效益评价研究[D].济南:山东建筑大学,2017.

③ 徐友全,姚辉彬,安强,等.基于 GRA-AHP 的特色小镇 PPP 项目建设风险评价[J].工程管理学报,2017(6):71-76.

④ 雷仲敏,张梦琦,李载驰.我国特色小镇发展建设评价研究:以青岛夏庄生态农业特色小镇建设为例[J].青岛科技大学学报(社会科学版),2017(3):8-12,28.

⑤ 董兴林,牛春云.青岛西海岸新区特色小镇可持续发展评价研究[J].青岛农业大学学报(社会科学版),2017(1):40-45.

⑥ 闵忠荣,周颖,张庆园.江西省建制镇类特色小镇建设评价体系构建[J].规划师,2018(11):138-141.

⑦ 高雁鹏,徐筱菲.辽宁省特色小镇三生功能评价及等级分布研究[J].规划师,2018(5):132-136.

⑧ 田学礼,赵修涵.体育特色小镇发展水平评价指标体系研究[J].成都体育学院学报,2018(3):45-52.

⑨ 薛燕.茶文化特色小镇的评价研究[J].福建茶叶,2018(8):135.

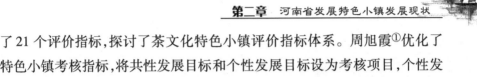

了 21 个评价指标,探讨了茶文化特色小镇评价指标体系。周旭霞[①]优化了特色小镇考核指标,将共性发展目标和个性发展目标设为考核项目,个性发展目标主要强化小镇的特色打造,引导小镇更注重特色产业发展、特色企业培育和特色亮点聚焦,共性发展目标强化高端人才、制度创新等指标,切实发挥特色小镇创新发展的导向性。

(一)特色小镇发展水平评价模型

在评价模型方面,包括吴一洲等以特色小镇规划、培育、运营的建设系统过程为切入点,提出了一套全新的特色小镇发展水平评价体系,由于该评价体系模型呈钻石多边形结构,也被称为"钻石模型",该体系模型由基本信息、发展绩效和特色水平三个维度构成,从特色小镇的内涵出发,将其发展水平评估体系分为产业维度、功能维度、形态维度和制度维度四个维度,形成"1+4+N"的指标结构。

吴一洲团队首创了特色小镇发展水平的评价体系,后续诸多学者以该模型为基础,对其进行微调,进行了特定的案例研究。如,朱宏炜进行了无锡鸿山物联网小镇可持续发展评价[②];李苹绣通过回收数据评估了佛山科技创新特色小镇群发展水平[③];余茜、许彦、李冬梅等(2019)[④]基于钻石理论模型,从产业、经济、社会、环境四个维度构建农业特色小镇的发展评价指标体系,并对成都市的 30 个农业特色小镇进行了实证分析。

(二)特色小镇核心竞争力评价模型

1. GSC 模型

温燕等(2017)分析了特色小镇核心竞争力的构成要素,在此基础上,基于 GEM 模型,构建了特色小镇核心竞争力指标体系和 GSC 模型,最终的指标体系由 5 个一级指标(环境资源力、基础设施力、资本资源力、产业发展

① 旭霞.优化特色小镇考核制度研究:基于杭州的实践[J].中共杭州市委党校学报,2018(1):24-30.

② 朱宏炜.特色小镇可持续发展评价指标与评估方法研究[J].轻纺工业与技术,2018(5):16-18.

③ 李苹绣.基于钻石模型的佛山科技创新特色小镇群发展水平评价[J].商业经济,2018(5):37-38,79.

④ 余茜,许彦,李冬梅.农业特色小镇发展水平研究——来自成都的证据[J].世界农业,2019(6):98-105.

力、政府支持力)、18 个二级指标、32 个三级指标构成。

2. 修正"钻石模型"

赵亮、张忠根、曹梦桐等(2020)①在探讨省际旅游特色小镇核心竞争力时,对波特的产业竞争力钻石模型进行了修改,将政府修改为政府支持力作为基础要素。以修正的钻石模型为研究依据,通过运用层次分析法(AHP)对省际旅游特色小镇核心竞争力指标体系进行遴选,构建的省级旅游特色小镇评价。②

(三)特色小镇建设水平评价

成霄霞(2019)③从发展基础、产业资源、经济效益、生态环境和政策支持等五个方面构建了用于评价特色小镇建设发展水平的综合指标体系。在此基础上,以 L 市 D 特色小镇为例,利用模糊层次分析法(FAHP)对其建设发展水平进行了量化综合评价。

根据成霄霞的研究结果,江海燕、陶建良、李媛媛等(2020)④套用该方法,构建旅游特色小镇评价指标体系,运用模糊层次分析综合评价法,对徐州汉王旅游特色小镇建设发展水平进行定性与定量分析,测算出汉王颐养小镇发展水平综合评价的等级为"较好",产业资源、政府支持、网络支持是影响特色小镇建设发展的关键因素。

(四)单一类型特色小镇发展评价

辜慧琳、王宏伟(2020)⑤构建了互联网+农业特色小镇的评价指标体系,采用三个专家基于 2TLNNs TODIM 方法对四川省的 4 个特色小镇评分值,分别评价其互联网+农业特色小镇发展水平。

---

① 赵亮,张忠根,曹梦桐.修正"钻石模型"省际旅游特色小镇核心竞争力评价——基于黑龙江省与浙江省实践的思考[J].绥化学院学报,2020(6):46-50.

② 张春香.基于钻石模型的区域文化旅游产业竞争力评价研究[J].管理学报,2018(12):1781-1788.

③ 成霄霞.基于 FAHP 的特色小镇建设发展水平综合评价研究[J].财贸研究,2019(7):34-41.

④ 江海燕,陶建良,李媛媛,等.基于 FAHP 的"互联网+"旅游特色小镇建设发展评价与对策研究[J].旅游纵览(下半月),2020(6):25-27.

⑤ 辜慧琳,王宏伟.基于 2TLNNs TODIM 法的互联网+农业特色小镇发展水平评价研究[J].安徽农业科学,2020(2):1-5.

田学礼和赵修涵[1]根据体育特色小镇的内涵构建了对体育特色小镇发展水平的评价体系,其将指标体系分为小镇基本信息和体育特色水平两个部分,从总体和特色两个方面进行评估。根据体育特色小镇内涵要素,体育特色水平部分在经验预选阶段选取了三个维度,分别是体育特色产业维度、体育特色资源维度、体育公共服务维度。

田学礼等(2018)构建了体育特色小镇发展水平的评价指标体系,具体包含:4 个准则层(体育特色小镇基本信息、体育特色产业、体育特色资源、体育公共服务)、12 个要素层及 46 个具体指标。

相较于前述的特色小镇发展水平评价模型研究而言,该体系未对体育特色小镇的发展绩效进行测评,对于其经济效益的测评进行了弱化。

二、河南特色小镇建设水平影响指标

(一)河南特色小镇建设影响指标维度

1.产业发展层级

特色小镇发展水平很大程度上取决于该区域内产业发展水平如何(中国城镇化促进会,2017)。一方面考量产业是否具有创新特色,是否代表了本地区的产业形态;另一方面则考量该特色小镇内产业发展是否符合国家"五大发展理念"要求,是否能够在一定范围内建构成产业链。

2.角色功能层级

建设特色小镇的主体价值功能在于集聚所有可挖掘、可发展的积极因素,推动经济、社会和生态等各领域间互为补充、共建协调合理的可持续发展系统。

3.形态特色层级

特色小镇除了体现区域范围内特色化的产业,还应该更加突出其在空间上的特色设置,如建筑风格、街道设置、景观造型等,既要做到风格相近或统一,又要与周围地区有着明显的个体特征,使得城乡建筑与空间、布局与生态之间形成良性的补位。

---

① 田学礼,赵修涵.体育特色小镇发展水平评价指标体系研究[J].成都体育学院学报,2018(03):45-52.

4.制度建设层级

在制度制定层面应该做到与小城镇发展实际需求相匹配,尤其在产业发展、融资渠道、人才引进等层面做到放开手脚,同时更能够保障特色小镇区域内经济收益与环境建设同步、共享。

(二)特色小镇的基本信息

特色小镇基本信息,主要是指河南所设特色小镇的基础或原始信息项目(表2-1)。这项指标旨在从整体上来规划和评价特色小镇的发展实际[①]。当然,由于特色小镇建设存在诸多不确定性,一些指标应该适应性做出动态调整。在建设初期,特色小镇基本信息统计偏重于定位与规划等的评估,到了后期偏重于对实际投资强度的考量评价,故而后期可能会就具体发展指标进行添加。

表2-1   河南省特色小镇基本信息

类目	信息项目	单位
特色小镇基础信息	产业特色选择	—
	建设辖管单位	—
	建筑运营方	—
	建设规划范围	亩
	规划面积	平方千米
	对外接待处建设情况	—
	预计固定资产投资	亿元
	预计税收情况	亿元
	预计招商接待总人次	人次
	特色产业企业引进情况	个
	预计税收总规模	万元
	预计税收比率	%

---

① 吴一洲,陈前虎,郑晓虹.特色小镇发展水平指标体系与评估方法[J].规划师,2016(7):123-127.

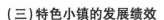

(三)特色小镇的发展绩效

发展绩效评价指标,通过产业、功能、形态和制度四个子维度为区分,设产业发展层级、角色功能层级、形态特色层级、制度建设层级等①。此四个层级紧密结合河南省特色小镇的发展背景及实际需求,在突出特色小镇产业集聚与助推等功能外,还对工农业及服务业之外的生态发展进行了协调式考量,意在建设经济高速发展区的同时也高质量打造人类宜居地(表2-2)。

表2-2 河南省特色小镇发展绩效评价指标体系

层级	评价项目	单位
产业发展	特色产业经济收益占产业总收入的百分比	%
	特色产业从业人数规模	万人
	高新技术企业占比	%
	产业发展投入占总预算经费的百分比	%
	高级技工人才数量	人
	企业专利申报及获准情况	个
	GDP 能耗情况	吨标准煤/万元
	GDP 水耗情况	立方米/万元
角色功能	GDP 用地均值	万元/公顷
	产业链发展能力	分
	特色产业投资比例	%
	小镇人口分布情况	人/公顷
	废水处理达标率	%
	固定资产投资规模	万元
	固定资产投资在年度固投预算中的比例	%
	人均 GDP	

---

① 张美亮,夏理杰,刘睿杰. 发达地区小城镇规划评价机制研究[J]. 规划师,2013(3):64-67.

续表2-2

层级	评价项目	单位
形态特色	特色小镇整体印象	分
	小镇绿地面积比例	%
	建设空间开放情况	分
	小镇建设水平满意度	分
	空气质量、噪声抑制、水质保持等全区域内排名	名
	公共文化设施建筑情况	平方米
制度建设	特色产业企业准入评价	分
	特色小镇相关政策配套情况	分
	行政管理部门管理效率	分
	特色小镇建设项目引起的信访量	人次
	招商投资总规模	亿元
	公共资源建设及共享情况	分

(四)特色小镇的特色水平

特色水平评价是基于不同特色产业的发展差异进行的量化考核评价①。根据河南当前产业发展特点,本研究选择信息产业、旅游产业、健康产业、时尚产业及文化产业等作为主要指标量化领域,以形成对特色小镇特色水平的情况统计汇总,为政策决策调整提供第一手资料(表2-3)。

表2-3 河南省特色小镇特色水平评价指标体系

层级	评价项目	单位
信息产业	信息产业创造经济收益情况	万元
	技术专利创造经济收益情况	万元

---

① 陈良汉,周桃霞.浙江省特色小镇规划建设统计监测指标体系和工作机制设计[J].统计科学与实践,2015(11):4-7.

续表 2-3

层级	评价项目	单位
旅游产业	特色小镇旅游区建设数量	个
	年度旅游接待规模	万人次
	旅游产生经济收益	万元
	四星级以上宾馆数量	个
	旅游整体满意度评价	分
健康产业	健康产业企业数量	个
	健康产业产值占比	%
	健康专业从业人员数量	人
时尚产业	时尚品牌数量	个
	时尚产业经济收益情况	万元
	国家级及以上品牌产品数量	个
	设计师等专业人才数量	个
文化产业	文化产品数量	个
	文化类展馆建设面积	平方米
	国家级非遗文化项目规模	个
	文化产业从业人员数量	个

三、河南省特色小镇产业融合分析

（一）特色小镇产业融合度模型

1. 模型选择

赫芬达尔-赫希曼指数简称赫芬达尔指数,是一种测量产业集中度的综合指数。它是指一个行业中各市场竞争主体所占行业总收入或总资产百分比的平方和,用来计量市场份额的变化,即市场中厂商规模的离散度。赫芬达尔指数是产业市场集中度测量指标中较好的一个,是经济学界和政府管制部门使用较多的指标。此处采用该模型进行河南省特色小镇产业融合分析,其计算公示为:

$$HHI = \sum_{i=1}^{N} \left(\frac{X_i}{X}\right)^2 = \sum_{i=1}^{N} S_i^2$$

其中,X_i 表示该小镇对某产业的投资额,X 代表该小镇对所有产业的投资额,那么 HHI 就代表产业在该小镇的业务融合程度;以 X_i 表示该小镇某一产业的市场需求量,X 代表该小镇所有产业领域的市场需求总量,则 HHI 代表该小镇的市场融合程度。

对特色小镇产业融合度的测算,可以得出目前河南省特色小镇产业融合水平。以2020年河南省15个特色小镇各自的生产总值与投资总额进行河南省特色小镇产业融合度测算。

2. 判断标准

将 HHI 值分为五个区间,分别是:$0.2 \sim 0.36,0.36 \sim 0.52,0.52 \sim 0.68,0.68 \sim 0.84,0.84 \sim 1.0$。将上述区间的 HHI 值进行定性描述,从小到大对应的融合度依次为:高度融合、中高度融合、中度融合、中低度融合和低度融合。HHI 值越小表明融合程度越高,反之则越低[1]。

(二)计算结果及分析

通过河南省及相关地市、镇域的统计年鉴、统计公报等公开数据,搜集15个特色小镇不同产业投资额、不同产业领域市场需求量,计算15个特色小镇业务融合度和市场融合度的测算(图2-1、图2-2)。

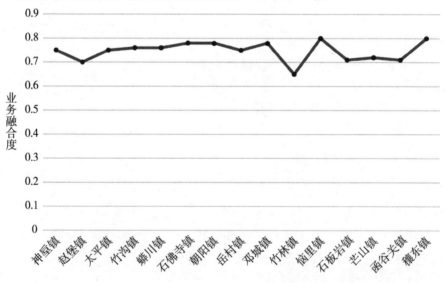

图2-1　河南省15个特色小镇业务融合度

---

① 王巧玲.河南省产业融合度分析[J].经济论坛,2015(6):20-23,34.

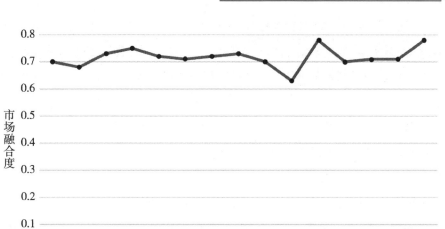

图2-2　河南省15个特色小镇市场融合度

通过对15个特色小镇业务融合度和市场融合度的测算,可以看出,河南省特色小镇的融合度基本都在0.6~0.8的区间范围内,属于中低度融合,产业融合度处于较低水平,一二三产融合水平低。具体表现为:一二三产形成的产业链条短,附加值偏低;第一产业没有完全开发其附加值,第二产业农产品加工层次低,第三产业生态旅游开发力度不够;没有将资源最大程度利用,小镇经济收入不高。例如2018年,林州市石板岩镇农产品加工业产值与农业总产值的比例为0.32∶1,农业服务业增加值仅占第一产业产值的1.5%;永城芒山镇农产品加工产值与农业产值之比更低,仅为0.18∶1,农业服务业增加值仅占第一产业产值的0.9%。产业融合度低严重影响了特色小镇的快速发展。整体来讲,河南省特色小镇第一、二、三产业之间的融合水平低。

四、河南省特色小镇建设成效

在公布的两批国家级特色小镇中,河南省获批15个国家级特色小镇,占到了全国特色小镇数量的4%左右。2018年,国家体育总局命名河南省3个运动休闲类特色小镇。另有国家级经济发达镇行政管理体制改革试点2个,

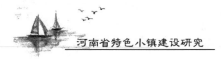

省级经济发达镇行政管理体制改革试点镇 100 个,省重点示范镇第一批 68 个。

在特色小镇建设的高潮期,多部门联合发力,从多角度、多产业共推各类小镇建设。河南省在此期间推出了"美丽小镇""森林特色小镇""经济发达镇行政管理体制改革试点镇""重点示范镇"等多类型特色小镇。

(一)河南省各类小镇建设

1.河南省美丽小镇建设

2018 年,中共河南省委农村工作领导小组印发《关于开展"美丽小镇"建设的指导意见》,明确指出:"小镇"是乡村建设的示范和引领,"美丽小镇"在乡村振兴和改善农村人居环境中具有联结城乡、辐射农村、示范带动等重要作用。为进一步加强"小镇"的经济建设、生态建设、市政建设和文化建设,为改善农村人居环境提供示范引领和支撑,在全省开展以有科学的城镇规划、有完善的基础设施、有健全的公共服务、有丰富的文体活动、有便捷的政务服务、有长效的管理机制为重点的"美丽小镇"建设。

按照"有科学的城镇规划、有完善的基础设施、有健全的公共服务、有丰富的文体活动、有便捷的政务服务、有长效的管理机制"的标准,河南省农业农村厅公布了两批省级美丽小镇(公布时间分别为 2020 年 7 月和 2021 年 4 月),共 100 个小镇入选(表2-4)。

表2-4 河南省美丽小镇名单

地市	第一批入选名单	第二批入选名单
郑州	中牟县雁鸣湖镇,新密市平陌镇,新郑市梨河镇	新密市超化镇,荥阳市高山镇,中牟县狼城岗镇
开封	尉氏县张市镇,兰考县谷营镇,杞县高阳镇	杞县葛岗镇,通许县四所楼镇,祥符区陈留镇
洛阳	栾川县石庙镇,新安县石井镇,宜阳县莲庄镇	洛宁县长水镇,孟津县会盟镇,嵩县车村镇
平顶山	郏县姚庄回族乡,宝丰县赵庄镇,高新区遵化店镇	叶县龙泉乡,郏县广阔天地乡,宝丰县石桥镇

续表2-4

地市	第一批入选名单	第二批入选名单
安阳	林州市姚村镇,滑县牛屯镇,汤阴县韩庄镇	林州市石板岩镇,滑县白道口镇,殷都区水冶镇
鹤壁	淇滨区钜桥镇,淇县灵山街道办事处	浚县白寺镇,山城区石林镇
新乡	获嘉县照镜镇,辉县市冀屯镇,长垣市赵堤镇	长垣市丁栾镇,辉县市孟庄镇,卫辉市唐庄镇
焦作	温县祥云镇,修武县云台山镇,武陟县西陶镇	博爱县金城乡,孟州市南庄镇,沁阳市西向镇
濮阳	濮阳县庆祖镇,清丰县马庄桥镇,台前县侯庙镇	范县王楼镇,华龙区岳村镇,南乐县张果屯镇
许昌	禹州市神垕镇,长葛市大周镇,鄢陵县马栏镇	长葛市后河镇,建安区灵井镇,襄城县汾陈镇
漯河	召陵区万金镇,郾城区龙城镇	舞阳县辛安镇,召陵区青年镇
三门峡	渑池县南村乡,灵宝市焦村镇,卢氏县朱阳关镇	陕州区观音堂镇,卢氏县官道口镇,城乡一体化示范区大王镇
南阳	西峡县五里桥镇,内乡县马山口镇,淅川县九重镇	邓州市十林镇,南召县云阳镇,唐河县毕店镇
商丘	民权县人和镇,柘城县牛城乡,城乡一体化示范区贾寨镇	夏邑县太平镇,永城市高庄镇,虞城县利民镇
信阳	光山县晏河乡,新县吴陈河镇,商城县鄢岗镇	浉河区董家河镇,罗山县铁铺镇,商城县双椿铺镇
周口	西华县聂堆镇,商水县邓城镇,鹿邑县太清宫镇	郸城县汲冢镇,沈丘县白集镇,项城市秣陵镇
驻马店	确山县竹沟镇,驿城区水屯镇,上蔡县黄埠镇	遂平县阳丰镇,汝南县罗店镇,驿城区蚁蜂镇
济源	思礼镇	王屋镇

2.河南省森林特色小镇

森林特色小镇是特色小镇的衍生类型,其内涵与特色小镇密切相关,同时又有其独特之处。近年来国内旅游中森林生态游游客比例持续上升,早在 2018 年就已占据 1/3 的市场份额[1],森林旅游活力全面激发。伴随森林旅游市场火爆发展,森林旅游收入在全国旅游总收入中的重要地位日益凸显。"健康中国"战略提出以来,康养保健成为国内社会关注的焦点,森林旅游作为调养身心的有效方式受到广泛青睐,有关部门鼓励公众积极参与森林旅游项目,改善自身健康状况,提高生活质量。在此背景下,发展森林旅游逐渐成为推进"健康中国"战略的有效途径之一。

森林特色小镇是以林业为主导的特色小镇的一种类型,它是践行习近平总书记"绿水青山就是金山银山"科学理念的有力结合点。2017 年国家林业和草原局颁布《关于开展森林特色小镇建设试点工作的通知》,2018 年我国首批 50 家森林特色小镇建设试点单位名单公布,森林特色小镇创建在全国展开。

为认真落实森林河南生态建设规划任务和省委、省政府下达的目标责任,大力推进河南省现代林业产业发展,根据《河南省森林特色小镇申报与考核办法》,省林业局组织开展了 2019 年省级森林特色小镇申报和评定工作,于 2019 年 12 月公布河南省第一批森林特色小镇名单(表 2-5)。

表 2-5　河南省第一批森林特色小镇名单

地市	森林特色小镇名录	类型
郑州	登封市大熊山森林旅游小镇	生态旅游型
洛阳	栾川县庙子龙峪湾森林康养小镇	森林康养型
	栾川县重渡沟森林康养小镇	森林康养型
	孟津县小浪底森林康养小镇	森林康养型
	洛宁县上戈苹果产业森林小镇	特色产业型
	新安县石井龙潭峡森林康养小镇	森林康养型

---

① 国际林业和草原局官网.2018 年,全国森林旅游游客突破 16 亿人次,占国内旅游人数的 1/3.

续表 2-5

地市	森林特色小镇名录	类型
平顶山	郏县姚庄森林康养小镇	森林康养型
	汝州市焦村蚕桑产业森林小镇	特色产业型
安阳	林州市石板岩森林旅游小镇	生态旅游型
许昌	鄢陵县金雨玫瑰森林康养小镇	森林康养型
	鄢陵县唐韵森林旅游小镇	生态旅游型
三门峡	灵宝市寺河山苹果产业森林小镇	特色产业型
南阳	南召县乔端宝天曼森林康养小镇	森林康养型
	西峡县龙潭沟森林旅游小镇	生态旅游型
	西峡县老界岭森林康养小镇	森林康养型
信阳	新县田铺塘畈森林康养小镇	森林康养型
	商城县金刚台西河森林康养小镇	森林康养型
	淮滨县期思森林旅游小镇	生态旅游型
驻马店	遂平县阳丰彩叶花木小镇	特色产业型
济源	济源市花石森林旅游小镇	生态旅游型

　　《河南省森林特色小镇申报与考核办法》明确规定,森林特色小镇必须满足区域人口和面积、林木覆盖率、林业产值、接待能力和生态服务设施等七个大类 16 项指标。其中,森林特色小镇农民来自林业及相关收入占总收入比应达到 60% 以上。河南省省森林特色小镇分为森林康养型、生态旅游型、生态绿化型、特色产业型四个类型,根据产业、文化、旅游"三位一体"的建设要求,重点发展森林康养和生态观光,丰富发展历史经典产业,实施林业一二三产融合,突出主导产业特色,形成集聚复合优势度高的特色村镇。森林特色小镇农民来自林业及相关收入占总收入比应达 60% 以上。

　　梳理发现,首批 20 个森林特色小镇中,一半属于森林康养型,6 个属于生态旅游型,4 个属于特色产业型。根据《河南省森林特色小镇申报与考核办法》,森林康养型、特色产业型和生态绿化型森林特色小镇区域林木覆盖率(含湿地等生态绿地)不低于 80%,区域森林面积不小于 2400 亩;生态旅游型森林特色小镇林木覆盖率不低于 50%,区域森林面积不小于 1500 亩。

申报区域居住人口山区 500 人、平原 1500 人以上,面积 2 平方公里以上。其中,特色产业型森林特色小镇面积不低于 4 平方公里。

森林特色小镇是河南省森林城市建设格局中的重要部分,通过大力开展森林特色小镇创建,为人们提供度假、休闲、体验、运动、养生、疗养和观光的佳境,更好地促进现代林业产业发展和林业经济转型升级。

3. 经济发达镇行政管理体制改革试点镇

2015 年,河南省编办下发了《关于公布省级经济发达镇行政管理体制改革试点镇的通知》,按照人口吸纳能力强、经济实力强的标准,确定 100 个镇为省级经济发达镇行政管理体制改革试点镇(表 2-6)。

全省经济发达镇行政管理体制改革试点工作,以扩权强镇为重点,坚持科学规划、简政放权,创新行政管理体制机制,完善财政管理体制,改进管理服务方式,不断增强试点镇科学发展的综合能力,努力将其培育成宜居小城。

根据省委、省政府办公厅联合印发的《关于开展经济发达镇行政管理体制改革试点工作的意见》精神,纳入全省经济发达镇行政管理体制试点的单位,在经济社会管理权限、行政管理体制机制、财政管理体制和配套改革等四个方面将赋予更大权限。力争经过 3 至 5 年的努力,试点镇成为各市县域经济社会发展新的增长点,推动试点镇逐步发展成人口集中、产业集聚、功能集合、城乡统筹、生态宜居的新型城镇,为推进新型城镇化发挥示范带动作用。

表 2-6　河南省省级经济发达镇行政管理体制改革试点镇名单

地市	名单
郑州市	新郑市龙湖镇、新郑市薛店镇、新密市超化镇、新密市曲梁镇、登封市大冶镇、登封市告成镇、荥阳市豫龙镇、荥阳市贾峪镇、中牟县官渡镇、中牟县姚家镇、二七区马寨镇、惠济区花园口镇、上街区峡窝镇、巩义市回郭镇、巩义市米河镇
开封市	尉氏县洧川镇、通许县四所楼镇、杞县葛岗镇、祥符区朱仙镇、兰考县南彰镇、兰考县蝈阳镇
洛阳市	孟津县麻屯镇、新安县铁门镇、宜阳县香鹿山镇、伊川县彭婆镇、嵩县车村镇、栾川县冷水镇、洛龙区李楼镇

续表2-6

地市	名单
平顶山市	郏县黄道镇、舞钢市枣林镇、鲁山县张良镇、汝州市临汝镇、汝州市寄料镇
安阳市	林州市姚村镇、安阳县铜冶镇、内黄县后河镇、汤阴县宜沟镇、滑县留固镇
鹤壁市	浚县王庄镇、淇县高村镇、山城区石林镇
新乡市	卫辉市唐庄镇、辉县市孟庄镇、延津县石婆固镇、获嘉县亢村镇、新乡县小冀镇、封丘县应举镇、长垣县恼里镇
焦作市	沁阳市西向镇、孟州市西虢镇、武陟县西陶镇、博爱县磨头镇
濮阳市	濮阳县文留镇、清丰县柳格镇、南乐县元村镇、范县濮城镇
许昌市	禹州市神垕镇、长葛市大周镇
漯河市	郾城区孟庙镇
三门峡市	灵宝市豫灵镇、渑池县张村镇、卢氏县官道口镇、陕州区观音堂镇
南阳市	镇平县石佛寺镇、内乡县马山口镇、淅川县九重镇、南召县云阳镇、唐河县湖阳镇、西峡县双龙镇、桐柏县安棚镇、卧龙区蒲山镇、宛城区红泥湾镇、邓州市穰东镇、邓州市构林镇
商丘市	夏邑县会亭镇、虞城县利民镇、宁陵县柳河镇、梁园区谢集镇、永城市芒山镇、永城市高庄镇
信阳市	罗山县周党镇、潢川县双柳树镇、光山县马畈镇、浉河区东双河镇、固始县陈淋子镇
周口市	项城市秣陵镇、沈丘县付井镇、郸城县汲冢镇、西华县红花集镇、商水县固墙镇、淮阳县四通镇、鹿邑县玄武镇
驻马店市	泌阳县马谷田镇、确山县刘店镇、平舆县东和店镇、遂平县嵖岈山镇、上蔡县黄埠镇、新蔡县黄楼镇
济源市	克井镇、承留镇

4. 重点示范镇

2015年8月,河南省人民政府印发了《河南省重点镇建设示范工程实施方案》,实施重点镇建设示范工程,科学推进新型城镇化发展,按照控制数量、提高质量、节约用地、体现特色的要求,选择68个建制镇作为河南省第一

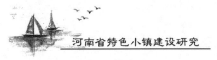

批重点示范镇(表2-7)。

入选的重点示范镇主要是纳入全国重点镇、国家建制镇示范试点、省经济发达镇行政管理体制改革试点范围的镇,兼顾了其他特色镇,选择具有一定产业基础、人口规模和发展潜力较大、区位优势较为突出的非县城驻地建制镇。

该方案中明确了重点示范镇必须突出特色产业发展。坚持"一镇一品",引导示范镇充分利用资源优势,做大做强特色产业,发挥规模效应,打造品牌。并对五种不同类型的示范镇发展进行了方向性引导:①推动有工业园区(专业园区)的示范镇合理调整规划布局,进一步规范园区建设,引导企业向园区集聚,推进园区与镇区基础设施共建共享;②位于中心城区、重要交通通道节点或临近中心城区的示范镇利用区位优势,积极参与省辖市、县(市、区)产业分工协作,建立仓储配送、采购销售物流园区,尽快壮大经济实力,形成特色商贸大镇;③具有资源禀赋、发展基础的示范镇加快发展矿产资源、农产品加工和文化旅游等特色产业,发展成为各具特色的工业重镇、农业强镇、文化旅游名镇;④沿边示范镇发挥区位优势,以商贸兴镇强镇,在省际沿边结合点建设小商品批发市场、农业生产资料批发市场等综合交易市场和商贸物流体系;⑤农区示范镇培育发展农产品生产加工业及产销服务业。

表2-7　河南省第一批重点示范镇名单

地市	重点示范镇名单
郑州市	荥阳市广武镇、新密市超化镇、新郑市辛店镇、登封市大冶镇、中牟县雁鸣湖镇、巩义市竹林镇、回郭镇
开封市	杞县葛岗镇、兰考县堌阳镇
洛阳市	孟津县麻屯镇、嵩县车村镇、伊川县鸣皋镇、栾川县潭头镇、宜阳县三乡镇、新安县磁涧镇
平顶山市	宝丰县石桥镇、叶县任店镇、汝州市小屯镇
安阳市	安阳县水冶镇、汤阴县宜沟镇、林州市临淇镇
鹤壁市	淇县西岗镇

续表 2-7

地市	重点示范镇名单
新乡市	辉县市孟庄镇、获嘉县中和镇、卫辉市唐庄镇、封丘县黄陵镇、延津县东屯镇、长垣县恼里镇
焦作市	温县赵堡镇、沁阳市西向镇、修武县七贤镇、武陟县詹店镇
濮阳市	范县濮城镇、濮阳县文留镇
许昌市	长葛市大周镇、鄢陵县陈化店镇、禹州市神垕镇、许昌县五女店镇
漯河市	舞阳县北舞渡镇、临颍县杜曲镇
三门峡市	灵宝市豫灵镇、陕州区观音堂镇
南阳市	镇平县石佛寺镇、方城县博望镇、南召县云阳镇、内乡县马山口镇、桐柏县埠江镇、淅川县丹阳镇、新野县歪子镇、邓州市穰东镇
商丘市	民权县北关镇、虞城县利民镇、永城市芒山镇
信阳市	淮滨县马集镇、新县沙窝镇、平桥区明港镇、固始县黎集镇
周口市	沈丘县付井镇、淮阳县四通镇、西华县逍遥镇、项城市秣陵镇、商水县固墙镇、太康县老冢镇、鹿邑县玄武镇
驻马店市	泌阳县官庄镇、汝南县老君庙镇
济源市	承留镇、克井镇

以上四类小镇中,重点示范镇和经济发达镇行政管理体制改革试点镇可以说是特色小镇建设的前奏,而美丽小镇和森林特色小镇则可以称作是后续。对各类小组名录进行梳理可以发现,河南省荣获国家级特色小镇称号的 15 个小镇在不同时间、不同小镇建设过程中都表现抢眼,每一次政府推动小镇建设工程中都是作为典型、示范被纳入相应名录中。

通过多年的发展,河南省 15 个国家级特色小镇均具有其独有的地方文化与资源特色,河南省特色小镇建设要充分借用与发挥当地的文化与资源优势,因地制宜,就地取材,将优势最大化发挥,同时促进地方产业结构进一步转型升级,势必能够取得更好的建设成果。

河南省各地市以当地非常有基础和极具优势的特色产业为依托,以延伸和提升产业链为支撑,实行"一镇一产、一镇一业",引导特色小镇充分利用当地资源优势,做精做强本地主导特色产业。并引进高端产业和高端人才,充分开发利用新技术、新产品、新业态、新模式等。在有限的空间里进行

69

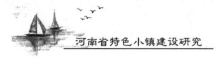

最大限度的优势产业集聚,形成一批有竞争力的创新集群产业,发挥规模经济效应。河南省已初步建成了一批各具特色的小镇,主要包括以工业产业集聚区为载体的工业特色小镇,以文化旅游为主题的文旅特色小镇,以商贸物流为支柱的商业特色小镇,以特色养殖为支柱的生态特色小镇等。

例如旅游加商贸的双龙小镇,一方面要借助旅游特色发展商贸经济,另一方面要用商贸促进旅游特色建设;嵖岈山镇以西游文化为载体的旅游风情小镇,将经典名著《西游记》中的故事融入小镇产业建设中,建造彰显相关文化的建筑,开发西游文化周边产品比如工业品、食品等;既深度开发了其旅游文化功能,又促进了第二产业的开发建设。

再比如漯河以健康养生为主题打造的复合型养老养生健康特色小镇,包含医疗、养生养老、运动休闲三大产业板块,将特色小镇的医疗、养老、运动三大功能融为一体,构建完备产业链条,全面赋能特色小镇建设;邓州市穰东镇依托服装、农副产品加工等支柱型产业的工业小镇,该小镇不仅在第二产业加工业内部进行产业结构转型升级,还与第三产业电商相结合,发展"线上+线下"的新型商业模式;焦作市赵堡镇大力推动"太极+旅游"的特色产业模式,深度开发"太极+怀药种植+养生"为主题的休闲养生类特色小镇,不仅挖掘了特色小镇的旅游功能,还将第一产业四大怀药农业种植延伸至第二产业四大怀药深加工、多样加工,第三产业大力发扬太极健康养生生活方式等。信阳市鸡公山管理区小镇发展户外运动,不仅开发其旅游观光度假功能,同时也开发其运动休闲功能。

总之,河南省各种类型的小镇建设已经初显成效,正在稳步持续发展建设中,当地特色小镇也一直在积极探索适合自己的建设路径。

(二)河南省特色小镇百度指数分析

百度作为互联网络三大基础应用之一的搜索引擎。百度指数是以百度海量网民行为数据为基础的数据分析平台,是获取数据的重要工具和途径,是分析网络关注度的时空特征及影响因素的重要数据来源。网络关注度已成为网民在一段时间内关注热点、需求状况等在网络上的直观表现。

通过百度指数分析可知,在最近一年河南省需求指数在全国排名第八,表明了河南省特色小镇在国内具有一定的知名度。而在搜索者年龄分布上,20~29岁占到54.75%,而该年龄段人员的全网分别占比28.35%。充分说明该年龄段是特色小镇项目消费的主力军,且该年龄的网络搜索中,对特色小镇的兴趣远超其他项目(表2-8)。

表2-8 最近一年全国"特色小镇"需求图谱(省份排名)

省(自治区、直辖市)	排名	省(自治区、直辖市)	排名	省(自治区、直辖市)	排名	省(自治区、直辖市)	排名
浙江	1	河北	9	山西	17	天津	25
广东	2	湖南	10	辽宁	18	海南	26
山东	3	湖北	11	重庆	19	新疆	27
江苏	4	云南	12	福建	20	黑龙江	28
北京	5	陕西	13	吉林	21	青海	29
四川	6	上海	14	内蒙古	22	宁夏	30
安徽	7	江西	15	贵州	23	西藏	31
河南	8	广西	16	甘肃	24	香港	32

注:据百度指数平台截至2022年5月26日数据整理。

(三)河南特色小镇影响力指数

INFOBANK数据库群下设中国经济新闻库和中国商业报告数据库,这两个数据库收录了近千家新闻机构,拥有丰富的新闻资讯。分别对这两个数据库所收录的媒体报道进行统计,检索词为"特色小镇",检索选项设置"全部字词命中",其他选项默认,逐一检索,去掉重复报道的新闻,获得特色小镇新闻报道文本篇数和具体字数。在上述结果中分别检索全国31个省(区、市)的特色小镇文本篇数和具体字数,采用影响力测评公式,计算各省(区、市)影响力指数 Ii_t(表2-9)。

$$I i_t = \left(\frac{Nr_t}{Nr_a} + \frac{Wr_t}{Wr_a} \right) \div 2$$

其中,Ir_t 为任意时间段 t 的影响力,Nr_t 为 t 时段各省(区、市)的报道篇数,Nr_a 为 t 时段的全部报道篇数,Wr_t 为 t 时段各省(区、市)的报道字数,Wr_a 为 t 时段的全部报道字数。

表2-9　各省(区、市)特色小镇的影响力指数

排名	省(区、市)	篇数	字数	影响力	排名	省(区、市)	篇数	字数	影响力
1	浙江	173	202159	0.1591	17	海南	13	10848	0.01024
2	广东	94	95889	0.08095	18	安徽	9	9431	0.00785
3	江苏	93	80227	0.07431	19	重庆	8	9455	0.0074
4	山东	37	52254	0.03759	20	吉林	7	6432	0.00575
5	河北	38	38527	0.03263	21	新疆	7	6364	0.00572
6	北京	30	28258	0.02491	22	天津	6	3736	0.00423
7	云南	33	24577	0.02483	23	内蒙古	5	2781	0.00393
8	湖北	21	20265	0.01763	24	甘肃	5	2781	0.00339
9	福建	20	16237	0.01558	25	西藏	4	3920	0.00338
10	上海	14	23108	0.01554	26	青海	3	3976	0.00294
11	广西	19	13696	0.01412	27	贵州	3	3422	0.00273
12	江西	17	15533	0.01393	28	陕西	3	3113	0.0026
13	湖南	15	13391	0.01216	29	山西	3	2610	0.00241
14	四川	15	12863	0.01195	30	宁夏	3	1610	0.00201
15	辽宁	13	14927	0.01185	31	黑龙江	2	557	0.00114
16	河南	13	13892	0.01144					

　　由计算结果表2-9可知,河南省共有新闻报道13篇,影响力指数为0.1144,全国排名16,处于中游位置。

　　在时限设置"2021年6月1日至2022年5月31日"内在"中国经济新闻库"可检索报道9篇,报道共9427字。而其中"河南省地名文化遗产千年古镇、千年古村落"的认定工作是特色小镇建设的最新延续,是为了切实保护、挖掘和传承地名文化遗产。在认定条件方面,地名文化遗产千年古镇必须同时符合以下条件:集镇或中心聚落形成至今达1000年(含)以上,且今为建制镇;专名历代传承,沿用至今达1000年(含)以上,有重要传承价值,知名度高;地名实体文化内涵较丰富,独具特色;古建筑保存较好,传统风貌尚存,名称内涵丰富;历史上为区域范围内政治、经济、文化、交通中心或军

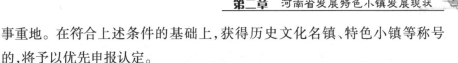

事重地。在符合上述条件的基础上,获得历史文化名镇、特色小镇等称号的,将予以优先申报认定。

(四)河南特色小镇政策发展指数

政策是政府履行治理职能最主要的方式和手段,区域政府围绕特色小镇制订的专项政策越多、内容越丰富、政策体系越完善,则越能增强区域特色小镇竞争力。区域特色小镇专项政策发展指数测算步骤如下:①收集国家部委层面(简称国级)公开发布的特色小镇专项政策文件,通过文本分析,建构出国级特色小镇专项政策整体结构。②基于政策主题,将各省(区、市)特色小镇专项政策进行分类,基于国级特色小镇专项政策整体结构的编码方式进行文本分析,将相应内容编码到整体结构节点中,其余内容围绕"特色小镇专项政策内容框架"主线继续生成新的一二级节点。③以国级特色小镇专项政策整体结构为参照,通过专家评估,采用百分制对各省(区、市)特色小镇专项政策进行指标打分,获得相应的发展指数(图2-3)。

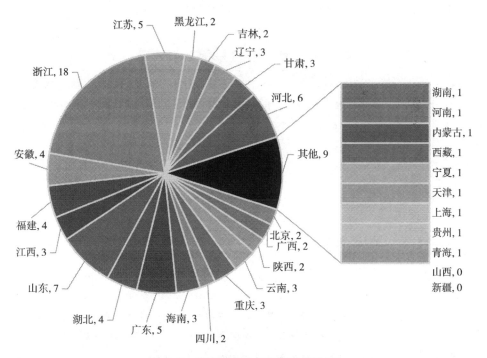

图2-3 省级特色小镇专项政策分布

基于北大法宝数据库、高校财经数据库中等政策文献数据库进行检索，同时查阅全国31个省（区、市）相关政府部门公开的政策文件，共获得18份国级（具体名称略）和91份省级层面的特色小镇专项政策。

借助Nvivol2质性分析软件，基于"特色小镇专项政策内容框架"，对18份国级特色小镇专项政策文本进行内容分析（其中有5份政策文本没有实质内容将其剔除），通过一边浏览原始政策，一边将相应的内容编码到节点中，由此层层归纳，从整体脉络获得节点间的内在逻辑关联。初次编码由作者完成，再次编码由研究该领域的2名学者完成，并对存在分歧的编码进行反复比较、甄别和讨论，从而建构出国级特色小镇专项政策整体结构。在此基础上，对上述省级特色小镇专项政策文本进行内容分析，将合适内容编码到整体结构节点中，其余内容围绕"特色小镇专项政策内容框架"主线继续生成新的一二级节点。最终，综合对比31个省（区、市）专项政策的一二级节点，以国级特色小镇专项政策整体结构为基准，邀请7位专家进行打分，获得相应各省（区、市）特色小镇专项政策发展指数（表2-10）。

表2-10 区域特色小镇专项政策发展指数

区域	指数	类型	区域	指数	类型	区域	指数	类型	区域	指数	类型
浙江	92	引领型	四川	65	拆分-整合型	吉林	62		山西	55	缺失型
山东	85		云南	65		贵州	62		新疆	55	
河北	85		天津	64		湖南	62		北京	77	拆分-整合型
江苏	84		上海	64		西藏	61	基本匹配型	辽宁	75	
广东	82	有所创新型	陕西	63		内蒙古	61		重庆	74	
福建	82		广西	63	基本匹配型	宁夏	61				
湖北	81		江西	63		河南	60				
安徽	81		甘肃	63		青海	60				
海南	81		黑龙江	62							

注：以国家级特色小镇专项政策整体结构为参照，区域特色小镇专项政策隶属于引领型（较为全面且综合引领），赋分91~100；有所创新型（某些专项政策引领），赋分81~90；拆分-整合型（个别条例引领），赋分71~80；基本匹配型，赋分61~70；缺失型，赋分60及以下。

(五)河南特色小镇竞争力指数

区域特色小镇竞争力由特色小镇影响力指数、特色小镇百度指数和特色小镇专项政策发展指数三个维度组成,分别代表市场、媒体和政府三个主体。基于区域特色小镇影响力指数、热度指数和专项政策发展指数,建立层次结构,构造判断矩阵,形成三个指数两两比较,以9级李克特量表为评分标准,按层次分析法要求制订问卷,并发放给5位城镇化发展研究专家,通过计算5位专家的几何平均数来构造判断矩阵并做一致性的检验,最终获得影响力指数、热度指数和专项政策发展指数的权重分别为:24.15%、35.07%、40.78%。竞争力测算公式为:

$$E_i = \sum_{j=1}^{n} X_{ij} W_j$$

注:E_i 为第 i 个区域的竞争力,E_{ij} 为原始数据的标准化值,W_i 为第 j 个指数的权重。

进一步根据各个区域各指数关联系数的紧密程度,采用层次聚类法,通过 SPSS 19.0 进行聚类,其中将四个指数设置为变量,标准个案为 31 个省域,选用组间联接的系统聚类分析,得到中国省域特色小镇竞争力聚类谱系。将 31 个省(区、市)特色小镇竞争力划分为强、较强、一般、弱四个层级。强竞争力省域:浙江。较强竞争力省域:江苏、广东、山东、北京。一般竞争力省域:海南、重庆、辽宁、河北、福建、湖北、安徽。弱竞争力省域:黑龙江、贵州、内蒙古、吉林、甘肃、广西、青海、宁夏、西藏、山西、新疆、江西、天津、陕西、云南、四川、上海、河南、湖南(表2-11)。

表2-11　中国省域特色小镇竞争力

省(区、市)	影响力指数	百度指数	政策发展指数	竞争力	排名
浙江	1	1	1	1	1
江苏	0.4632	0.7521	0.7838	0.6952	2
广东	0.05053	0.7135	0.7297	0.6698	3
山东	0.2308	0.7025	0.8108	0.6327	4
北京	0.1505	0.8871	0.5946	0.5899	5
河北	0.1994	0.4353	0.8108	0.5314	6

续表2-11

省(区、市)	影响力指数	百度指数	政策发展指数	竞争力	排名
湖北	0.1044	0.4793	0.7027	0.4799	7
安徽	0.0425	0.449	0.7027	0.4543	8
福建	0.0914	0.3306	0.7297	0.4356	9
辽宁	0.0678	0.3278	0.5405	0.3518	10
四川	0.0684	0.5978	0.2703	0.3364	11
海南	0.0576	0.0937	0.7027	0.333	12
上海	0.0912	0.5923	0.2432	0.3289	13
重庆	0.0396	0.3113	0.5145	0.3282	14
河南	0.0652	0.5289	0.1351	0.2563	15
云南	0.15	0.3085	0.2703	0.2546	16
湖南	0.0698	0.4408	0.1892	0.2486	17
江西	0.081	0.3168	0.2162	0.2188	18
陕西	0.0092	0.3581	0.2162	0.2160	19
天津	0.0196	0.2837	0.2432	0.2034	20
广西	0.0822	0.2231	0.2162	0.1863	21
吉林	0.0292	0.2066	0.1892	0.1567	22
黑龙江	0	0.1763	0.1892	0.1390	23
甘肃	0.0142	0.1295	0.2162	0.137	24
贵州	0.0101	0.1598	0.1892	0.1356	25
内蒙古	0.0177	0.1736	0.1622	0.1313	26
宁夏	0.0055	0.0551	0.1622	0.0868	27
山西	0.008	0.2314	0	0.0831	28
西藏	0.0142	0	0.1622	0.0695	29
青海	0.0114	0.0331	0.1351	0.0695	30
新疆	0.029	0.135	0	0.0543	31

　　由竞争力计算结果及聚类分析可知,河南省为弱竞争力型,列全国第15位;而河南省新闻媒体影响力指数与竞争力指数排位一样;而百度指数表现优异,列全国第8位;政策发展指数表现最差,仅占全国28位。为提升河南

特色小镇竞争力水平,应从以下几方面着手改进。

1. 完善相关政策法规,形成专项政策体系

河南省特色小镇政策发展指数为基本匹配型,得分仅有 61 分。由于特色小镇创建涉及内容繁杂且牵涉面广,要求各级政府不仅要及时发布上级单位对特色小镇创建指导意见等政策,还需要立足当地实际,逐渐制定包括特色小镇实施细则、法律法规等在内的专项政策,构建完整规范的特色小镇政策体系。确保小镇从创建、评选、奖惩、退出等不同阶段均有政策可指引、有制度可保障。河南省特色小镇专项政策主要是"专项通知"和"指导意见",这两种政策文本法律层级不高、指导性较弱。

提升省域特色小镇专项政策发展指数,后续应当完善相关政策法规,加快构建专项政策体系。如出台历史文化名镇保护的政策法规,为文化特色小镇历史记忆的传承、特定传统文化的传播、保护与彰显小镇独特地域风貌等建立长效保障机制;出台主导产业及传统优势产业发展的专项政策,从而规范与提高小镇的投融资水平,激发并鼓励小镇企业自主创新、在技术创新方面加大投入,为发展该主导产业与优势产业提供支持;出台特色小镇发展的金融专项政策,为小镇政府、金融机构、企业等特色小镇创建主体提供金融支持,降低各方主体参与特色小镇建设的风险与顾虑;制订创建某一类型特色小镇的政策方案,如文化与旅游特色小镇建设方案、休闲康养特色小镇建设方案、金融创新特色小镇建设方案、体育竞技特色小镇建设方案等;制订特色小镇评选方案,提供示范特色小镇评选办法,规范参评小镇系列文件。

2. 正确处理政府和市场的关系

区域特色小镇竞争力的提升,政府除逐步制订专项政策外,还需要认识到特色小镇的建设是一项复杂艰巨的系统工程,迫切要求政府和企业深度携手,实施以企业为主体,政府为引导,市场化运作的建设模式。

首先,各级政府坚持宏观指导和引导原则,通过在发改委下设特色小镇工作委员会,落实专业的工作人员,出台特色小镇培育与发展的政策体系,组织地方做好特色小镇整体发展规划,以及加快补齐小镇基础设施与公共服务的短板等方面。尤其要创新投融资机制,探索社会投资、社会资本与政府合作(PPP)等新型投融资模式,最大限度吸引民间资本参与小镇建设,解决小镇资金不足难题。

其次,充分发挥市场在资源配置中的决定性作用,明确企业在特色小镇创建中的主体地位。对于特色小镇的投资建设主体,不限制主体性质,既可以是国有企业,也可以是民营企业,更应该吸引外资企业和混合制企业,注重国内外行业领先的大企业、大集团的引入,鼓励龙头企业独立或牵头打造特色小镇。

3.因地制宜,体现区域差异性

热度指数反映了市场(PC端网民及移动端网民)对特色小镇的关注程度及偏好程度,区域特色小镇热度的上升,要么基于良好的品牌效应而广泛获得市场关注,要么由于危机事件导致舆论持续关注;区域特色小镇热度的低迷,主要在于没能形成良好品牌效应,逐渐被市场漠视。无疑,提升区域特色小镇热度指数,需要依托良好品牌效应,才能获得健康且可持续的市场关注。要求各个特色小镇基于自身资源禀赋,遵循客观规律,以特色优势为引领,杜绝盲目模仿,体现区域差异性。

五、河南省特色小镇建设问题

(一)特色小镇产业建设缺乏新兴产业

河南省特色小镇产业发展模式较为单一,对互联网、新科技运用不足。从河南省特色小镇的类型可以看出,特色小镇的产业类型主要是传统产业如传统农业、手工制造业、中医药、茶叶、服装等,缺乏高新技术产业。另外河南省目前的文化创意型、文化旅游型小镇偏多,大概占到了特色小镇总数的 2/3 之多,模式相似度高,缺乏产业竞争优势,支撑能力不足。

而特色小镇的内涵决定其建设需要一批产业创新,文化创意浓厚的高层次产业。河南省目前的特色小镇缺乏高端要素的集聚,主要是高新技术和高层次人才的集聚,小镇产业发展呈现"小而弱"[①]。根据调研得知,河南省特色小镇,传统产业型小镇占全部小镇的 78%,聚焦新兴产业的小镇极度缺乏。高新产业小镇如航空小镇、智慧小镇、金融小镇等,河南省特色小镇

---

① 靳晓婷,张彤,孙飞显.河南省特色小镇建设现状与对策研究[J].乡村科技,2018(15):10-13.

产业定位建设涉及的不多。这导致河南省特色小镇的建设模式单一,产业发展潜力弱,整体发展实力弱。

(二)特色小镇建设基础配套设施不够完善

河南省的特色小镇大部分是建制镇,是在原有特色小镇的基础上建设发展起来的,因此普遍存在公共基础设施配套薄弱的问题,不能很好地满足小镇的社区功能。

首先,相关基础设施建设存在一定的滞后性。当前特色小镇的建设是产业建设与基础配套建设协同推进,但现实情况是基础配套建设常常滞后于现实需求。如道路交通、地下管网等基础市政设施,教育医疗、商贸娱乐等基础生活设施建设进度与小镇整体建设进度以及企业入驻进度不匹配,不利于企业员工和居民的日常生活,这间接影响企业发展和人才引进。

其次,部分特色小镇的网络通信与城市的联通性不强。路网不完善,交通道路等级低;电网改造滞后,电压不稳定,在夏季用电力度大时,优先城市供电,切断乡镇电闸,导致小镇用电供给不足;水源污染严重,垃圾收集运送和污水处理能力差等。这些产业配套设施建设滞后问题增加了特色小镇的资源开发利用难度,延后了新业态的发展,加重了特色小镇产业融合的成本和难度。

(三)特色小镇建设缺乏多元产业链

河南省传统的小镇功能主要是供给农副产品,为城镇居民提供粮食、蔬菜、肉蛋等满足基本生存需要的农产品,素来有农业大省的称号。而现代的特色小镇,其不仅仅是一个农产品供应基地,还是具有"农业+旅游+社区"功能的小镇。应该具备完善的产业链条,而目前的河南省特色小镇产业链条比较单一。

具备完整产业链的特色小镇既可以提供生态旅游产品,为城镇居民提供优良的放松休闲度假场所;又可以提供体育产品,满足城镇居民体育训练的需求;还可以提供健康产品,可以为病人,尤其是现代人很多都处于亚健康状态,提供疗养基地,具备医疗康养小镇的功能。显然目前阶段的河南省特色小镇没有达到这一要求,缺乏多维度产业链条,开发的功能多样性不够,没有构建多元产业链。

河南省特色小镇下一阶段的目标应该是全力构建完备可持续的产业链条,实现一二三产紧密融合发展,相互赋能。

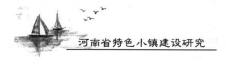

（四）部分特色小镇建设呈现房地产化趋势

河南省的特色小镇是以政府为主导的小镇，主要走政府主导，企业参与的模式。而经过实地调研却发现，部分特色小镇被房地产企业所操控，特色小镇建设呈现房地产项目化趋势。

一方面，一些政府部门为了创收，盲目扩张和该小镇文化与资源没有太大关系的旅游小镇，文化创意小镇等，由于判断的失误，没有吸引大量的人流量，导致后期特色小镇资源闲置与浪费。

另一方面，产业是特色小镇发展建设的基础与动力，能够保证特色小镇持久健康的发展，房地产企业运营特色小镇是以利益最大化为目标，缺乏产业支撑，不利于特色小镇产镇融合建设。例如，焦作赵家堡小镇在建设时，没有对当地的特色资源进行有针对性的分析，盲目开发建设商业楼盘和住宅，错误高估当地的消费水平，导致后期楼盘空置率高，极大地浪费了资源，污染环境。

六、河南省特色小镇建设问题的原因分析

（一）特色小镇产业结构不合理

表 2-12　河南省特色小镇三次产业结构占比

三次产业结构	河南省	神垕镇	赵堡镇	太平镇	竹沟镇	蟒川镇
2016	10.7：47.4：41.9	5.9：58.4：34.7	6.5：58.9：34.6	15.1：44.8：40.1	20.3：39.9：39.8	9.7：45.2：45.1
2017	9.6：47.7：42.7	5.9：58.9：35.2	5.9：59.5：34.6	15.9：42.7：414	18.6：40.3：41.1	8.7：41.9：49.4

三次产业结构	蟒川镇	石佛寺镇	朝阳镇	岳村镇	邓城镇	竹林镇
2016	9.7：45.2：45.1	15.1：44.8：40.1	6.2：47.7：46.1	12.7：57.2：30.1	20.3：45.9：33.8	1.9：68.6：29.5
2017	8.7：41.9：49.4	15.9：42.7：41.4	5.3：46.9：47.7	10.4：54.5：35.1	18.2：46.3：35.5	1.8：63.7：34.5

三次产业结构	恼里镇	石板岩镇	芒山镇	函谷关镇	穰东镇	
2016	10.4：49.1：40.5	9.3：50.2：40.5	19.6：41.2：39.2	9.3：56.5：34.2	27.6：37.2：35.2	
2017	9.3：49.2：41.5	8.9：48.6：42.5	17.5：41.8：40.7	8.5：56.4：35.1	24.9：35.6：39.5	

数据来源：河南省统计公报及各地市，省直管县统计公报，河南省统计年鉴三次产业结构为"第一产业：第二产业：第三产业"

根据特色小镇建设高潮时期相关经济数据,河南省特色小镇的产业结构不合理,第一产业虽然占比不高,但是农业附加值低,第二产业占比过高,河南省以及部分小镇仍然以传统加工业为主,第三产业占比虽然有逐步上升的趋势,但是产业联动作用弱。部分小镇的第三产业占比仍然较低,而按照特色小镇的建设要求,第三产业需要占到一定的比例并且能够连接第一、第二产业。很显然目前河南省部分特色小镇没有达到这一要求(表2-12)。

(二)特色小镇第一、二、三产业发展层次低

河南省特色小镇产业发展层次低,第一、第二、第三产业创新能力弱。首先主要表现在第一产业结构粗放,农业产业化受到限制,第二产业工业企业大多规模小,产业集中度不高,第三产业服务业发展空间小,对经济结构的贡献没有更大地发挥出来,产业结构转型升级慢。从而导致一方面主导产业竞争力不强,技术水平低,经济发展进度缓慢,另一方面资源利用率低,创新能力弱,环境遭到破坏,极大程度上影响了河南省的经济发展水平,也不利于特色小镇的建设。

其次,目前部分小镇没有科技含量高和成长空间大的未来前瞻行业,行业竞争力影响力有限,需要商业模式和固有业态进行创新。虽然部分特色小镇建立了研究院、科创中心、众创空间等创新创业平台,但是由于受到原来产业集聚区、工业园区转型的限制,很多小镇仍然没有摆脱原来生产经营模式,这不利于特色小镇产业建设长久持续发展。

(三)特色小镇新型经营主体功能带动性弱

河南省特色小镇的新型经营主体主要包含新型企业、新型产业组织等。特色小镇新型经营主体带动能力不强主要有以下表现。

首先,河南省特色小镇有实力有规模的新型经营主体少,如驻马店农业小镇3000余户加工企业中,规模以上加工企业不到800户,全省加工企业的年销售收入仅为300万元;穰东镇服装产业发达,大约有千余家企业,而80%左右为家庭工作室规模的企业,有一定规模能够起到带动其他产业发展的企业数量仅有20%左右。

其次,部分新型经营主体结构单一、管理粗放、经营能力不强,产业融合能力不高。2018年,商丘市只有35%的企业主体实现了一体化经营,平均利润仅为一年约7.2万元;灵宝市只有25%左右的企业主体实现了一体化经

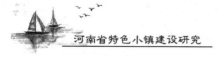

营,平均利润仅为一年约6.3万元。最后,部分经营主体创新能动性不强。一些农业特色小镇产业融合项目同质化严重,部分小镇采取一刀切的手段,特色小镇建设项目同质化严重,导致小镇后劲发展不强。特色小镇休闲农业和乡村旅游的特色内涵需要深入挖掘,可将传统文化、人文典籍、民族特色等历史传承的东西等融合起来,并通过合适的方式展示出来。

(四)特色小镇融资渠道单一

河南省特色小镇可持续发展离不开资金支持。但是,当前融资渠道比较单一,主要依靠省、地市政府有限的财政投入和国家的扶持资金。这很难对河南省特色小镇的建设形成有力支持,产业发展缺乏后劲。河南省特色小镇建设在融资方面也面临着一系列现实难题:第一,建设资金方面,特色小镇建设的大规模资金需求,对融资条件提出了新的要求,但是政府对融资数量的限制,相关的建设工程进展缓慢,不能达到预期的目标。第二,基础设施以及生态环境建设方面,由于投资回报周期长、投资收益率较低,一定程度上限制了社会资本的进入。第三,金融人才方面,由于融资种类繁多,相关的融资手段比较缺乏,融资水平有限,因此需要更专业的融资人才。这一系列难题都直接或间接制约着河南省特色小镇建设的速度与水平。

(五)特色小镇专业建设人才的缺乏

河南省特色小镇建设发展人才是基础,河南省特色小镇大多数处于农村或者乡镇中,大学生毕业后大部分都不愿意回到小地方工作,因此特色小镇建设专业人才的缺乏是亟待解决的问题。

第一,目前各个城市都在利用多项优惠政策加入"抢人大战"。河南省也实行了优惠人才政策,补贴刚毕业的大学生,但是主要区域在郑州,各地市人才引进政策少,力度小。但河南省特色小镇大部分都在周边地市以及县城,或者村镇里,人才政策无法覆盖到位,而且大部分毕业生毕业后更多的希望留在大城市,这就导致了特色小镇专业建设人才的缺乏。

第二,吸引人才投入特色小镇建设的积极性不够。虽然河南省一些地方在收入、住房、医疗、交通、教育等领域实行了一些扶持政策,但是各部门之间的协同度不够。特别是一些优惠政策对极少部分高级管理人才有利,对绝大部分高校毕业生产生不了一定的吸引力。这就会限制河南省特色小镇建设的人才梯队和人才储备,一定程度上不利于小镇快速发展建设,因此河南省特色小镇建设的相关政策要加大覆盖力度,形成不同层次的多阶梯式的政策体系,以吸引更多不同类型的优秀专业人才投入特色小镇建设。此外还需要对特色小镇现有的各种扶持政策进行跟踪调研,保持政策的持续性和完整性。

(六)特色小镇建设存在多方面要素约束

目前,土地、资金、人才等其他要素制约着河南省特色小镇产城融合的实现。

第一,政策约束。根据自然资源部相关法律法规,严格管理以农业为依托的休闲观光度假场所、庄园、酒庄、农家乐等开发建设,以及严格审批开发建设农业特色小镇时餐饮、住宿、会议、大型停车场、化农产品加工工厂、展销场所等建筑设施所占用的土地。这就会使得一些农业特色小镇产业融合项目难以实现。特别是对用地需求比较大的电商经营场地、仓储用地等其他用地难以得到满足,会限制一些特色小镇实现产镇融合。

第二,融资约束。由于河南省特色小镇建设的资金规模有限,因此需要借助银行等金融机构实现抵押贷款融资。而现实情况是银行等其他金融机构可提供的金融产品等服务较少,特别是租用土地及农业基础设施不能实现抵押,这就限制了特色小镇的融资能力。总之,融资方式单一,融资难、融资贵等问题一直是河南省特色小镇建设的难题。

第三,人才约束。专业人才和复合型人才对实现河南省大部分地区特色小镇产业融合发展具有重要作用,但是农民文化素质和技能水平普遍不高,而针对新型农业主体的培训较少且不具备针对性、专业性、前沿性。总之,人才缺失是特色小镇迫切需要解决的问题之一。

第三章

国外特色小镇发展模式及影响因素比较研究

一、我国不同省份典型发展模式

从国内特色小镇的总体建设情况来看,不同区域、不同产业的特色小镇发展情况差异较大。但从产业发展和开发运营两个角度出发,特色小镇发展模式存在一定共通性。目前,国内特色小镇以旅游业、农业和工业三大产业为主,这些产业已形成相对成熟的发展模式和运营模式。

(一)福建省特色小镇发展模式

赖莉芬(2019)[①]以产业为视角,通过"特色产业为主、延伸产业为辅"的划分原则,将福建省特色小镇发展模式分为科技创新型、文化旅游型、产业发展型和农业资源型四种。其中,产业发展型占比最大,占总数的34%,这表明福建省特色小镇的产业类型主要以产业制造为主。

1. 文化旅游型

文化旅游型特色小镇发展模式的特色在于其具有丰富的文化与旅游资源。一方面小镇的历史悠久,文化底蕴深厚,有着特点鲜明的民俗文化和非物质文化,像一些流传的民间技艺、民俗风情、神话传说、民间艺术等,这些

---

① 赖莉芬.福建省特色小镇发展模式与空间分布特征探讨[D].福建师范大学,2019.

文化是我国源远流长的历史见证,是民族之魂,是一种隐形的财产。如长泰古琴小镇、周宁人鱼小镇、石壁客家文化小镇、湄洲妈祖文化小镇、上杭县古田镇等特色小镇具有清晰的历史脉络及特色的文化资源;另一方面小镇的生态环境良好,有丰富的旅游资源,适宜休闲、观光。一般此类地区拥有城市不具备的古遗址、古村落、古民居,这些遗迹可作为旅游开发的特色资源,将当地特有的资源优势转变为经济优势。像东山海洋运动小镇、南靖县书洋镇、深沪体育小镇、和平镇、霞浦三沙光影小镇、寿宁廊桥文旅小镇等凭借着各具特色的旅游资源,发挥自身优势条件,积极打造各类型旅游特色小镇。

(1)文化旅游型模式的特征。以当地特色文化旅游资源为基础,景区为依托;在产业定位和功能安排上,游乐休闲是文化旅游型特色小镇最为核心的部分,几乎每个小镇都依托于当地特色文化资源规划了主题明确的小镇建设目标;以"旅游驱动力"为基础推动产业和就业。

(2)文化旅游型特色小镇的产业类型。第一,旅游+物质文化。依托所拥有的传统古村落、古建筑、古遗址等物质文化资源作为开发旅游的重要基础,有利于将资源优势转化为经济优势。第二,旅游+非物质文化。作为精神文化,非物质文化有着独一无二的价值。类型繁多的非物质文化,这些独具特色的历史文化配合自然景观资源构成了旅游产业发展的基础。第三,旅游+观光休闲。天然的生态资源优势,其景色好、环境优适合各类观光休闲、运动康养等活动开展,应注重完善交通设施和配套服务来吸引游客。

(3)文化旅游型特色小镇发展策略

在特色上,由于文化旅游型特色小镇需要基于特定的资源优势,"靠山吃山,靠水吃水"这句话在文旅行业开发中发挥着极其重要的作用,而福建省海旅兼备的特性为文化旅游型特色小镇开发赋予了得天独厚的优势。因此在开发中更应保持本色,突出特色,增强其文化内涵,注重历史文化的传承。强调其独特性,通过专业化的指导规划,实现资源的有机整合。

在产业上,文化旅游型特色小镇并不是真正落地的纯产业类型,仅仅依靠客流所带来的门票收入以及吃、住、游、购、娱等消费产业收入,是难以实现真正的投资效益的。因此更需要政府推动和企业参与的双方共同努力,科学布局,将旅游小镇与康养、相关产业相结合,并逐步健全体制机制,实现一体化。并要积极创新市场营销推介、开展相关旅游合作、开拓客源市场，重点打造文化与旅游融合发展的良好平台。

在生态上，要坚持可持续发展的原则，尊重自然，实现和谐相处。民居、古建筑、自然风光类物质遗产，传统技艺、民俗文化类非物质文化遗产，都既要发展，又要保护传承。在建设发展过程中以生态旅游为带动，注重人文气息的增添和文化风貌特色的塑造，同时不断提升服务接待能力，建立健全管理体制，为游客提供高规格的便捷服务。

2. 农业资源型

农业资源型特色小镇发展模式的特点在于，以特色农业产业为依托，在发挥各地的资源禀赋、比较优势基础上，打造有明确产业定位的现代新型农业发展平台和示范基地。农业资源型特色小镇通过对农业、资源、科技、文化等要素的整合来实现其最佳组合，推动农村一、二、三产业深度融合发展。因此，一方面，当地最好有相对独特的农业、林业、畜牧业和渔业产品。另一方面，如果当地具有优美的自然风貌、良好景观也能够助推其建设发展。

(1)农业资源型特色小镇的特征。其一，依托特色资源和发展基础，构建农业产业体系。农业型特色小镇主要依靠农林牧副渔各业，立足于当地有代表性及支撑性的相关农业主题，构建高效的农业产业体系，其常采用现代农业体系中的规模农业、设施农业、休闲农业等形式。其二，嵌入文化创意，叠加旅游功能。在经济新常态状况下，文化越来越成为新的经济增长点。在农业中加入创意文化元素，也成为现代先进农业的一个发展趋势。比如在水果蔬菜、花木苗圃的种植、包装、销售、观赏中有机融入各种创意文化，吸引游客体验和消费，延长产业链条。此外，农业型特色小镇也可依托厚重的农耕文化及独特的乡村环境，通过体验式采摘、观赏休闲、健康养身、农产品销售等形态叠加旅游功能，扩大其经济效益，大大促进市场经济发展。

(2)农业资源型特色小镇的产业类型。第一，农产品生产加工+贸易。主要以发展农业作物生产、加工和贸易为主。通过将科技与农业相结合，以及在经济、政策方面的大力支持，能有效促进优质农产品的供给，引领农业与二、三产业相融合，强化"农科"特色，最终实现真正的产城融合发展。第二，农业旅游+休闲度假。通过当地优美的生态环境、独特的农业景观、特色农产品作为旅游吸引物,开发林果、渔业、花木、美食等不同主题的休闲活动,满足游客各类心理需求的同时也促进了当地农民增收。

(3)农业资源型特色小镇发展策略。

突出地区特色,避免过度同质化。在一些农业资源禀赋良好,或周边拥有地理标志性产品的地区,可以针对性地开发某些附加值高的农业产业,积极打造特色农业品牌。需结合当地的实际情况,挖掘本地自然资源,选择其中的优势农业,并赋予它们文化内涵,使其发展具有竞争性和独特性,避免过度同质化的问题。

推进生态农业发展,加强农业科技力量。农业型特色小镇的核心在于农业,传统农业种植周期长、附加值低将难以满足现代社会需求,在未来中国农业发展大趋势便是将经济、社会与环境效益集于一体的新型生态农业。因此,应积极推进农业型特色小镇中生态农业的建设发展,引导居民从传统农业向生态农业转变,通过与相关大型农业公司进行合作,加大科技力量的投入、强化高素质人才队伍,全力打造优质的农业项目,为特色小镇创造良好发展环境。

打造多层次农业服务,合理引导规划布局。推进现代农业园区、特色农产品示范基地、农产品配送中心、农业科技园区的建设和整合,满足城市对于农业的多层次需求,促进第一、二、三产业的发展升级,打造多层次的农业服务。做精做细做实规划,谋划好产业的定位、植入、布局等,控制好投入产出比,优化农业结构,突出体验与高新项目,做到农业旅游双轮驱动,实现以农养旅的目标,为打造一个强竞争力的小镇打下坚实基础。

3.产业发展型

产业发展型特色小镇与工艺的传承、产业的积累、品牌的发展等因素有着紧密的联系,其往往偏向于产品生产。此类特色小镇大多具备强劲的工业基础,其辐射到现代制造、影视动漫、商贸物流、创新创业、能源化工、手工技艺、食品化工等各方面。

(1)产业发展型特色小镇特征。其一,在产业定位和功能安排上,产业转型升级是最为核心的部分。几乎每个小镇都依托于当地产业基础,寻找特色产业业态,发扬优势将其做特、做精、做强。特色产业不一定是地方主导产业或支柱产业,但必须是具有发展潜力的产业,如此才能实现"产、城、人、文"的最终有机整合①。其二,以"产业驱动力"为基础,延长升级产业链条。围绕核心产业,集群式、体系式发展。包括围绕特色文化、重点产业和优势品牌,布局基本业态,融合相关体系,搭建驱动轴,实现资源高效利用、结构优化、产业升级、品牌整合、机制创新。

(2)产业发展型特色小镇的产业类型。第一,历史文化+创意设计。依托当地清晰的历史脉络及独特的文化内涵对文化元素进行挖掘,紧跟潮流利用现代化手法进行文创设计和制造,并与商业相结合,在这将通过创意和灵感重新点亮历史文化的辉煌。第二,产业基础+科学技术。具有突出的资源禀赋优势及制造业、贸易业基础且市场前景较好,伴随着科技投入增加和产业的转型升级,其产业链不断延长,最终实现多业态的结合。第三,交通区位。区位条件良好,属于交通枢纽或区域重要节点。小镇位置具有地理重要性,像是海丝起点、古港门户、对台商贸等,其建设能联动周边地区资源,实现资源流通。

(3)产业发展型特色小镇发展策略。

夯实产业。通过对社会和经济发展长远趋势的研究,紧抓特色小镇建设的热潮,充分发挥区位、要素、资源等优势,立足于自身特色,确立特色鲜明的产业定位。以新型产业为主导,带动产业协同升级、打造产业生态、提升产业集聚能力、助推产业结构不断调整升级,促进小镇实现从资源到产业到经济到社会的全面发展,实现产镇协调和统筹。

品牌输出。品牌作为一个特色小镇的名片能使其与其他特色小镇相区别,品牌定位也是特色小镇传播的基础和营销的向导,缺少品牌的特色小镇将无法引起公众记忆和联想。如:哈尔滨的冰雪节,潍坊的风筝节,青岛的海尔、海信、青啤,这些都是城镇的名片。注重培育一批具有"品牌空位性"的特色小镇,并不断加深品牌的影响力。品牌的未来应该是能够推动保护和交易的知识产权体系,其建设无法孤军作战,而要充分联合周边城市群进行打造,这样才能够让小镇在竞争中抢占先机、走在前列。

营造环境。高素质人才、市场、科技、社会环境对产业发展型特色小镇

---

① 林峰.特色小镇的生命力之产业的选择\培育与导入[J].中国房地产,2017(8):20-23.

建设很重要,如果缺乏这些,小镇将会失去持续发展的动力变成死镇。因此需要积极引进投资来改造生活环境及配套设施,加强人才培训和技术研发来帮助企业扎根于当地。比如一些手工艺品制作、机械加工制造基地等有产业基础的地方,通过人才投入、市场管理和科技创新的支持使产业焕发生机得到持续发展。此外小镇建设要提前规划好各功能区块,为后续发展预留空间。

4.科技创新型

科技创新型特色小镇的信息化、智能化程度较高,科技金融是支撑小镇发展的动力。小镇所在区域经济发展水平相对较高,有明显的集聚效应。

(1)科技创新型特色小镇特征。有一定的新兴产业作为发展基础以及政府强劲的政策作为支撑和指导,小镇的产业也主要以高精尖为主,科学技术优势明显,其中科技和互联网产业尤为显著。重视高级科技人才的引进,增强人员资源的储备力量,为小镇健康持续发展增添动力。建设上遵循产城融合理念,利用自身优势健康快速发展,达到财富的积累与市场的开拓。

(2)科技创新型特色小镇的产业类型。第一,新兴科技。区域经济发达,具备一定的新兴产业作为发展基础从而形成产业集聚,科技金融和高端人才引进是此类型小镇发展的重要支撑和强大保障,其中大部分与高校、科研机构互相合作。第二,产业智造。以制造产业的高端智能化生产为主,聚焦于科技创新,产业具有"高精尖"的特性,突出小镇的智能化建设,此外还拥有着较广阔的市场。第三,医药康养。以"健康"为开发主题和产业建设核心,依托生物医药产业,融合三生、三产理念,实现生物医药、高端医养、休闲旅游等复合功能叠加。

(3)科技创新型特色小镇发展策略。

激发科技力量,打造科技产业体系。科技创新型特色小镇要想有长远的发展,就要在现有科技力量基础上抓住新科技革命的机遇,运用新技术打造符合特色小镇经济模式的完整产业链,培育新业态和新经济增长点。同时注重提高关键核心技术水平,利用强有力的科技支撑体系为小镇带来强大的自生能力和创造优质开放服务平台。

提升开放程度,引入高端资源要素。放眼全国,目前发展比较成熟的特色小镇大多位于优秀企业、密集资本以及杰出人才集聚的区域,这些高端资源要素是推动特色小镇发展的关键因素。因此福建省在发展此类特色小镇时应提升开放程度,对接国际、国内高端资源,通过多种渠道,主动争取行业标杆企业与机构入驻镇区形成产业聚集效应,最终汇聚更多优质、有潜力的企业落户。

引进科技人才,营造良好社区环境。人才是特色小镇发展的重要组成部分,小镇的高效管理和运营都无法离开专业人才,因此需要准确制定发展规划,围绕重点产业、项目及相关领域,大力引进和培育高层次人才和队伍。如针对不同人才出台不同的政策扶持,特别是助推高端稀缺型和创新型人才在特色小镇建设过程中实现自我价值。其次,优化环境来营造良好的社区氛围,不断扩大平台覆盖面,充分利用各种科技创新资源,积极引导和支持高校、科研院所与特色城镇的合作。

(二)浙江省特色小镇发展模式

"十三五"规划以来,浙江省根据自身情况,从产业角度出发,提出了特色小镇建设理念,通过以产业为导向来建设浙江特色小镇。目前的主导产业类型包括产品及文化特色型、绿色智造特色型、互联网科技产业型、金融服务特色型、旅游产业特色型等类型,具体产业布局如表3-1所示。[1]

表3-1 浙江省特色小镇产业布局

产业类型	典型小镇	产业特色
产品及文化特色型	西湖龙坞茶镇、湖州丝绸小镇、嘉善巧克力甜蜜小镇、海宁皮革时尚小镇、桐乡毛衫时尚小镇、龙泉青瓷小镇、余杭艺尚小镇等	具有比较深厚的文化底蕴,国内外知名度较大
绿色智造特色型	江北动力小镇、海盐核电小镇、路桥沃尔沃小镇、黄岩智能模具小镇等	拥有比较经典而规模较大的制造产业,以该产业为特色而发展的小镇

---

① 李曦羽.浙江特色小镇发展研究[D].华中师范大学,2018.

续表3-1

产业类型	典型小镇	产业特色
互联网科技产业型	西湖云栖小镇、余杭梦想小镇、富阳硅谷小镇、临安云制造小镇等	围绕某一具有较好基础、区域影响力的新兴产业而发展起来的小镇,以科技和信息产业为特色
金融服务特色型	南湖基金小镇、义务丝路金融小镇、梅山海洋金融小镇等	以金融产业集聚区为基础,带动周边区域观光、休闲场所的建设
旅游产业特色型	奉化滨海养生小镇、武义温泉小镇、仙居神仙氧吧小镇等	拥有高级别的健康养生和休闲旅游资源的小镇

1. 建设理念①

(1)产业定位力求"特而强"。每个特色小镇都紧扣信息、环保、健康、旅游、时尚、金融、高端装备制造等"七大万亿产业"和茶叶、丝绸、黄酒、中药等历史经典产业,主攻最有基础、最有优势的特色产业,不能"百镇一面"、同质竞争。即便主攻同一产业,也要差异定位、细分领域、错位发展,不能丧失独特性。

(2)功能布局力求"聚而合"。浙江特色小镇要的是有山有水有人文,产业功能、文化功能、旅游功能和社区功能高度融合,让人愿意留下来创业和生活的特色小镇。

(3)建设形态力求"精而美"。根据地形地貌,做好整体规划和形象设计,确定小镇风格,建设"高颜值"小镇。规划空间要集中连片,规划面积控制在3平方公里左右,建设面积控制在1平方公里左右。坚持规划先行、多规融合,联动编制产业、文化、旅游"三位一体",生产、生活、生态"三生融合",园区、社区、景区"三区融合",工业化、信息化、城镇化"三化驱动",项目、资金、人才"三方落实"的建设规划。

(4)制度供给力求"活而新"。浙江对特色小镇的定位是综合改革试验

① 余德彪,束文琦.浙江特色小镇高质量发展之路[J].中国工业和信息化,2019(12):82-87.

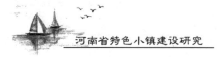

区。凡是国家的改革试点,特色小镇优先上报;凡是国家和省里先行先试的改革试点,特色小镇优先实施;凡是符合法律要求的改革,允许特色小镇先行突破。浙江大力发展特色小镇,也让浙江尝到了"甜头"。

2. 发展模式

(1)主导产业转型模式。浙江省特色小镇产业的转型升级,首先是指它的形态、业态发生了根本性的转变。最典型的就是杭州玉皇山南基金小镇。这里原来是杭州陶瓷品市场为核心的石材力加工和仓储区,辖区内还有铁路的机务段、维修厂等大型国有企业以及大量民居。建筑陈旧、布局散乱、设施残破。杭州上城区通过"三改一拆""修旧如旧"等方式,把原来的产业全部清理掉,引入一批基金公司,管理基金规模达到3000亿元,真正实现了产业转型。

(2)主导产业升级模式。这类小镇一般产业还是原来的产业,但又完全颠覆了原来的产业或者把产业的前端转移出去了。比如平阳宠物小镇,平阳是"中国皮都",水头镇又是平阳主要的皮革生产基地,但这些家庭作坊式企业普遍存在着低、小、散的问题,污染特别严重。当地通过建设宠物小镇,通过"关停并转"等模式把原来超千家宠物用品企业整合成22家。这些企业年产值达40余亿元,已经成为目前亚洲最大的宠物咬胶食品生产基地。而且不仅是企业数量的减少,更重要的是质量的提升和时尚元素的增加。

(3)产业整合模式。此类小镇产业或者景区已经具备较大的知名度和影响力。通过特色小镇建设之后,加入时尚、文化等元素,整合成一个具备独立的商业区或者旅游社区。比如桐乡毛衫小镇、海宁皮革时尚小镇、莲都古堰画乡小镇等。

(4)龙头企业带动型。这类小镇一般是有一个龙头企业或者行业顶尖企业的带动或者引领其他企业集聚在一起。比如,吉利沃尔沃小镇,它是路桥区退二进三的一个结晶。吉利原来在路桥区有一个生产基地,随着城市的发展,政府把这个生产基地腾出来搞城市规划,吉利就把产业搬离到一个滩涂上。随着沃尔沃生产基地的建设,大批的配套企业跟进,形成一个整车与配套产业相随的格局。而杭州上城区云栖小镇主要是以阿里云为行业代表,带动大批的云计算产业落户小镇。

(5)康养融合模式。这类小镇最大的特点就是集大健康、大旅游以及养生文化于一体。比较典型的是舟山朱家尖禅意小镇和天台和合小镇。朱家尖禅意小镇依托普陀山深厚的观音文化和朱家尖良好的生态自然环境,重点发展禅文化博览与体验、海洋旅游文化产业、健康养生服务及休闲度假旅游产业。天台和合小镇依托知名佛教圣地国清寺以及独特的"儒释道"和合文化打造以非物质文化遗产和养生文化传统为特色的特色小镇。

(6)传统产业链条改造模式。这类小镇主要以没落的或者产量少的传统文化产业为主,通过小镇的建设促进产业的创新与发展。典型的有南浔的善琏湖笔小镇和龙泉宝剑小镇、青瓷小镇等。通过小镇的建设,把湖笔这个产业链拉长了,而且通过"一祠一寺一馆一街一厂",即纪念笔祖蒙恬的蒙公祠,纪念王羲之七代孙、南朝知名书法家智永禅师的永欣寺,湖笔文化馆,湖笔一条街和善琏湖笔厂的建设让湖笔文化鲜活起来,有了生命的气息。而宝剑这种冷兵器时代的产物,通过植入现代文化和时尚的元素,充分挖掘宝剑文化的历史脉络和现代人文,把这样一个传统产业发扬光大。

(7)信息产业集聚模式。这类小镇一般是同类产业企业聚合在一起。如德清地理信息小镇、萧山互联网小镇等。德清地理信息小镇是在原德清地理信息产业园区的基础上演变而来。这里集聚了超百家全国地理信息产业最尖端的一批企业,包括国内测绘装备领域第一家上市公司中海达的分机构以及中科院微波特性测量实验室等科研机构。而萧山互联网小镇主要围绕"互联网+",形成了"互联网+健康""互联网+家居设计""互联网+海淘""互联网+移动信息""互联网+化纤""互联网+医药""互联网+服装"等一系列产业。

(8)智造产业聚合模式。随着科技的发展,一批批具有时尚和智能元素的产业得以迅速发展,而且这些产业通过聚合,形成了一个特色鲜明的小镇。宁海县是中国模具产业基地、中国汽车橡胶部件产业基地、中国汽车零部件采购基地,是目前国内企业群体大、区域集聚度高、产品档次高、行业竞争力强、最具特色的汽车零部件行业专业性生产基地,由此打造的宁海智能汽车小镇被赋予智能元素,实现产品智能化、车产智能化、产品管理智能化、商业模式智能化、小镇建设管理智能化。

(9)关联产业集聚模式。这类小镇一般是一个产业或者一个企业带动相关联产业集聚发展。典型的包括嘉善巧克力甜蜜小镇和龙游红木小镇。

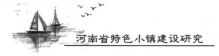

巧克力小镇的核心是一家巧克力工厂,以这个元素引进并建设了温泉、水乡、花海、婚纱摄影等相关甜蜜产业。而红木小镇是以红木为纽带,以历史人文为主线,用红木建筑的风貌和形式,展示自唐宋元明清到未来的中华文明。与此同时,通过年年红产业的延伸,形成一个集文化、旅游、商贸、社区于一体的新兴的红木产业集聚区。

(10)三产融合模式。中国是农业大国,但是农民收入增速缓慢。这类小镇都是依托市场发展农业。松阳的茶叶并不出名,也没有茶叶知名品牌,但是松阳的茶叶市场却很厉害,交易量连续 12 年、交易额连续 8 年居浙江省同类市场首位,年交易额达到 50 亿元。以茶叶市场为核心打造的松阳茶香小镇,植入健身骑行、生态休闲度假元素,集聚茶产品展示、特色茶文化体验等功能,打造一个集一二三产于一体的多元化茶主题小镇。而庆元依托世界最早的香菇发源地、环境最佳的菇木生长区、辐射最广的香菇产业圈、全国最大的香菇市场极、研发最快的菌类品牌区的资源优势,打造的香菇小镇一定会为当地农业发展创造更多的神话。

3. 建设经验

浙江是典型的"小政府、大服务"模式的代表,浙江的特色小镇建设,在探索政策支撑体系的同时,始终强调政府引导、企业为主体、市场化运作的根本原则,让市场及企业在特色小镇的建设过程中发挥更为核心的作用。引入有实力的投资建设主体,让专业的人干专业的事。创新融资方式,探索产业基金、股权众筹、PPP 等融资路径,加大引入社会资本的力度,以市场化机制推动小镇建设。引入第三方机构,为入驻企业提供专业的融资、市场推广、技术孵化、供应链整合等服务,使特色小镇成为新型众创平台。

(1)尊重市场规则。政府尊重市场规则,简政放权,甘心当好配角,提供优质公共服务。这是浙江发展特色小镇的核心经验,实际上也是浙江民营经济蓬勃发展的核心经验。目前浙江特色小镇较为成功的案例,是业已经过市场竞争机制残酷筛选的结果,在浙江,特色小镇的各个环节设计中严格执行市场配置资源的基本规则。已经建成的小镇运营交付给竞标胜出的专业公司,入驻企业选择、企业项目选择、企业启动风险资金引入、企业淘汰机制、法律、会计、知识产权中介等的入驻和退出,也都是运用公开透明的市场原则来完成的。

（2）做好顶层设计。主要体现在特色小镇初创时期，小镇的产业研究、顶层设计、基本建设规划和建设资金筹集上。

（3）依托特色禀赋。特色小镇应依托自身的特色自然资源、优势产业基础、人文环境禀赋，紧扣产业升级趋势，锁定产业主攻方向，构筑产业创新高地，形成差异化竞争，真正找到特色。

（4）勇于改革创新。勇于改革创新的精神，是推动特色小镇高质量可持续发展的根本动力。浙江特色小镇的新，新在规划理念，实行"多规合一"；新在运营机制，实行"企业主体"；新在制度供给，实行"优胜劣汰"。这些"新"，为特色小镇的发展带来了实实在在的社会效益和经济效益。

二、国外特色小镇建设经验

（一）英国：古迹保护与商业开发相结合

斯特拉福德小镇已成为世界名人故居保护与商业开发相结合的典范，其做法既代表了英国特色小镇发展的思路，也与当地实际紧密结合。比如：深挖莎士比亚文化，政府通过整体设计完整呈现莎士比亚的一生；信托基金独立、专业运作，实现古迹开发与保护平衡；注重"粉丝"培育，不断提升名人故里的吸引力。

"英国即乡村，乡村即英国。"这是很多亲历英国的游客最深切的感触。除了那些工业中心和大都市之外，保留着淳朴乡村特色的小城镇星罗棋布。早在1898年，英国建筑规划大师埃比尼泽·霍华德就率先提出了"小城镇"的概念。在他的设想中，小城镇结合了城市和乡村的优点，兼顾了充足的工作机会和优美的生活环境。

"二战"结束后，英国政府借战后重建的契机发起了"新城运动"，希望以小城镇的开发建设疏解大城市人口过剩、住房紧缺、交通拥堵等问题。这里的"新城"就是小城镇。"新城"建设资金由政府基金统一提供，并通过城市设施租售分期偿还。当然，很多"新城"并不是完全新建的，而是精心挑选出一些旧城镇，将其拓展成工业发展中心、公共交通枢纽和就业中心，政府鼓励民众迁入这类小城镇。尤为可贵的是，英国的小城镇建设并不是将乡村打造成城市，而是采取"离土不离乡"的发展模式。在英格兰，集镇发展以乡村为依托，重点推动以农业产品为加工对象的乡村工业，为离开土地的农民

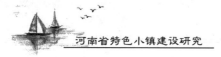

提供就业机会,同时为农业规模化经营提供保障。另外,英国特别重视综合规划和建设发展,贯彻了霍华德田园小城镇的建设理念,重视保护景观资源,将英国特有的传统景观文化与时俱进地融入小城镇建设中。

(二)德国:工业强镇吸引高新科技人才

小城镇有大产业,是德国城镇化的魅力所在。一个名不见经传的小城可能孕育着全球最有竞争优势的产业。在德国35万各类企业中,有相当一部分企业分布在乡镇,加上大量中小工商企业和服务业,创造了大量的就业岗位,实现了超过90%的城镇化率。

德国每个小城镇各有特色支柱经济,甚至很多世界500强企业都落户在小城镇,这无疑让小城镇具备了吸引年轻人的核心竞争力,解决了70%的人口就业。依靠工业强镇,德国走出了一条特色小镇建设之路。

受城市规模和环境容量的限制,德国工业小城镇并非"孤胆英雄",而是选择了"一镇一业、多镇抱团"的发展模式。几个小镇位置相邻、产业互联,虽然各自拥有的企业规模都不算巨大,但联合在一起,却能够形成区域大产业链,实现更加高效率、低成本的运营。

产业小镇的集群发展,与德国政府的规划和培育是分不开的。德国产业政策的重点均以中小城市和小城镇为主,主要包括产业发展重点政策、补贴与税收等财政措施,以及维护市场秩序、促进技术进步、产业体系建设等政策。另外,德国注重加快基础设施建设,完善小城镇功能,为产业发展搭建了良好的发展平台。

(三)丹麦:立足生态保护,打造工业共生体系

虽然卡伦堡小镇"工业共生体系"是逐渐且自发形成的,但仍离不开两方面的驱动力,即政府的政策机制和企业的经济效益。

一方面,政府在制度安排上对污染排放实行强制性的高收费政策,这使得污染物的排放成为一种成本要素。例如:对各种污染废弃物按照数量征收废弃物排放税,而且排放税逐步提高,迫使企业少排放污染物。对减少污染排放的企业给予经济激励。另一方面,卡伦堡地区水资源缺乏,地下水很昂贵。其他企业主动与发电厂签订协议,利用发电厂产生的冷却水和余热,不仅可以节约利用水资源,与缴纳污水排放税相比还可以节约50%的成本;而与直接取用新地下水相比,可以节约75%的成本。

小城镇的发展往往注重经济因素,导致开发建设缺乏科学规划和管理,生态环境破坏严重。而卡伦堡小镇的例子恰恰证明,这些问题可以从保护生态和建立循环经济体系的角度破题。在资源投入、企业生产、产品消费及其废弃的全过程中,循环、再生和利用物质资源,形成一种低消耗、低排放、高效率的生态型资源循环发展的经济模式。

(四)法国:依托特有资源传承地域文化

依云镇采取的是基于特色资源的小镇发展模式。围绕特有的生态资源或历史文化资源,通过发展特色产品、生态休闲、旅游文化等领域,满足日益增长的生态和文化需求,将资源优势转变为发展动力。

可以说,保持地域文化特色和注重传统文化传承,是法国城镇化进程中的一大特点。除了依云镇,被誉为"香水王国"的格拉斯、"香槟之都"兰斯、"葡萄酒圣地"第戎等,发展模式都具有鲜明的地域传统文化特色。当然,以自然资源为主要发展优势的特色小镇建设,并不意味着要将自身发展局限于对自然资源的依赖。上述法国小镇都是在发展过程中不断延伸上下游产业链,向高端领域衍生发展。

法国城镇化的理念是"镇上的生活比首都好"。小城镇整洁安静、韵味十足,且生活便利程度一点不比大城市差。法国政府在小城镇建设高校、剧院、商场等公共设施,给地方中小企业提供财政支持,甚至为私人建房者免费供地,吸引了越来越多人到小城镇居住。特别是在医疗资源分布上,法国从不"歧视"小城镇,医保卡全国通用且适用于私人诊所,基本解决了法国小城镇的就医难问题。

至今,法国人口超百万的城市不超过5个,人口在10万以下的小城镇却密布全国。法国的经验表明,以人为核心的城镇化,是大中小城市和小镇协调发展的必由之路,而非任由市场"摊大饼"。

(五)美国:市场方式运作,产业自然集聚

格林尼治镇的成功要归功于其按市场方式设立的运行机制,充分利用私募(对冲)基金扎堆的惯性,通过"精而美"的软硬件环境吸引各类投资基金、对冲基金和相关金融机构聚集,快速形成金融产业聚集的特色小镇。

和格林尼治小镇一样,美国许多小城镇的繁荣都是人口和企业自然选择与聚集的结果,并非依靠政府力量推动。在经济社会发展规律的支配下,

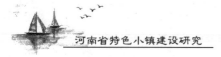

小城镇因逐渐获得了企业、高校或居民的青睐而兴起和壮大。

尽管如此，并不意味着小城镇建设可以随意而为。在美国，小城镇要依据区位特点和产业特色制定总体规划，追求个性化发展。同时，城镇规划要与州、县地区性总体规划和交通规划等相协调，住宅区、商业区、工业区都是分区分块规划建设的，使土地开发利用具有整体性、长远性和综合性。

美国小城镇建设资金由联邦政府、地方政府和开发商共同承担：联邦政府负责投资建设连接城镇之间的高速公路；小城镇的供水厂、污水处理厂、垃圾处理厂等由州和小城镇政府负责筹资建设；开发商则负责小城镇社区内的交通、水电、通信等生活配套设施的建设。

三、国内外特色小镇发展模式比较

国外特色小镇萌芽于19世纪中后期工业化和城镇化高速发展、大城市人口过剩与环境恶劣及乡村空心化的大背景下。城市周边的小城镇拥有地价低、环境好、交通便利、自然或产业资源独特等优势，特色小镇建设逐渐萌芽并受到高度重视。特色小镇是发达国家城镇化进程发展到一定阶段的特殊产物，是经济、社会发展到一定水平后的自然驱动，对均衡城乡发展、分流大城市人口有着积极作用。

国内特色小镇最初并没有统一的标准和定义，2015年浙江省政府发布的《关于加快特色小镇规划建设的指导意见》中首次将"特色小镇"界定为"非镇非区的多功能创新空间"。随之，中国特色小镇的概念逐渐清晰。第一，特色小镇是打破传统发展模式、依托特色产业的市场化创新创业平台。第二，特色小镇是挖掘本地特色、促进产业转型、提升本土文化、实现协同创新与合作共赢的产业发展空间载体。第三，特色小镇是具有清晰的空间规模界限、投资要求和建设标准的"产、城、人、文"结合的建设模式①。第四，特色小镇是具有复合功能的生活化的怡人空间，不仅关注产业发展，而且关注人的需求。特色小镇的发展模式是在一定的外部环境及内部因素共同作用下形成的特有的发展方式。

---

① 王波.规划视角下特色小镇的编制思路与方法研究——以无锡禅意小镇规划为例[J].江苏城市规划,2016(10):26-31.

不同发展基础下的中外特色小镇在发展主体、发展驱动力、特色主导产业模式等方面均存在一定的差异性。（见表3-2）

表3-2　国内外特色小镇发展背景及发展模式对比

		国外特色小镇	国内特色小镇
发展基础	面积	40～70 km² 的自然镇	综合片区开发项目，面积为几平方千米至几十平方千米不等
	人口	2万～20万人，规模较小，密度较低	20万～100万人，规模较大，密度较高
	城镇化水平	城镇化水平较高，郊区化明显	处于城镇化快速发展过程中，城乡差距较大，小城镇及乡村吸引力不足
	经济发展水平	经济水平较高，后工业化阶段	经济基础较差，处于工业化初期阶段
发展主体		企业为主，政府介入较弱，多为企业自主的市场行为，政府干预较弱	政府引导较强，介入较多且扶持力度较大
发展驱动力		地方产业资源主导，由本地优势产业与企业所带动，逐年发展而成	政府主导，企业为辅，通过扶持政策将现有产业的产能和影响力发展壮大
产业模式		高新科技产业、传统制造产业、金融业、旅游度假；对接国际资源、融入全球产业链，是保持特色小镇生命力与活力的重要路径	主要为旅游度假、农业、工业、科技、商贸；多数为小镇产业链不完善，对接区域和国际产业链较弱

（一）发展主体角度的不同

从发展主体来看，即从资源配置方式的角度，根据特色小镇参与主体中哪一方力量发挥主导作用，可划分为政府主导型、企业主导型和混合型。

国外成功的特色小镇的发展主体以企业为主，进行市场化运作，能够充分发挥市场在资源配置中的决定性作用。政府主要起到引导和扶持的作

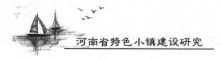

用,在税收、地租等方面优惠政策,很大程度上稳定了小镇的可持续发展。该模式的优势是其运作机制的完全市场化,强化各类资源的合作并进行优化配置。

国内特色小镇的发展主要是"政府引导,企业为主",受国家和当地政府影响较大,通过扶持政策和主动规划将现有产业的产能和影响力发展壮大。政府在特色小镇的建设过程中更多地承担了发展规划、配建制度和环境保护等工作,引导特色小镇发展;企业在建设过程中起主导作用,负责具体的产业发展模式制定、战略落实、建设和运营。该模式的优势可最大限度地发挥政府宏观调控职能,通过政策标准、产业指导等措施,既发挥了政府的作用,同时也发挥了市场的作用。在特色小镇发展的初期阶段,市场机制并未发育完善,政府力量的推动是十分必要的。此外,中国特色小镇还有部分"政府主导"的发展模式,即政府力量占绝对优势地位,最大限度地发挥了政府在政策制定、统筹规划、资源配置等方面的优势。

(二)发展驱动力的不同

从发展驱动力的角度来看,产业驱动、文化驱动、区位驱动是国外特色小镇蓬勃发展的主要发展动力。首先,特色小镇发展的关键动力在于产业特色,成功的特色小镇具有坚实的产业资源。如法国普罗旺斯的鲜花主题小镇、依云小镇都具有强大的产业资源基础。其次,文化生命力赋予小镇灵魂。欧美国家多以小镇为基本生活单位,小镇是主流的生活场所,浓厚的小镇生活文化与现代化产业的良好结合催生了一批集生产和生活为一体的宜居小镇。最后,区位优势对小镇发展十分重要。国外特色小镇的空间选址往往更遵循产业区位理论,是某一类特色产业市场配置的结果。

国内特色小镇的主要驱动力为文化驱动和产业驱动。产业是特色小镇的灵魂,产业驱动即小镇利用自然或产业资源优势,形成生产、旅游、商务、会展、休闲等特色产业模式。此外,地域文化特点是国内特色小镇"特"字的重要体现之一,不仅包含特色建筑、名人、传统工艺及产业等有形的特色资源,也包含无形的文化风俗、生活制度等,浓厚的文化特色能够带动旅游业、特色产业、主题活动的发展。

(三)产业模式的不同

从产业模式的角度来看,国外特色小镇产业发展模式较为多元,分为高新技术产业、传统产业、金融产业和旅游度假产业四大类（表3-3）。

表3-3　国外特色小镇产业模式分类

产业模式	国家	地区	小镇特色	产业特点
高新技术产业	美国	硅谷	高新技术企业	高新技术企业集聚
	美国	佛罗里达	Spruce Creek 航空	航空航天产业
	英国	维基镇	信息技术小镇	全镇覆盖 Wi-Fi 且免费使用
	英国	剑桥镇	教育和科技创新小镇	企业与高校结合
	法国	维特雷	内陆型工业小镇	现代制造业
	丹麦	卡伦堡	循环节能经济小镇	工业共生体系
	瑞士	勒森帝尔小镇	钟表制造小镇	现代制造产业
	韩国	打得科技园	产学研特色小镇	研发、人才培养、产业化和培育新产业的基地
	日本	筑波市	产研结合特色小镇	电子技术综合产业
	日本	藤泽生态城	节能环保循环小镇	以太阳能为主要能源,规划持续发展
	德国	弗莱堡	节能环保产业	绿色之都,世界闻名的太阳能之城
	德国	蒙绍市	城乡地带科技型小镇	科技型企业集聚
传统产业	法国	格拉斯	农业产业化小镇	花卉种植业及香水业
	法国	利摩日	法国陶瓷小镇	瓷器工业
	德国	赫尔佐根赫若拉赫	全球体育用品小镇	商贸物流产业
	意大利	诺尔恰	健康、美食小镇	意大利的肉制品之都
金融产业	美国	格林尼治	对冲基金小镇	对冲基金
	瑞士	普费菲孔	金融小镇	金融产业

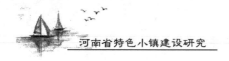

续表3-3

产业模式	国家	地区	小镇特色	产业特点
旅游度假产业	美国	好时镇	特色食品小镇	巧克力产业发达的家庭休闲旅游
	加拿大	滨湖尼亚加拉	酒庄小镇	加拿大冰酒的著名产地之一
	英国	温莎小镇	英国王室小镇	休闲旅游产业
	英国	康威小镇	中世纪"童话小镇"	旅游产业
	法国	依云	旅游疗养小镇	文化旅游
	法国	戈尔德	石头小镇	旅游度假产业
	法国	埃兹小镇	海边的悬崖小镇	旅游度假产业
	荷兰	比皮亚小镇	郁金香的小镇	时尚、旅游产业
	瑞士	洛伊克巴德	群山环抱的温泉小镇	瑞士最大温泉疗养旅游胜地
	瑞士	韦吉斯	玫瑰小镇	时尚、旅游产业
	瑞士	达沃斯	旅游、国际会议小镇	世界经济论坛的举办地、滑雪胜地
	瑞典	阿里尔德	公共艺术小镇	旅游度假产业
	德国	罗腾堡	中世纪小镇	休闲旅游产业
	德国	施陶芬	葡萄美酒小镇	葡萄酒产业、旅游度假产业
	意大利	马纳罗拉	五彩缤纷的小镇	旅游度假产业
	奥地利	哈尔施塔特镇	湖畔小镇	旅游度假产业
	突尼斯	西迪布萨义德	蓝白小镇	旅游度假、艺术聚集地
	日本	箱根	温泉之乡、疗养胜地	温泉旅游特色小镇
	日本	大分县汤布院	温泉小镇	温泉旅游特色小镇
	日本	白川乡	世界文化遗产小镇	休闲旅游产业

国内产业发展模式类型多样,对比第一、二批特色小镇发现,国内特色小镇的产业主导性越来越强,从传统的强旅游弱产业的模式逐渐发展为依托产业、辐射周边的新型城镇化发展模式,产业的模式也更具特色和多元

化。根据特色小镇提供服务的不同,可将目前中国的特色小镇产业发展模式分为提供信息技术及金融服务、提供实物产品服务和提供体验服务三大类,如表3-4所示。

表3-4　中国特色小镇发展模式分类

不同发展模式提供服务	具体类型
提供信息技术和金融服务	高新技术产业小镇、基金小镇、金融小镇、知识小镇、创客小镇
提供实务产品服务	机器人小镇、美妆小镇、智能装备小镇、袜艺小镇、陶瓷小镇
提供体验服务	旅游服务、历史小镇、健康小镇、体育小镇、文化小镇

四、河南省特色小镇建设模式[①]

目前河南省建设特色小镇的模式主要有三种:政府主导性、市场主导型、政府主导-市场参与型。不同的小镇要根据当地实际情况合理选择适合当地的建设模式。

(一)政府主导型特色小镇建设

政府主导型特色小镇,是指政府指导建设特色小镇,政府做好宏观调控,整体规划,合理布局,引进产业或聚焦小镇已有的特色产业,以政府为主体建设特色小镇[②]。政府是主导者,主要参与特色小镇的建设。

优势如下:第一,政府拥有巨大的可直接配置的各项资源。在财政收入、金融放贷、土地转让等方面有较大的支配权;第二,政府拥有制定各项政策的权力,有利于特色小镇健康持久、快速平稳地发展;第三,在涉及国家民生的产业上,政府可以直接整体快速布局,有利于重工企业的发展。

劣势如下:第一,部分政府为了政绩盲目投资建设小镇,造成资源浪费;第二,部分政府为了增加政府收入可能会出让部分土地,压缩小镇土地使用

---

① 郑学芳.产业融合导向下河南省特色小镇建设研究[D].郑州大学,2019.
② 王国华.特色小镇是政府主导的市场经济行为[J].经济,2017(8):76-77.

空间,降低土地利用效率;第三,容易权力集中,造成寻租行为。

政府主导型适用于:第一,拥有重工型等涉及国计民生的战略支柱性产业,比如高端制造业、信息产业等产业的小镇;第二,该小镇发展落后,经济不发达,企业数量少;第三,该小镇市场经济不发达,需要借助政府力量发展经济,建设小镇。

(二)市场主导型特色小镇建设

市场主导型的小镇是指以企业主导,企业投资,明确一个产业,按照市场化的方式来运作的小镇。市场主导的投资主体多种多样,既包括国有投资公司,也包括民营企业、混合所有制企业等。

优势如下:第一,企业运作有利于拉长产业链,实现产业集聚;第二,企业建设特色小镇时比较灵活,政府在进行特色小镇的建设时,由于层级关系,资金政策等审批较慢,运作效率不高,而由企业主导,可以提高运作效率。

劣势如下:第一,特色小镇的建设容易出现"房地产化倾向",特色小镇的建设由企业来运行,企业以利益最大化为目标,容易出现房地产化的倾向。第二,企业规避风险的能力弱,特色小镇的投资是一个长期的过程,其回报是在五年甚至十年以后,而且投资回报率未知。部分追求"短平快"的企业显然不能承受这一风险。因此建设特色小镇时采用市场主导型要慎重考虑。

(三)政府主导-市场参与型特色小镇建设

政府主导-市场参与型特色小镇是目前运用模式最多的小镇,也就是所谓的 PPP 模式。PPP 模式是由政府主导,负责整体规划建设,引进项目,企业进行市场化运作,进行项目的投资、运营、管理等。政府牵头企业参与的模式[1]。

优势如下:第一,发挥了企业的作用,实现政府和企业利益共享,并且在政策的执行落地过程中,企业的参与是必要的,特色小镇部分功能的实现需要企业去实现;第二,拓宽了融资渠道,可以减轻政府的财政压力,企业资金

---

① 王秋辉."PPP+"特色小镇-PPP 模式在特色小镇建设中的研究[J].知识经济,2017(12):8-9.

的参与可以增大政府对特色小镇的资金投入,创新特色小镇投融资机制;第三,有效地减小风险,政府和企业同时建设特色小镇时,可以有效地规避一定的风险。

劳势如下:第一,并不是所有的项目都适合PPP模式,PPP适合有基础设施和公共服务的项目,并且这些项目能产生稳定收益,使参与进来的资本能够持续收益;第二,由于PPP模式吸引的是社会资本,因此要考虑收益问题,导致在进行产业选择时可能会以收益最大化为目标,而不是选择适合当地的产业,这是PPP模式在运用时必须考虑到的重要问题。总体而言,现阶段的特色小镇建设大部分以政府主导-企业参与的PPP模式为主,需注意的是在发挥PPP模式最大化功能时,要注意规避PPP模式的风险。

五、河南省特色小镇发展影响因素

(一)特色小镇建设影响因素①

1. 政府层面

(1)政府权力"越位"与"缺位"并存。政府行政部门是特色小镇建设政策的决策者和制定机构,所颁布的政策和实施方案对特色小镇的建设起到了宏观的指导作用。受传统计划经济的影响,政府在对特色小镇进行基础设施建设领域很容易全揽直接投资者、经营者、监管者,成为全能角色。我国建设执行模式采取"自上而下"的模式,由国家到地方。政府是整个政策的诞生地,承担着制定政策的责任。传统的国家治理模式就是政府全揽一切事务,很多应该分给市场、社会承担的社会责任却依靠政府凭借权利进行处理,最终形成高成本低效率的局面出现,这便是政府权力的"越位"。随着社会的发展,政府的职能与时俱进悄然发生变化,政府管理的领域出现权利的弱化或滞后,出现"缺位"的现象。以湖南益阳体育特色小镇建设为例,在投融资方面,鼓励绿色金融决策机制的推行、支持示范区两型企业直接融资、鼓励创新项目投融资和建设模式,社会资本采取"基金+产业"的模式,各级政府引导基金可给予参股5%～20%的注资支持。这样政府在资本投入方面,占的比重很少,但政府将体育特色小镇的项目承包给社会资本滞后,

---

① 唐丽.湖南省体育特色小镇协同治理研究[D].湖南工业大学,2021.

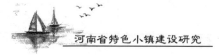

并不意味着政府将公共责任部分也一并承包出去。政府有责任在体育特色建设过程中保证公共产品与服务的质量,同时也需承担一部分推广与宣传的责任。

(2)配套保障政策不完善。经济基础决定上层建筑,法律法规支持社会发展的实际需要是常态。社会要发展,改革要创新,势必要突破一些陈旧的规章制度。目前湖南省还没有制定关于如何管理体育特色小镇的法规,益阳政府针对产业、财税、土地、人才科技等方面给予了相关政策支持,如在支持产业发展的政策上,优先引导第三产业项目,入区项目优先拉入省、市重点项目范围;土地政策上,土地管理优先改革,用地指标纳入省级统筹,并推行"先征后转"等灵活的土地使用制度,投资医疗、养老、科研、教育、文化、体育、旅游等项目,可按租赁、划拨、出让等方式按程序供地。应有偿使用的,按照合同分期缴纳土地出让价;在人才科技方面,支持引进海外智力和高层次人才、建立高端人才创业奖励机制、鼓励企业建立高水平技术研究平台。政府出台了一些促进特色小镇开展建设的政策,但缺乏在履行监管职能中的配套保障制度的政策法规,没有一套完整的制度措施,便不能较好地指导各部门之间的通力配合。

2.市场层面

(1)产业链难形成。市场层面在体育特色小镇建造过程中的主要体现在于资本的投入,各产业链的建造。在体育特色小镇建设的投资方面除了政府的投资外,后期的协调良性运转,主要还是要靠各企业等社会资本的投入。一些特色小镇因投资总额高,在建设过程中,往往实行不同投资主体分包不同项目的形式进行,由于投资商各自利益诉求的差异,会导致项目类型细碎化现象严重、核心产业不突出,不利于产业集聚,难以形成产业链。

(2)融资渠道单一。特色小镇的可持续发展,离不开资金的助力。但就目前而言,一些特色小镇的融资渠道太过于单一,大多主要是依靠政府财政的支持。这样单一的资金来源很难对特色小镇的建设形成强有力的支持,各产业发展后续疲软。目前在融资方面特色小镇的建设面临着现实问题:一是建造过程中的资金,特色小镇建设需要较大的资金需求,政府对融资的数量是有一定的要求的,因此导致部分进程缓慢;二是基础设施和生态环境方面,投资的周期过长且收益率低,不符合市场追求利益的要求,在一定程度上限制了社会资本的投入;三是缺乏融资人才,融资的路径、种类繁多,因此需要更专业的融资人才,提高融资水平。

(3)利益驱使心过重。各社会投资方利用特色小镇独特的地理优势、闲置的劳动力以及当地独特的文化要素,政府部门的优惠政策,试图以此来追求更多的经济利益,在参与特色小镇的建设过程中更多的是考虑小镇后期带来的经济利益。这些直接利益相关者受自身追求的目标的限制,往往考虑的是如何追求的长期的利益的良好实现,也正因为如此,追求的是体育特色小镇的建设最终带来的成果。市场内的利益主体关心的是如何在小镇中获得更多的利益,争取的是利益最大化,关注的点始终是经济方面的效益,对与直接利益无关的则基本不在规划内,比如环境方面,一味追求经济利益,必然会增加生态环境方面的成本,使社会矛盾在某种意义上激化,使各利益相关者之间的关系趋于紧张化,甚至严重会导致特色小镇的建设会被叫停;又如果在建设过程中,发现某个环节不符合自己的利益追求,则可能会撤资或要求该地转变规划方面,朝有利于自己的利益追求的方向发展。

3.社会层面

(1)专业能力欠缺,协同思想薄弱。除了直接的一些利益相关者,还有一批利益较弱的相关者,或者间接性的利益相关者,他们内心所渴望的利益与小镇的良好发展密切相关,利益契合度较高。但在一些特色项目运营过程中,由于社会组织群体基数大,呈现点状分布,在沟通协调、组织管理、资源动员以及提供服务与公共产品等方面,与前两大主体相比,存在较大差距。在体育特色方面的治理就专业能力方面较前两大主体相比,要更弱一些。不仅如此,在社会组织庞大的基数里,大多数协同治理思想薄弱,缺乏合作与交流,习惯单打独斗的工作模式。

(2)资金保障不足,扶持力量微弱。社会组织的角色众多,但缺乏自我筹资的能力,资金匮乏不仅容易降低社会组织在特色小镇的服务水平,且会阻碍社会组织在小镇内的可持续发展。特色小镇的良性运行与发展,需要政府、市场、社会的参与和扶持。

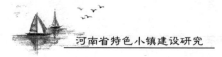

(二)特色小镇空间分布影响因素分析①

特色小镇的空间分布受交通条件、自然环境条件、人文资源禀赋、政府政策支持、社会产业因素、经济人口因素等条件影响,具体分析如下。

1. 交通条件

交通对于特色小镇的地理分布确定、资源协调利用、未来发展规划有着十分重要的影响作用,交通路网属于基础设施的一部分,对特色小镇分布和发展的影响较大,影响着旅游者的决策。特色小镇与交通轴线具有较高的空间吻合性,距离交通线越近,特色小镇数量越多,距离交通线越远,特色小镇数量越少,揭示了交通对绝大多数特色小镇分布有重要影响。

2. 自然环境条件

(1)地形地势。地形地貌是形成旅游资源重要的基础,能够影响特色小镇的建设位置,地貌类型不同,孕育的景观类型不同。地势起伏大、海拔较高区域内不同地貌类型的组合,提高了景观的观赏性和层次,造就了独特的自然及人文景观,旅游类特色小镇多分布于此类区域。相对低平的地势区域,地势变化小,造成了景观的可观赏性及层次性降低有关,从而形成此类区域旅游类特色小镇分布数量少。

(2)旅游资源禀赋。天然风光旅游业的发展的基础,也为特色小镇建设创造了基础条件。特色小镇布局与 A 级景区具有强关联性。景点密集的区域,蕴含大量的自然、历史文化资源,周边特色小镇数量分布也密集。所以特色小镇进行规划布局时需要着眼于周边旅游区的发展对小镇的连带效应。旅游景区的数量、分布与现有小镇的分布呈正相关。

3. 人文资源禀赋

特色小镇发展只有和文化相结合,才能注入灵魂,赋予小镇内涵,增强其生命力。特色小镇追求的是以"特"建镇,特色文化是其发展的基础。因此小镇的建设要充分挖掘地方文化特色及历史进程,融入新的时代文化内涵,建设更具活力的特色小镇,提高小镇竞争力。如国际一流特色小镇丽江古城,因其原汁原味的民俗节庆、玉龙雪山上的凄美殉情故事、东巴文化等,

---

① 倪玲梅,宋洁,杜国川.基于 ArcGIS 的云南省特色小镇空间分布及影响因素分析[J].曲靖师范学院学报,2021(6):55–61.

塑造了《印象丽江》《丽江千古情》等优秀文化作品,丽江的优美自然风光有了灵魂,成为闻名的旅游胜地,可见历史文化因素是特色小镇建设发展的影响因素之一。

4. 政府政策支持

各地政府政策的支持力度,对其特色小镇规划、建设、运营、产业布局、资金投入等影响重大。如,浙江省特色小镇发展如火如荼,也是我国特色小镇指导性文件、政策发布最多的省份。

5. 社会产业因素

董昊和许秀梅(2021)利用 SPSS 皮尔逊相关性检验功能,将城镇居民可支配收入、第一产业占比、第二产业占比、第三产业占比与特色小镇分布数量进行相关性分析。从负相关关系来看,第二产业占比与特色小镇分布呈显著负相关,表明小镇分布远离工业生产区,分布更倾向于环境质量、绿色发展;而第三产业占比与特色小镇分布呈显著正相关,城镇居民可支配收入与小镇分布呈较强线性相关关系,说明服务业、物流业、旅游业能够直接影响特色小镇分布;第一产业占比与小镇分布相关性不显著。

6. 经济人口因素

特色小镇空间分布与经济发展和人口数量的配合程度较高,空间联系较紧密。经济发展水平是特色小镇建设的最主要动力,经济发展和人口数量是特色小镇分布的决定因素。地理联系率也受其他小部分因素影响,在经济相对薄弱的城市也会有特色小镇数量多的情况。在人口数量少的城市同样会有特色小镇数量多的情况,特色小镇建设空间分布也并不是全部依托经济人口因素来发展,建设发展相对协调。

(三)特色小镇发展成效的影响因素①

1. 政府政策

国内特色小镇的发展离不开政府政策的支持引导,从特色小镇培育、申报、评价等方面,政府处于主导地位,而小镇规划、建设、发展、运营一系列流程都离不开政府的支持。政府政策引导主要包括土地、税收减免优惠、财政

---

① 王亚男.特色小镇发展过程中影响因素分析:以中国美妆小镇为例[J].今日财富(中国知识产权),2021(11):190-192.

补贴等形式,其中税收优惠政策对于支持和促进企业整体价值的提升和改进企业服务能力有重要的意义。在特色小镇落地企业发展过程中,尤其在招商引资初期,政策的力度为企业在新区域发展过程中争取了资金流转的时间,合理地帮扶到企业安排选地、设计、建设施工、投入使用等环节。

2. 小镇基因

特色小镇建设是一种产业与城镇建设有机互动的发展模式,综合了产业建设、社区居住和生活服务等空间上的功能,因此特色小镇并不仅是产业发展基地,也涵盖了居民居住、交通出行、基建生活配套等生活要素。研究表明,特色小镇在降低空间交易费用等方面较传统的城镇化发展模式有着显著的效果,提高了资源配置效率,良好的地理位置与便捷的交通条件,能够有效降低特色小镇发展的各项成本。

3. 合作机制

在早期的特色小镇发展中,主要采用"政府建设、市场招商"的模式,政企之间合作方式包含了三个方面,即政府主导、企业主导、政企合作[1]。美妆小镇创新性地提出"协会公司+资金+政府政策"独一无二的运作模式,实现以企业为主体的市场化运作合作模式,用商业的角度对特色小镇发展进行规划、招商、运营,政府在其中则扮演了"服务者"的角色。政府在规划、政策、管理、服务等方面的扶持为特色小镇发展创造了良好的基石,而企业为主导的招商运营在培育发展新兴产业方面则更具优势。

4. 产业发展

小镇模式的发展,归根结底是旅游、文化、社区等不同产业效益的提高,其中行业整体发展水平与产业集群效应的影响不容忽视,产业集聚能够促进临近效应与外部效应的产生,形成长期竞争优势,有利于长期价值共享,而产业集聚的形成离不开行业整体水平的发展。另外,领袖企业联合各类行业主体企业搭建价值网络体系,服务于系统中的创业企业发展,在特色小镇培育过程中同样存在重要意义。

---

① 谷志军.从政企统合到三元协同:开发区治理模式的新变化[J].社会科学研究,2019(3):48-54.

5.资金支持

目前,在特色小镇的建设中普遍存在资金短缺而影响基础设施建设或相关招商引资配套的问题。特色小镇的发展离不开资金的支持,而在特色小镇不同发展阶段,融资重点和方式方法也不尽相同。在特色小镇中落户发展的企业,在厂房建设、公司运转、打包上市等环节上仍需要融资相关的服务,资金的合理构成及投放既能利于企业有效发展又可以反向带动小镇的企业孵化和投资回报,地方相关政策,将政府引导基金、私募基金、引进社会资金等方式作为美妆小镇发展主要资金来源,充分带动小镇整体发展。

总之,作为新常态下经济发展模式的新探索,特色小镇建设是近年来新的经济发展模型的重要实践之一,由于经济发展水平、文化背景、地理环境的差异,各地区特色小镇的发展水平参差不齐,而对于发展成效影响因素的分析也存在不一致的结论。

六、河南省小镇特色建设产业选择影响因素

特色产业是特色小镇发展的核心,国家与地方有关特色小镇培育政策中,均对特色产业做出了要求。住房城乡建设部、国家发展改革委、财政部《关于开展特色小镇培育工作的通知》中要求特色小镇要有特色鲜明的产业形态,向做精、做强发展,并要充分利用"互联网+"等新兴手段,推动产业链发展思维,促进以产立镇、以产带镇。国家发展改革委《关于加快美丽特色小(城)镇建设的指导意见》中提出,坚持夯实城镇产业基础,挖掘本地最有基础、最具潜力、最能成长的"三最"特色产业,做精做强主导特色产业,打造具有持续竞争力和可持续发展特征的独特产业生态。

特色小镇的"特色"产业发展首要做好产业的选择工作,目前全国各地"有条件要上,没有条件创造条件也要上"的乱象普遍,很有可能产生恶性竞争。因此在产业选择方面,各级政府应以客观的眼光尊重本地发展现状和市场需求;以敏锐的眼光和科学的思维把握产业发展前景;以超前的眼光突破传统深化改革,加强创新驱动,促进特色产业领先发展。

整体来看,目前我国特色产业小镇的发展已经走过了1.0时代,虽然特色产业小镇的数量规模以及产业类别多样化有了一定发展基础,但离引领地区经济发展、培育新动能、促进产业转型升级的目标仍有一定差距,尤其

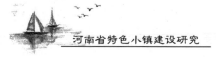

是部分地区特色产业小镇还存在"以特色小镇之名、行房地产之实",产业空心化等现象仍然存在。

　　未来在培育特色产业小镇时,需更加注重符合特色小镇自然禀赋、区位特征、地区经济发展综合要素等条件的高端主导产业,真正将其打造为区域发展的产业高地,并形成产业辐射带动作用,有效集聚高端创新型人才。

　　综合判断,下一阶段特色产业小镇进入2.0时代,其发展需做到"三个结合":首先是在产业类型上要做到高低结合,既要发展高精尖产业体系,又应充分利用"互联网+"手段对传统产业进行改造升级;其次是空间布局要做到新旧结合,既要在大城市周边积极开发新的特色产业小镇,又应注重旧城改造提升打造发展新空间。再者是开发模式需做到上下结合,一方面要注重政府自上而下引导式开发与产业培育,另一方面更应注重产业自下而上发展,尊重市场规律、发挥市场效能。

　　1.产业选择依据与标准

　　特色产业小镇的核心是特色产业,其产业定位应摒弃"大而全"的固有发展思路,力求"特而专",避免同质竞争、错位发展,保持特色小镇的产业特性。要结合我国培育发展战略新兴产业的宏观背景,积极响应制造强国、网络强国的两大战略目标,充分对接"中国制造2025""互联网+"等国家层面产业发展行动计划,大力发展大数据和云计算、智能制造、生物医药等附加值高、科技含量高、产业辐射带动效应强的高精尖产业体系,以及创意设计、健康服务业等智力密集型产业,充分体现产业发展领头羊的示范带动作用。

　　从资源本底优势出发,结合产业发展趋势,合理确定小镇高精尖产业体系。产业是人口合理聚集、城镇健康发展的基础,合理确定特色产业是小镇发展的根基。应从小镇的自然资源、人口结构、区位条件、科技条件、产业基础等条件出发,并充分对接国内外产业发展最新技术趋势,因地制宜、合理确定小镇发展的主导产业,着重发展高精尖产业,打造一批智能机器人、通用航空等特色产业小镇。在充分培育高端产业的同时,还需注重产业链综合配套建设,以二产为基础,注重与一产、三产的融合发展,并着力培育龙头企业,发挥带动效应,引领地区经济发展。

　　充分利用"互联网+"等信息化手段,改造提升传统产业并打造特色产业集群。当前一些特色小镇由于历史发展路径依赖、自身产业技术水平有限等客观原因,在特色产业培育上仍以传统制造、一般加工业为主,如陶瓷小镇、纺织小镇等,可充分利用"互联网+"等现代化信息技术手段,对传统产业进行改造升级,注重个性化定制等产业链高端环节的培育,并由传统制造为主向前端研发设计、后端服务升值等全产业链延伸,真正提升传统产业的技术含量与价值等级。

2.特色产业选择原则

(1)适应原则。顾名思义,适应原则强调的就是产业选择要与小镇禀赋情况及发展方向相适应,真正做到因地制宜和适应市场。产业立足于本地,切记不能盲目跟风,只有做到适应本地发展需要,才能获取更多政策及资源上的支撑,从而获得可持续发展。

(2)特色原则。特色说起来简单,但是真正做起来却并不容易,特色一定要务求明显,且具有突出的优势。如何从各种产业中脱颖而出,吸纳更多的关注和资源需要下深功夫进行挖掘和思考。

(3)关联原则。产业关联度关系到产业链的延伸和布局,只有拥有完整产业链条的产业,才能具有强大的吸纳和带动作用,促进产业与产业之间的互补和支持,壮大整个区域经济,形成集群效应。

(4)创新原则。随着科学技术日新月异的改变,创新发展被提升到重要层面,创新能力是产业能否获得快速、长足发展的关键,在进行产业选择时,要重视创新原则,挖掘创新的能力和空间。

(5)生态原则。在现代盲目追求经济效益的情况下,生态原则虽然一直被强调和凸出,但却常常被人们忽视,大部分企业都追求短期的经济效益,忽略生态保护,以至于难以实现长远可持续发展,务必要保持好产业发展及环境保护之间的平衡。

(6)需求原则。产业发展必须考虑供需关系,需求是影响和决定市场的重要因素,要注意调研现实的市场需求情况,瞄准未来需求潜力巨大的产业,才能获取可观的经济回报。

3.特色产业选择的指标体系

根据以上六大原则,从产业自身发展层面及外部市场导向层面,给出了特色产业选择的七大指标体系——产业发展基础、产业关联度、技术创新性、产业特色性、产业环境影响、市场需求、外部支撑。整体采用专家评分法与客观数据赋分法,最终通过加权计算,选取得分最高的产业为特色产业(表3-5)。

表3-5 特色产业选择评估指标体系

基准层		准则层		指标层
产业自身	基础	产业基础	经济基础	产业工业总产值占小镇的比例
				产业服务业营业收入占小镇的比例
				资源基础
			企业情况	相关企业数量
				高新技术企业数占全部企业的数量
			从业人员	全部从业人员期末数
				高中级技术职称人员
	关联	经济拉动性	经济贡献	产值贡献率
		产业关联性	产业带动	与其他产业的前、后关联度
	创新	技术创新性	科研能力	R&D 经费占 GDP 比重
	特色	产业特色性	差异竞争	产业的区域竞争力
	生态	环境影响	能耗	万元 GDP 能耗
			水耗	万元 GDP 耗水量
			废水处理	工业废水达标处理率
外部市场导向	需求	现实需求	市场份额	区域内销售份额及影响力
		未来市场需求	数据预测	预测研究
	支撑	外部支撑	投资环境	固定资产近五年投资增长率
			资金支持	同大型企业有无合作机遇
			政策支持	产业政策支持力度

4.空间布局原则与标准[1]

特色产业小镇的空间布局合理性也是决定其是否能成功发展壮大的关键。如果远离大城市,特色产业小镇将受空间距离约束,无法实现对接大城

---

[1] 工业和信息化部赛迪研究院.我国特色产业小镇发展模式分析[J].工业经济研究,2017(3):8-11.

市过剩产业与人口的溢出;如果紧邻大城市,又难免被大城市吞并形成城市蔓延式发展,难以形成自身独特产业体系。因此,合理确定特色产业小镇空间布局,对促进特色产业小镇健康有序发展至关重要。

在大城市周边合理布局特色小镇,并促进产城融合共建。产城融合发展是符合城镇化发展的客观规律、有助于特色产业小镇扎牢发展根基。"有产必有城,有产则城立、则城兴,无产则城衰、则城空",因此要把产城融合共建摆在特色小镇建设的重要位置。而合理的空间布局位置则是促进特色产业小镇产城融合发展的根本,空间位置距离大城市较远,不利于承接产业发展要素空间溢出,难以形成特色小镇产业发展的根基;距离大城市空间位置较近,有被大城市空间蔓延发展所吞并的风险,难以保持特色产业小镇的独立完整性。因此,需要在大城市周边合理确定特色产业小镇空间布局,既要与大城市保持适宜距离,又要有综合便捷的立体交通体系进行相连,并树立"以产立城、以产兴城、以产聚人"的发展思路,实现产、城、人的融合发展。

注重大城市内部原有空间改造升级,挖掘特色产业小镇发展新空间。当前,我国部分大城市在经历快速发展过程后,城市内部空间日益拥挤、产业形态逐渐凸显落后态势,因此也正面临升级优化、改造提升等一系列城市更新的现实问题。例如北京主城区内很多原有工厂大院、仓储空间等,原有功能及产业形态已远远不符合城市功能定位,且不能满足城市发展现实需求,有必要对此类空间进行功能升级改造。因此,可借助特色产业小镇的发展契机,对原有城市内部空间(原则上面积大于 1 平方公里)进行产业业态重构与高端产业导入,并结合景观改造、建筑风格提升等工作,打造特色产业发展空间。

5. 综合开发模式选择与建设标准

特色产业小镇作为产业、人口、城镇发展的新兴载体,必须走不同于传统产业园区、经济开发区等固有发展模式,在顶层设计、经营体系等方面灵活创新,充分利用"政府引导、市场主导"相结合的方式,积极推进特色产业小镇的规划、建设和运营。

一要重视政府顶层设计,提倡小镇多元化发展。特色产业小镇规划不同于单纯的产业园区规划,更多要与当地城镇居民的生产生活相联系,因此政府要结合本地发展需求、产业基础和人口规模布局等因素,提出相应的特

色小镇规划策略,避免"照本宣科"、贸然模仿其他省份的建设情况,从而造成"千镇一面"现象。同时还要考虑生态保护因素,以及当地的土地、自然资源等相关限制条件,划清发展红线,做好特色小镇建设负面清单。

二要给入驻小镇企业充分的经营主动权。特色小镇虽然是政府主导项目,但是对于一个小镇的长期发展来说,吸引有能力的企业和项目入驻,更能够发挥小镇资源和人口优势,谋求长远竞争力。因此,政府要适度放权,在保障监管能力的条件下,更大程度将发展空间留给企业,给企业投资和项目选择更多优惠,将小镇运营主动权交给企业,激发企业的创新创业热情。

三要重视小镇体制机制创新。按照建设"服务型、责任型、效率型"小镇政府的要求,在现有管理体制下,结合特色小镇产业发展和企业对人才、技术等方面需求,设立专门工作小组,积极探索"扁平化管理、企业化服务"的管理运营模式,围绕重点产业发展需要设立模式,围绕重点产业发展需要设立相应服务机构,可从现有专业部门选派人员,针对重点行业招商引资开展创新型工作。

第四章

河南省发展特色小镇的建设实践及 SWOT 分析

第一节　国家级特色小镇及河南特色小镇的建设实践

在公布的两个批次的国家级特色小镇名录中,河南入选 15 个。以下通过对 15 个特色小镇的梳理,总结河南省特色小镇建设的经验。

一、文化创意是灵魂,历史经典产业唱主角

河南省国家级特色小镇注重深入挖掘自身的人文底蕴、生态禀赋、产业特色后,寻找到历史经典产业作为小镇特色产业。

(一) 中国北方钧瓷小镇——神垕镇

许昌市禹州市神垕镇是国家级历史文化名镇。神垕被誉为钧瓷之都,形成了以钧瓷产业集群为核心,带动文化创意产业及文化旅游发展。

神垕镇先后获"中国历史文化名镇""中国钧瓷之都""全国文明村镇""全国小城镇建设示范镇""全国小城镇建设重点镇""河南省特色产业镇"等荣誉称号。2020 年 6 月 20 日,神垕镇被命名为河南省第一批"美丽小镇"。

神垕古镇现有的历史文化资源可归纳为"一核、一址、三山、一水","一核"为神垕古镇区为核心;"一址"是指古钧窑遗址;"三山"是指凤翅山(灵泉寺景区)、大刘山、乾鸣山;"一水"是指肖河。

1. 自然景观资源丰富

神垕古镇的自然景观资源丰富,主要体现在"三山""一水"的资源组合上。坐落在凤翅山南麓的灵泉寺风景区,因灵泉寺而得名,古寺始建于东汉时期,距今已有千年历史。寺内泉水清冽甘甜,寺旁的银杏树四季不枯,古人认为银杏树的生长及治病的灵验都得益于此泉水,遂取名为"灵泉"。许昌市人民政府 2000 年将灵泉和银杏树评定为"市级文物保护单位"。乾鸣山海拔不高,却地势险要,呈东西走向,长不足两公里,是神垕镇区北之屏障。其主峰南坡,信徒们参照武当山祖师庙的样式在青松翠柏间依样建起了古镇的祖师庙,世人称之为"小武当"。自大刘山远眺古镇,景致也是别有一番风味,只见小镇隐匿于山坳深处,镇中高高低低的古建层次清晰,道路交错纵横,古中有今,今中藏古,极具特色。肖河蜿蜒绕城,在古时候是古镇的天然屏障,现在则成为一道亮眼柔美的风景线。

2. 古建筑及文物古迹资源

丰富的古建筑和文物遗迹资源,是悠久的历史给予千年古镇的独特恩赐。神垕古镇现有市县级保护单位 3 处、省级文物保护单位 15 处和全国重点文物保护单位 1 处,另有古祠堂、古寺庙、古民居等 50 余处,大都分布于神垕老街附近。

(1)古建筑和神垕老街。古镇区建筑布局合理,整体为东西走向。古镇区的核心是神垕老街,老街全长 3.5 公里,俗称"七里长街",道路两侧店铺林立,古民居依势而建,庙宇鳞次栉比,状如一只巨大的蝎子。古民居多为明清时期建造,以精美的石雕、木雕和瓷艺修饰,显得古朴典雅,端庄大方。

历史已逾千年的神垕古镇,在游客脑海中早已形成为一幅独特的风貌画卷,而镇中古朴沧桑的建筑遗迹正是构成此画卷的点线与符号。根据美国著名规划大师琳奇在《城市意象》一书中对于城市意象的阐释,城镇是可以细分和阅读的,城镇的边界、道路、区域、节点、标志是城镇的五大要素(表4-1)。

(2)文物古迹。神垕古镇现有古建民居等 50 余处文物古迹。其中,全国重点文物保护单位 1 处,省级文物保护单位 15 处,市县级保护单位 3 处(见表4-2)。根据文物的功能特点,可将其大体分为宗庙观寺、商号官署、古建地标、古民居、古树名木和窑址遗迹等六类。

表4-1　神垕古镇五大意象要素

意象要素	组成元素
边界	肖河(天然屏障);古寨墙等
道路	神垕老街;东、西大街;霍家胡同;鸡蛋胡同等
区域	老街古建筑群;东大街文物古迹群等
节点	望嵩寨;天保寨;驺虞桥等
标志	望嵩寨;天保寨;伯灵翁庙等

表4-2　市县级以上文物古迹一览表

文物保护等级	文物明细
全国	宋代钧台钧窑遗址
省级	伯灵翁庙戏楼、天保寨、望嵩寨、陶瓷官署、中共禹郏县委旧址、温家大院、温化远宅院、辛家院、王家大院、白家院、宋家大院、"义兴公"商号、"义泰昌"商号、李干卿故居、张涌泉故居
市县级	祖师庙、灵泉、千年银杏树

3. 非物质文化资源

（1）钧瓷烧制技艺。钧瓷位于钧、汝、官、哥、定五大名瓷之首,是我国历史上的名窑奇珍。它以尊贵雅致的造型、神奇妙绝的窑变、独具一格的釉色、厚重典雅的韵味,让人爱不释手。神垕镇是我国钧瓷的主要生产地,因其蕴藏丰富的煤、炭、瓷土、釉料而闻名于世。钧瓷独有的"入窑一色,出窑万彩"特色使它一经问世便备受瞩目,钧釉的釉色更是开辟了铜红釉之先河,所以钧瓷凭借其极高的观赏价值和烧造难度大的特质,自古就有"黄金有价钧无价""家有万贯,不抵钧瓷一片"的说法。考古研究表明,神垕镇钧瓷制造始于唐代,兴盛于宋代,目前全镇共有陶瓷企业 460 多家,其中为人所熟知的当属老字号的孔家钧窑和荣昌钧窑等传世钧窑厂。神垕镇已将钧瓷生产企业作为旅游活动参观游览和旅游购物的主要场所纳入游客游览线路。钧瓷制品因其尊贵华丽的外观、繁复考究的制作工艺和深厚的文化内涵,在许多重大政治、文化交往活动中,钧瓷曾多次作为"国礼"赠送给国际友人。

（2）市场集市。古镇古玩市场创建于 1998 年,每逢周二开市,到时来自十里八乡的人们都会带着自家的宝贝前来展销,街道两旁各色仿古陶瓷、铜器、玉器、钱币、像章、古书、字画琳琅满目,全国各地的收藏爱好者和古玩商客纷至沓来;除了名声较大的古玩市场外,钧瓷一条街也是古镇最吸引游客的地方之一,街两旁店铺林立,品类齐全,每到节庆假日都是人山人海,热闹非凡。

（3）风物民俗。神垕古镇风物民俗类的旅游资源也十分具有地方特色,主要包括地方小吃、宗教庙会活动、民间艺术、历史故事与民间传说四个方面(见表 4-3)。

表 4-3　主要风物民俗一览表

类别	内容
地方小吃	上坡口:蜜食焦花、特色卤肉、盛茂祥糕点等 零散分布:小丢儿烫面油馍、张得海小火炖豆腐、老于家豆腐菜、东大桥卤肉、李富来炕锅盔、银梅口乐汽水等
宗教庙会活动	神垕古镇大街庙会、土地庙会、灵泉寺庙会等
民间艺术	"一把泥"戏班、高跷、旱船、舞狮等
历史故事与民间传说	金火圣母传说、抗战历史故事乾鸣山保卫战等

4. 神垕古镇游客满意度分析

倪帅(2018)[1]在其硕士毕业论文中利用期望-满意度关联分析,选取景区内外交通便捷、游览指引标识清晰、卫生间便捷卫生、垃圾桶便捷合理、停车场、便捷合理、公共休息设施便捷舒适、游客服务中心便捷周到、工作人员引导与解说专业、电话及微信等咨询便捷、餐饮服务特色卫生、住宿环境舒适整洁、购物服务特色公道、地方建筑古老独特、钧瓷文化氛围浓厚、自然景观秀丽优美、地方农家生活体验、地方民俗节庆活动体验、钧瓷制作体验、准确的开发定位、创新的宣传营销 20 个指标,对神垕古镇旅游游客满意度进行

---

① 倪帅.基于游客体验的古镇旅游满意度提升研究:以神垕古镇为例[D].华北水利水电大学,2018.

剖析。针对游客游前的期望和游后的满意度的高低进行四象限的划分,分为优势区、机会区、劣势区和改进区。

(1)优势区的因素其期望度和满意度都高。神垕古镇共有 7 项指标处于该区,游客反馈景区内外交通便捷,餐饮服务特色卫生,地方建筑古老独特,钧瓷文化氛围浓厚,钧瓷制作体验,准确的开发定位,创新的宣传营销这几个评价项,游客对其期望程度较高,且满意度也较高。

(2)机会区的期望性低和满意度高。对于游览指引标识清晰和垃圾桶便捷合理这两个评价项,游客对它们的期望度不高,满意度较高。说明在神垕古镇旅游体验中这两方面不是最主要的体验内容,相对而言重要性略低,就游客满意度来看这两方面景区开发得较好,景区开发者可在继续保持现有优势的基础上,将此作为机会项,有选择地提高。

(3)劣势区的期望性低、满意度也低。对于公共休息设施便捷舒适,游客服务中心便捷周到,工作人员引导、解说专业,电话、微信等咨询便捷,住宿环境舒适整洁,地方农家生活体验几个项目,游客对其期望不高,满意度也较低。说明游客到神垕古镇旅游以自由行居多,对于游客服务和导游讲解等的需求不大,在神垕古镇旅游开发中属于低优先改进项目,这说明大多数到访神垕古镇的游客都是以观光游览为动机的。从神垕古镇钧瓷文化游的长远发展来看,景区开发者在有精力且经济能力许可情况下不能忽视这几方面的提升和改造,也需做适当改进。

(4)改进区的期望性高而满意度偏低。对于卫生间便捷卫生,停车场便捷合理,购物服务特色公道,自然景观秀丽优美,地方民俗节庆活动体验这几个评价项,游客对它们的期待程度较高,但满意度却很低,这些项目需要重点改进。

(二)太极圣地小镇——赵堡镇

焦作市温县赵堡镇,太极拳发源地和"四大怀药"原产地,具有黄河湿地、南水北调河渠生态优势。赵堡镇处于焦作黄河生态文化旅游带中线,在境内水系和南水北调渠两侧及黄河滩区,建造了一体的高效林业生态廊道体系。

1932 年,武术史学家唐豪曾三下陈家沟考察,走访遗老,查阅族谱、家谱等众多资料,最终确定太极拳创始于陈家沟。2007 年,国家体育总局正式将陈家沟定名成"中国武术太极拳发源地"。赵堡镇之所以入选首批特色小镇,一个关键性的成分就是该镇具有浓厚的太极氛围,如今陈家沟是现在北派武当太极拳的重要传承发源地。该村先后荣获"最美文化传承村""省级十佳文化产业村"等各种荣誉称号。小镇形成了太极文化旅游、四大怀药规范化种植、健康养生、特色食品加工等产业协调发展的产业特点。

名拳、名人、名药、名寺,黄河湿地、环城水系、生态林带、特色农业,不胜枚举的人文、自然资源等的结合为温县赵堡镇陈家沟构造了一幅美丽的画卷。

1. 自然旅游资源

2017 年,温县重点打造"一城、一心、三带、多点"地区观光布局,形成"旅游+"的大观光式样。"一城"即推动温县中心城区建设,"一心"即发挥陈家沟景区的核心带动作用,"三带"即发挥环城水系慢行景观带、南水北调生态观光带、黄河滩区田园生活带的牵引作用。

而温县的自然旅游资源则主要集中于"三带"及"核心"陈家沟东大沟景区。其中"三带"中的环城水系慢行景观带定位于运动休闲、健身养生的绿色开放空间。南水北调生态观光带定位于生态体验、游览观光的绿色走廊、黄河滩区田园生活带的理念。黄河滩区田园生活带定位于农业观光、农事体验的度假胜地。

2. 人文旅游资源

(1)太极拳祖祠。太极拳祖祠是陈家沟太极拳文化旅游区的核心景点,由祖祠、祖林、太极拳文化园三大部分组成。太极拳祖祠内包含有山门、碑廊、拳谱堂、功夫门、太极十三式石雕、太极文化坛、中国太极拳博物馆、回音壁、太极拳透雕、太极演艺场等多处景点,集中展现了太极拳发源、流派、拳理、拳术、著名人物、传奇故事,是太极拳文化大观园。

(2)中国太极拳博物馆。我国第一座国家级非物质文化遗产博物馆——中国太极拳博物馆,位置在河南焦作市的陈家沟,在 2009 年的下半年正式进行开放。其建筑面积达到 2800 平方米。就自身而言,非常多的地方有着鲜明的突破与改良。其博物馆当中和太极拳有关联的文物达到了近万件,主要流派的传承谱系是具有独一无二的特色。

(3)杨露禅学拳地。杨露禅偷拳处原为陈家沟名人陈德瑚的故居。陈德瑚在杨露禅老家广府永年做怀药生意时,收留杨露禅为药店伙计。后陈德瑚带杨露禅到陈家沟主理事务。陈德瑚好友陈长兴经常在陈德瑚家大院里教弟子练太极拳。杨露禅总是躲在一边偷看偷学,后被发现。陈长兴毅然打破门规,收杨露禅为徒。在这之后杨露禅经过反复的琢磨,创建了杨氏太极拳。陈长兴收杨露禅这一行为,使得太极拳走出该县,在全球范围内普及开来,对于全人类而言,这是一笔无可代替的财富。

（4）玉皇庙。玉皇庙位于陈家沟村西,建筑雄伟壮丽,庙内塑像逼真传神。始建于明朝弘治八年,距今已有 500 多年历史,为道教圣地。2006 年因南水北调工程迁址于此。庙内主要建筑有玉皇殿、老母殿等。在道教中,太极老母是主宰和象征太极界的女神。"打死王定国,累死陈敬柏"的故事就发生在玉皇庙。这里还流传着太极老母点化陈王廷的神奇故事。

（5）陈照丕陵园。陈照丕陵园蓝砖砌墙,古柏森然,石碑林立,庄严肃穆。陈照丕为陈式太极拳第十代传人,曾担任民国政府国术馆总教练,是"四大金刚"的老师,对太极拳传承做出了巨大贡献。在当年陈家沟太极拳几近失传的情况下,他毅然回乡义务授拳,从未收学生分文,并且资助困难学生。陈照丕先生临终时说:"太极拳不到繁荣昌盛时,我死不瞑目,无脸去见先人,你们切记把我埋在家门口,我要天天看着你们练拳。"这也是陈老为何不葬祖林的原因。

3. 陈家沟太极特色小镇的满意程度

郑玉朵（2019）[1]通过向"2018 温县首届赵堡镇陈家沟春节太极文化庙会"游客发放调查问卷,分析了游客对特色小镇满意度。

游客绝大部分来自赵堡镇以及温县其他乡镇,外省和周边县市游客比例还不到 30%。外省游客人口少且次数低的现状,经过调查分析原因如下:①太极特色小镇策划营销手段不够新潮与多样;②官方媒体的宣传传播力度不强;③该太极特色小镇的核心要素"特色"不鲜明;④赵堡镇陈家沟处于乡村地区,相对于外省或周边繁华城市,它属于较为偏僻闭塞的地区,而且周边也没有鲜明的"吃喝玩乐购"的产业体系化要素等。

---

① 郑玉朵.赵堡镇陈家沟太极特色小镇建设现状及发展路径研究[D].成都体育学院,2019.

调查游客对该太极特色小镇满意程度评估表将满意程度分为了七个等级。具体而言,7分表示的是特别满意,1分表示的特别不满意,而4分表示的是普通。

从调查结果(表4-4)可知:满意度评价均值最低分分别依次为:景区宣传促销(4.1分),公共休息设施(4.2分),环卫公设施(4.59分);满意度评价均值最高分分别为:停车便利性(6.8分),节庆活动丰富(5.67分),景区解说牌(5.24分)。

表4-4 游客对陈家沟太极小镇满意度评价均值表

项目	均值	项目	均值
自然风光优美	4.86	餐饮质量	4.7
景点布局合理	5.23	旅游商品特色	4.89
娱乐项目丰富	5.17	公共休息设施	4.2
文化内涵丰富	4.92	门票价格合理	4.67
节庆活动丰富	5.67	商业管控秩序	4.97
停车便利性	6.5	治安情况良好	5.23
环卫服务设施	4.59	景区网络信息完善	4.25
景区引导标志物	4.92	景区促销宣传到位	4.1
景区解说牌	5.24	景区形象优良	4.68

从三项最低分分析来看,游客比较关心的是景区的促销宣传是否能为广大群众知晓、游客在游玩期间的公共休息设施是否完善、景区的网络信息完善度是否足够。三个最低分中分别涉及了该太极特色小镇的外部背景成分里的技术、社会还有经济等环境要素。而自然风光的评分也较低和北方冬天的气候环境有关,北方冬天气候干冷,大多数植物均已枯败。

整体来看均值分整体围绕在4~5分,项目满意度为一般。满意度一般的同时表明赵堡镇陈家沟太极特色小镇还有很大的上升空间。为此该太极小镇管理人员要从小镇环境要素指标看起,尤其是外部环境要素涉及小镇的秩序管理、景点布局、环卫公共设施、景区引导指标物、景区的形象与宣传。

游客对赵堡镇陈家沟太极特色小镇最后提出的建设性相关建议排名三项分别为:①增加厕所和垃圾桶;②提高小吃摊的卫生度;③提议多筹备建设娱乐设施。表明小镇环境卫生保障以及娱乐建设设施目前还不能最大限度满足游客所需。游客建议随后依次为:治安秩序、公共休息设施、门票价格、文化节目是否突出"太极"特色、工作人员的热情度、招商引资丰富商业街。

(三)中国玉雕小镇——石佛寺镇

古镇石佛寺位于河南省镇平县县城西北 10 公里处,距南阳市 36 公里。石佛寺镇面积虽然不大,但却是中国北方最大的玉雕产品生产、加工、销售集散地和玉石交易场所,被誉为"中国玉雕之乡"。镇平县石佛寺镇是南阳玉雕发源地,中国最大的玉雕产品加工销售集散地,同时也是全球最大玉文化创意产业中心。全镇产业规模大,产业类型多,共拥有 13 个玉雕专业村、十大玉雕专业市场,从业人员 7 万多人,年产销玉雕产品 2 300 多万件,2016年年交易额 400 余亿元。石佛寺镇获得过"全国特色景观旅游名镇""中国人居环境范例奖"等荣誉。近年来,该镇明确提出"玉都、绿城、水乡"的建设理念,不断完善集镇功能,优化集镇环境,提升集镇品质,走出了一条特色鲜明、产业与城市融合的特色小城镇发展之路。该镇形成了玉雕产业及相关产业集聚、玉雕产业与互联网融合集聚发展的产业特色。

清澈充沛的赵河似银带环镇中而过,库容达 1.2 亿立方米的国家大(Ⅱ)型水库——赵湾水库如一颗璀璨的明珠镶嵌在镇北赵河之上。该镇气候宜人,环境优美,物产丰富。镇域内山地、丘陵、平原各占三分之一。

石佛寺镇荣膺国字号特色小镇,首先得益于鲜明的产业特色。近年来,该镇坚持立足特色,不断丰富内涵,扩展外延,产业业态更加成熟。全镇产业规模宏大,种类繁多,共拥有 13 个玉雕专业村、十大玉雕专业市场,各类玉雕加工企业(户)10000 多家,门店 3000 多家,摊位 40000 多个,从业人员 7万多人,年产销玉雕产品 2300 多万件,年交易额 400 余亿元。

该镇鲜明提出"玉都、绿城、水乡"的建设理念,围绕特色小镇目标,在特色产业项目上投资 80 余亿元,先后实施了国际玉城、"天下玉源"玉料市场、玉文化博物馆迁扩建和华夏玉都等 8 个项目。

石佛寺镇夺得国家级特色小镇桂冠,更显现了这里人居和谐、宜居宜业的优势。目前,石佛寺镇餐饮网点达 196 家,大小旅店、客栈达 109 家,发往南阳、北京、新疆等地的班车有 10 余台;每天的客流量在 10 万余人次,高峰期车流量达到每分钟 178 台次,日销售额达到 1 亿元。镇区卫生院、学校、银行网点、公园及休闲健身场所齐全,道路交通停车设施完善便捷,公安分局、武警中队、消防中队等机构健全,公共服务设施完善、服务质量较高,教育、医疗、文化、商业等服务实现了农村地区全覆盖。

全镇人才荟萃,精英迭出,有国家级玉雕大师 25 名、省级玉石雕刻大师282 名、联合国教科文组织授予"中国民间艺术美术家"2 名,"中国水晶雕刻第一人""中国非物质文化遗产继承人"都出自这里。全镇电子商务异军突起,玉产业与互联网、电商经济融合迅速,先后筹建电商孵化基地、南阳理工学院电子商务学院镇平基地,引进阿里巴巴农村淘宝镇平服务中心进驻石佛寺。目前,石佛寺镇电商企业 6800 余家,线下 O2O 体验店及规模化电商企业 40 余家,货运物流 37 家,年交易额 100 余亿元。

石佛寺镇先后被授予"全国重点镇""全国特色景观旅游名镇""中国人居环境范例奖""国家 AAAA 级旅游景区""国家文化产业示范基地""河南省十佳名镇"等荣誉称号;同时,这里也是河南省省级经济发达镇行政管理体制改革试点镇,河南省唯一一个在乡镇设立的特色商业街区。

(四)中国汝瓷小镇——蟒川镇

蟒川镇位于河南省汝州市,地处郑州、洛阳、平顶山、南阳交叉地带,距离汝州老城区约 10 公里,其所在的汝州市处于中原城市群的核心地带,地理位置优越。蟒川镇历史悠久、文化底蕴深厚,既是汝瓷的故乡,又是古丝绸之路的途经地。境内文化遗产和矿产资源都丰富,享有"煤海铝山"之称。以原煤、铝土、陶土、硅石等资源深加工四个产业链为主,培育形成了煤焦化、陶瓷新材料、硅石光伏等五大支柱产业。蟒川镇已成为汝州市产业集聚区的核心组成部分和经济发展的重要增长极。汝州市立足资源优势,科学规划打造"中国汝瓷小镇"。该镇形成了汝瓷生产制作产业集聚,以及"文化+科技+产业+旅游+休闲+养生"为一体的生态文化旅游产业共生发展模式。

1. 非遗和汝瓷文化

陶器烧造历史悠久,早在距今 8000 年前的裴李岗文化时期,境内的中山

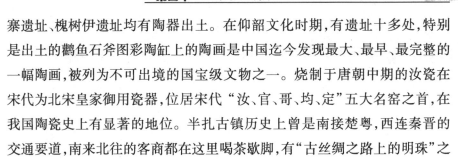

寨遗址、槐树伊遗址均有陶器出土。在仰韶文化时期,有遗址十多处,特别是出土的鹳鱼石斧图彩陶缸上的陶画是中国迄今发现最大、最早、最完整的一幅陶画,被列为不可出境的国宝级文物之一。烧制于唐朝中期的汝瓷在宋代为北宋皇家御用瓷器,位居宋代“汝、官、哥、均、定”五大名窑之首,在我国陶瓷史上有显著的地位。半扎古镇历史上曾是南接楚粤,西连秦晋的交通要道,南来北往的客商都在这里喝茶歇脚,有“古丝绸之路上的明珠”之称,它形成于唐宋,兴盛于明清。“吃不完的大营饭,住不完的半扎店”就是半扎村昔日繁华的生动写照,现在正在申报非物质文化遗产。

2. 汝瓷特色产业

自 1957 年周恩来总理批示恢复汝窑生产后兴建国营汝瓷一厂,现代汝瓷产业开始发展。后来随着国营厂改制,一大批技术骨干自建企业,现代汝瓷企业发展迅速。培育出了玉松汝瓷、文立窑、廷怀窑、鸿宝汝瓷等国内知名品牌及其他汝瓷厂家 300 余家,研发出了近千种陶瓷种类。有艺术陶瓷、生活陶瓷、日用陶瓷等众多品种,涵盖茶道、香道、文房、陈设等众多领域。良好的产业基础为整合汝瓷资源、集聚汝瓷产业、培育特色鲜明的小镇产业奠定了基础。传承汝瓷烧制技艺,制作方式神秘,技艺独特,是国家级非物质文化遗产,目前有国家级传承人 2 人,省级传承人 5 人,市级传承人 50 余人。兴起于 20 世纪的汝州彩陶,色彩艳丽,装饰效果灵活多变,造型优美,有上千个品种,丰富多彩,产品风靡全球,迅速占领中东和东南亚市场,赢得了广阔的市场。

3. 自然资源和陶土资源

蟒川镇多山地,蒋姑山山势险峻,分布有世界四大古冰川遗迹之一的罗圈冰川遗迹,有喀斯特地貌蝙蝠溶洞、冬青沟、鸳鸯湖、石门峡谷、天子坟寺等景观,自然风光独特,历史遗存丰富。小镇拥有丰富的矿产资源,已探明陶瓷土矿储量 4500 万吨,另外还有硅、石灰石、长褐石、玛瑙等 20 多种矿产资源,为汝州陶瓷产业的发展奠定了坚实的基础。陶瓷土是陶瓷生产必不可少的原料,是构成陶瓷胎、釉的主要成分。蟒川镇陶瓷土矿储量十分丰富,重要陶土资源储量占全省 40%①以上,水土宜于生产陶瓷。自然环境优

---

① 参见蟒川镇人民政府中国汝瓷小镇 2017 年建设工作情况报告.

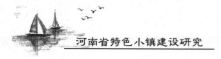

越,蟒川河穿流而过,有滕口水库、何庄水库等水库保障,水量充沛,两岸植被茂密,自然生态良好,山水相间的自然资源对于打造旅游业有得天独厚的优势。

4.蟒川镇特色小镇建设中存在的问题①

蟒川镇特色小镇在建设过程中,在发展汝瓷产业和旅游业的同时,有机结合农业发展,建设了种植业等基地,但是作为文化旅游特色小镇,产业业态较为单一,也缺乏相应的产业链培育,限制了小镇旅游业和特色产业的全面发展。作为小镇建设的主要引导者,政府部门要做好服务,为企业开展工作提供支持性的环境,但蟒川镇特色小镇在建设中地方的支持政策缺乏,现有的政策不能有效满足小镇的发展需要。小镇在融资、引留人才、公共服务建设、人居环境建设等方面出现了一系列问题,限制了小镇的良性发展。

(1)产业业态的单一性。蟒川镇特色小镇目前处于主导地位的只有观光旅游,娱乐、文化、体验式的项目较少,产业业态单一且旅游项目特色不突出,缺少游客吸引力。汝瓷小镇还在建设期,游览项目并没有对游客进行开放。游客现在前去游览能选择的纪念品种类也很单调,只有烧制的汝瓷产品,许多诸如剪纸、烫花、糕点制作等非遗产品并未开发利用,也没有相应的体验区域。同时小镇内的景点资源社会影响力不高,品牌力度不占市场优势。加上景点分布散乱,景区开发不足,乡村旅游、民宿、农家乐等市场尚待开发,游客的旅行时间比较短,一般多为一日游,两到三天的旅游都比较少,亟须加强旅游资源的整合,形成多业态、有品牌度的旅游体系。

(2)特色产业链培育能力低下。蟒川镇特色小镇以汝瓷产业作为优势产业,其优势发挥不足,延伸力较低,缺乏科技研发创新力度,瓷土的配比、颜色的还原、器型的创新等仍需要加大力度。汝瓷产业市场营销思路与方法门类纷杂,主要以当地区域的实体门店为主,个别企业结合新型互联网开展了网上销售,但信息和资源仍不能有效互通,效果并不理想,线上线下整合没有形成规模和影响力,仅单纯地进行汝瓷产品的生产销售,缺少与旅游、文化的结合点,很难形成文化效应,导致产业链条不完善,很难形成相互支撑的产业群现象。

① 李会娟.蟒川镇特色小镇建设研究[D].郑州大学,2020.

（3）地方政府政策支持力薄弱。从汝州市实施的政策措施来看,对蟒川镇特色小镇的小镇内涵、建设机制、资金、人才等政策保障还需要进一步强化。在特色小镇内涵上,没有相关的政策定位,易导致建设执行出现偏差;在建设机制上,没有建设纠偏引导机制,评估和监督管理机制,不能有效保障小镇高质量建设;在资金政策方面,缺乏金融机构信贷相关政策支持;在人才保障上,缺乏具体的人才保障措施,对吸引长期人才的政策措施不够全面,缺乏对人才住房、医疗、教育等方面的政策保障。缺乏政策的支持对于小镇的融资、留人才等方面都会产生消极影响,不利于小镇建设的顺利进行。

（4）资金支持缺乏连续性。蟒川镇特色小镇在发展过程中一方面是财政经费对文化旅游工作的保障支持力度不够,一方面是融资主体比较单一。发展特色小镇,项目建设、基础设施建设、公共服务建设都需要资金作为支撑。汝州市由于省管体制的改革,建设项目对上申请争取资金的额度减少,对文化旅游工作的整体投入支持力度减弱。政府虽然鼓励社会资本参与投资建设,但仍主要依靠政府的融资平台,对财政资金依赖较大,融资主体比较单一且融资进度慢,企业主体融资渠道较少,资金支持后劲不足。汝瓷小镇原计划的建设周期是 3 年完成建筑施工,但是在实际的建设过程中,政府和企业双方的意见难达成共识、受国家金融政策影响等,合作 PPP 项目的中国六冶与银行的贷款问题难以解决,融资遇到困境,同时受防范系统性金融风险政策的影响,融资的速度和进度缓慢,投资企业资金压力比较大,导致缺乏建设资金的支撑。硕平花海由于投资企业资金压力大,项目进展速度缓慢,甚至一些可产生利益的项目因为资金问题至今无法启动,致使项目建设非常被动,制约了小镇建设发展的进程。

（5）公共服务设施建设滞后。蟒川镇特色小镇在建设过程中,建设思想主要倾向于产业发展、项目投资,忽视了以人为核心的理念,项目建设也只是生活区和产业区功能的简单叠加,所出台的政策里关于人的方面,大多是与引进人才相关的内容,与小镇居民切身相关的公共服务鲜有提及,生活区、公共基础建设的进程也比较缓慢,难以形成有效的人口聚集合力,产业、社区功能在小镇形成完整的生态链条尚有难度。特色小镇在建设过程中基础设施和公共服务设施不完善会消磨游客的积极性以及镇区周边民众对公共事业的信赖度①。蟒川镇特色小镇在建设过程中基础设施建设和公共服务设施建设有待加强。汝瓷小镇规划的医院、养老院一直没有进展,硕平花海的公共配套也很不健全,缺乏餐馆、民宿、酒店、医院等配套设施,夏季游客量较大,不能满足游客需求,限制小镇发展。

(6)建设环境有待改善。首先,自然环境建设不到位。蟒川镇特色小镇在建设中只有硕平花海在自然环境保护方面有所注重,一定程度上改善了生态环境。汝瓷小镇在自然环境建设上意识还不强,草坪、绿植种植率较低,规划的绿色廊道项目也迟迟没有推进,自然环境建设有待加强。其次,社会环境建设不到位。蟒川镇特色小镇建设过程中,对社会生活环境的建设改善力度较小,街区绿化、街面规范、道路治理等有待加强,公厕修建数量较少,不能有效满足游客需求。硕平花海、半扎古村落缺少对学习环境、社会交往环境、工作环境、休闲环境等人工环境的规划建设,单纯依靠自然环境很难满足游客更高层次的精神需求。小镇建设过多地重视产业而轻文化。半扎古镇只是少许对古建筑进行抢救性修复,并没有借助文化遗产发展更多的文化项目;没有培育能够反映当地汝瓷文化、半扎文化特色的行为、制度和规则;文化活动方面多是围绕汝瓷文化展开,内容单一,忽视传统民俗文化以及文创等在文化建设中的重要作用。如硕平花海的"网红桥"虽然在各大视频 APP 获得近 1 亿点击量,但是并没有及时打造自己的文化 IP,没有掌握好爆款产品的时机;缺少对当地居民精神世界的改造,居民缺乏与当地文化特点适应的生活态度和生活方式,精神文明有待提升。

(7)技术和市场创新能力低。蟒川镇特色小镇在发展过程中,加强汝瓷特色产业的集聚,但是汝瓷产品的工艺和销售市场创新不足。主要以传统汝瓷制作、烧制工艺为主,缺乏技术的创新和研究,难以满足多样化市场需求。汝瓷产品的销售多半集中在实体店,销售模式较为单一,只有少许企业利用互联网进行销售,但效果不理想,经营场所大多在当地区域,只有极少数企业能走出去,缺乏对外宣传的力度,规模市场难以铺开。

(五)唐三彩小镇——朝阳镇

洛阳市孟津县朝阳镇,南依洛阳市区,北接黄河小浪底水利枢纽,唐三

---

① 闻家琳.特色小镇基础设施融资的项目组合模式研究:集于 Markowitz 组合投资最优模型[J].商业经济,2018(4):109.

彩发源地,境内人文、自然景观丰富。2008 年,唐三彩烧制技艺入选第二批国家级非物质文化遗产名录。该镇以唐三彩制作产业及相关产业为主导产业,同时已形成以汽车配件、标准件、三彩工艺品、钼制品、化工建材及农产品深加工、生物柴油等为主的工业发展体系;农业产业优质小麦、花卉、药材、无公害蔬菜等已规模化生产。

该镇为唐三彩制作及相关产业集聚,以及汽车配件、农产品深加工等相关产业协调发展。朝阳镇被誉为"三彩小镇",以制作唐三彩闻名,在产业制造、技术交流、人才培养、文化传承等多方面发扬小城镇特色,实现"产、城、人、文"四位一体融合发展。

1. 特色鲜明的产业形态

(1)主导产业发展强劲。朝阳镇南石山村是唐三彩生产专业村,全国市场占有率95%以上,是全国唐三彩领域资源最丰富、人才最集中、工艺最优秀、产业规模最大的专业村。在传承传统技艺的同时,注重技术研发和创新发展。如传统的唐三彩主要作为艺术品收藏。现在,唐三彩艺人开始研发它的实用性,新开发的文房四宝、十二生肖、牡丹工艺等40 余个系列的产品约占总销量的30% 。

(2)产业延伸。近年来唐三彩产业链条不断延伸,唐三彩体验、教育研学等活动逐步兴起,在体验中感受中华传统文化的魅力。配套的印刷包装、电商物流、餐饮酒店等相关产业快速发展,推动了区域经济发展。带动周边生态采摘、都市近郊游蓬勃发展。全镇一半以上的耕地实现了规模化经营。

(3)带动作用。朝阳镇唐三彩产业直接从业人员 2000 余人,带动相关产业就业达 15000 人。

2. 和谐宜居的美丽环境

(1)土地利用。坚持先规划后建设,通过镇总规修编,确保管控有效;不断加大规划的宣传力度,使全社会了解规划、关心规划、执行规划;通过棚户区拆迁、老宅还耕、经营土地、吸引民资参与等手段集约节约利用土地。

(2)主要成效。先后启动了生态造林、综合环境整治、美丽乡村建设、生态村建设等,实施了瀍源公园、瀍河治理、镇污水处理厂等重点生态环保项目,取得了明显成效。污水排放和生活垃圾得到有效治理,生态环境得到有效改善,镇区面貌焕然一新。

3. 彰显特色的传统文化

（1）传统文化保护。积极申报文化遗产：南石山村唐三彩传统烧制技艺入选国家非物质文化遗产，卫坡古村落成功申报省级文物保护单位，卦沟村的传说成功申报洛阳市非物质文化遗产。

（2）文化传承。多年来，持续举办唐三彩学术交流、产品推广等活动；在南石山组织三彩制作技艺传授、中小学生研学、国际友人陶瓷艺术交流等活动。持续组织义写春联、送戏下乡、元宵社火等文化活动。举办国学文化讲座，举办寿宴、喜宴等民俗体验互动节目，整理、研究、交流排鼓、水席、社火等的技艺传承。河洛民俗文化得到传承和发扬，激发了群众对传统文化的热情。

4. 便捷完善的设施服务

（1）基础设施建设。2015 年以来，实施三彩大道工程、洛孟路升级改造工程、镇污水处理厂、集中供水中心等。镇区供排水设施齐备，日处理能力 1 万吨的污水处理厂主体已建成，污水管网已完成 90%，年底可确保投用。自来水水质 100% 达标。

（2）公共服务设施建设。2015 年以来，27 个村建成了标准化卫生室，实施了县新区中医院建设项目；新建改建了 8 所小学，建成 22 所附属幼儿园，全镇适龄儿童 3900 余人实现就近入学；建成了镇文化服务中心；邮政、通讯、广播电视等配套设施完善。

5. 体制机制探索

（1）规划建设管理创新。一是严格执行规划，以规划引领城镇发展；二是加快城镇建设，重点完善道路、管网等基础设施，进一步增强城镇综合承载能力；三是强化城镇管理，坚持政府主导与市场化运作相结合；四是注重统筹兼顾，把城镇规划建设管理与生态村创建、美丽乡村建设等结合起来。

（2）社会管理服务创新。建成标准化镇便民服务中心、27 个村的便民服务站和党员群众服务中心，为广大群众提供一站式便民服务，不断丰富社会管理服务内容。加强社会治安管控，全镇实现技防全覆盖。

（3）经济发展模式创新。近年来，朝阳镇着力建设服务型政府，推动镇域经济发展方式转变。采取政府购买服务的方式，采取 PPP 模式，吸引企业投资建设基础设施。

纵观上述特色小镇建设过程,在本土文化资源挖掘和创意转化方面,对历史经典产业做足做实挖掘和创意转化的文章,通过挖掘和创意转化这些本土文化资源,积累了产业意义上的生产要素。建立从本地文化资源到产业资本的创意转换体系是特色小镇建设的关键环节,通过创意转换,将文化资源转化为文化资本,与消费市场、技术、产品等产业要素进行动态整合,发挥文化生产力在特色小镇建设中的重要作用。

二、环境资源造魅力,生态农业显神奇

这些小镇生动地诠释了"绿水青山就是金山银山"的发展理念。这些小镇立足当地资源优势,有效利用当地独特的环境资源、自然山水之美,以历史文化为引,以特色文化为媒,大力打造多产业融合的特色产业集聚区,成功推出环境优美、品格迥异、气质独特的特色小镇,晋升国家级特色小镇,为我省特色小镇建设树立了样板,具有示范效应。

(一)中国山茱萸小镇——太平镇

南阳西峡太平镇,地处秦岭褶皱系东段的伏牛山西南部,两市、四县接合部,是伏牛山世界地质公园的核心区。森林覆盖率90%以上,中药材1200多种,动物1316种,素称"国家生物基因库"和"天然药库"。产业形态鲜明,一是形成以山茱萸中药材种植、加工为主的特色农业产业。二是打造国家AAAAA级旅游景区生态旅游产业。

1.产业形态

太平镇特殊的地理位置和自然环境决定了它特色的因地制宜的产业形态。

第一,太平镇发展旅游业。太平镇依托国家 AAAAA 级景区——老界岭、老界岭滑雪场和伏牛大峡谷三大景区和干湿适宜、温度适中的气候。在太平镇葱郁的崇山峻岭间穿梭,就像在原始丛林中漫步。太平镇风景秀美,气候宜人的特点决定了太平镇发展旅游业的优势。

第二,太平镇发展以中药材种植、加工为主的特色农业。太平镇境内遍布木耳、香菇等食用菌和猕猴桃、核桃、板栗等林果以及山茱萸、天麻、杜仲、柴胡、连翘、五味子等中药材。其中珍贵中药材有 1200 多种,是"天然药库"。

第三,太平镇发展特色农家乐、农家宾馆产业。太平镇因其风景秀美、气候宜人的特点以及作为夏天避暑的良选,因此每年要承接大量的游客来此旅游。在此基础上富有特色的农家乐和农家宾馆产业渐渐发展起来。

鲜明突出的产业形态是小镇发展的经济基础。太平镇的产业特色首先表现在自身特色的产业或行业上,其次,太平镇产业布局符合国家的产业政策导向,农产品加工升级和中药材产业更形成有一定规模的产业集聚。

2. 宜居环境

第一,太平镇拥有得天独厚的自然环境优势。太平镇位于西峡县北部山区国家级自然保护区、国家 AAAAA 级旅游景区老界岭腹地,风景秀美,物产丰盈。独特的亚热带季风气候,年均气温 12.5℃,绝对最高气温 25℃,年降雨量 840mm,使其气候温润,干湿适宜。森林覆盖率达 95% 以上,空气清新怡人,是居住旅游的绝佳圣地。境内山中气候景观各段不同,带给人特殊的生活体验。这里雨量丰富,河流交错,是南水北调中线工程的重要水源涵养地之一。

第二,太平镇拥有独具特色的城镇风貌景观。近年来,南阳市政府加大对南阳城镇风貌建设的投入力度,使太平镇更加美丽宜居。太平镇始终坚持开发和利用相结合的发展理念,把生态建设放在首位,对太平镇的整体布局进行规划建设。在山水风貌的建设上,实现了"山上生态林,山下经济林,林下套种中药材"的生态立体农业模式和有效的污水污染防治,污水净化处理系统;在道路路网的建设上,旅游环线高标准升级成沥青路面,乡村道路全部实现硬化;在街巷风貌和建筑风貌的构建上,政府加大财政投入力度改变村容村貌。古朴高雅的路灯照亮街道,葱郁美丽的植被净化街道,村镇的路面干净整洁。村中建筑采用的是古典的徽派建筑,给小镇增添了厚重的历史气息。

美丽宜居的生态环境是小镇建设特色的要求。太平镇独具特色的自然环境和政府构筑的富有古典气息和现代主义的人文景观使太平镇的环境更加美丽,更加宜居。

3. 传统文化

南阳太平镇历史悠久,文化内涵丰富,元代前为长乐镇,后经元明清三代和新中国成立后的发展,直到 2008 年才真正成为现在的太平镇。在太平镇这片土地上诞生了千年古刹黄石庵、清代马秀才故居、太平公主殿等历史遗迹；孕育了道教养生文化、禅宗文化、孝道文化、地质文化、农耕文化等文化品牌。在文化传承和文化传播上既有继承又有新意，传统与现代相结合彰显了文化特色。

在文化传承方面：第一，太平镇在发展的过程中保护传统古建筑。古建筑是显示文化特色的一个重要的载体，也是中华古老文明的特征，在现代化发展的过程中要注意对这些物质文明的保护。在太平镇的旧村落中吕宅村保护较完好，展示了民居建筑艺术的独特。第二，太平镇在发展过程中注意保护民族文化。太平镇于 2011 年起开始举办一项重大的活动——"壮族文化传承节"。这是太平镇传承保护民族文化的重大举措，活动秉承"文化传承·文化自信"理念，富有浓厚的地方特色。第三，太平镇重视发展优秀的非物质文化遗产。在西峡县级的非物质文化遗产保护名录中，太平镇的民间文学《伏牛山的来历》，民间习俗拴绳、端午逮蛤蟆、五月初五送穷灰、立春出阁闺女不许回家五项被选入。

在文化传播方面：第一，太平镇弘扬传播文化正能量。在太平镇村镇建设中，"文化墙"是一个特色的存在，它潜移默化地影响着太平镇的民风民俗。宣扬积极向上的正能量和社会主义核心价值观的公益广告、宣传标语、宣传专栏在太平镇都能见到。第二，太平镇传播农村新文化风气。书籍是人类进步的阶梯。在农村，看书买书是一个难题。太平镇为了解决这一难题，发挥文化力量，多方筹措资金，建起了高标准的新农村书屋和远程网络室，并购置了和村民衣食住行、种植养殖、家政服务等日常生活息息相关的图书 2 万多册，让群众掌握文化，接近新生活。第三，太平镇传播积极向上的社区文化。大多农村村民的文化生活都不丰富，为了打破这个定律，营造良好的文化氛围，太平镇开展了多种多样的文化活动，村民聚在一起举行拔河赛、篮球赛、摘香菇赛、摘山茱萸赛等 10 多个项目，丰富村民文化生活。

彰显特色的传统文化是小镇生存发展的独特灵魂。传统文化最能体现特色小镇的特色和气质。以产业为导向的特色小镇的建设只有将产业和文化结合起来，对小镇的建设保持人文关怀，小镇的未来才会在文化的延续性下走得更远。

如何发展特色小镇是社会关注的重要问题，对此李克强总理指出：推进

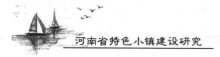

新型城镇化过程中,要始终坚持保护、传承和发扬优秀传统文化,让悠久文明的精髓融入现代生活。

4. 设施服务

太平镇建成便捷完善的设施服务使得太平镇在保持古朴的特色上又具有了现代特色,传统与现代相结合使太平镇更加具有发展的潜质和吸引人的资本。

第一,在道路交通上,投资 3500 多万元将横纵公路、8 条集镇街道和旅游环线高标准升级成沥青路面,乡村道路全部实现硬化,道路交通更加方便快捷。

第二,在市政建设上,实施了"三线入地"工程,建成 8 座星级旅游公厕,道路安装 1000 多盏新能源太阳能路灯和各类景观灯;投入 4000 多万元,建成 8 个景观游园,镇区绿化覆盖率达 46.5%,人均公共绿地达到 32.1 平方米;完成了大型超市、镇中心幼儿园、镇卫生院等项目的建设,使集镇功能不断完善。

第三,在公共服务设施上,太平镇筹集 6000 多万元的资金建成了污水处理厂并完成镇区自来水和污水管网系统;建成垃圾填埋场,为各村配置了垃圾中转站、垃圾车、垃圾桶等环卫基础设施,彻底解决了偏远居民点垃圾难收集、难处理的问题。另外,太平镇建设了以东坪、桦树盘和黄石庵为中心的 3 个农家宾馆群,农家宾馆结构整齐划一又富有古典风格。

便捷完善的设施服务是特色小镇的基础要求。作为现代化的城镇和新型城镇化的特色担当融入现代化是必不可少的要求。太平镇道路交通便捷,市政设施完善,公共服务设施到位,已经构建了包括 Wi-Fi 覆盖、商业设施设置等在内的设施服务。

5. 发展机制

在经济新常态和科学发展观的要求下,城镇化更加注重以人为核心,中央提出要建设一条以创新、协调、绿色、开放、共享为理念的新型城镇化道路。特色小镇作为一种新的经济发展模式成为新型城镇化的特色担当和拉动经济增长的新模式。太平镇走上新型城镇化道路离不开创新的、充满活力的体制机制。

第一,太平镇政府以可持续发展为导向并且实现了创新的发展理念:

"外修生态、内修人文"。注重保护生态环境,坚持走绿色发展之路,开辟出一条符合太平镇现实的发展之路。太平镇政府在发展过程中尊重自然,利用太平镇独特的自然资源优势,发展旅游业和药材产业。政府大力支持太平镇的特色产业发展,主导招商引资。努力建设特色产业以吸引外资,建设面向现代化的企业。这符合新型城镇化在经济发展的过程中更加注重人与自然的和谐统一,更加注重对于生态环境保护的要求。

第二,依托太平镇的风景旅游资源,做好城镇建设和旅游建设,实现了文旅融合。近年来,太平镇旅游业发展态势良好,太平镇经济发展更吸引了大量民间投资,政府合理引导,为太平镇经济建设提供各种支持。在基础设施、村镇建设、文化传播上给予财政支持,使得太平镇更加具有现代化特色,更加适宜居住,为农家乐、农家宾馆的发展提供了良好的机遇,促进了太平镇第三产业的发展。

第三,在经济新常态下太平镇的发展有着明确的、符合太平镇发展特色和发展规律的目标:建设"特色小镇,生态大镇,旅游名镇,山区富镇"。在这种目标的指引下太平镇转变发展方式,由粗放走向集约,实现了"山上生态林,山下经济林,林下套种中药材"的生态立体农业模式。并且,太平镇加强政府的引导:政府把握大方向、各级部门多元参与,通过市场化运作,加快太平镇的建设。西峡县政府成立特色小镇建设工作领导小组,多方协调合作,共同加强太平镇建设工作,使得太平镇发展的质量更好,效率更高。这符合了新型城镇化在经济新常态下坚持集约式发展,并且注重城镇化建设质量的要求。

充满活力的体制机制是特色小镇的发展动力。太平镇政府强有力的支持政策为太平镇的发展和太平镇新型城镇化的构建起到了不可忽视的作用,为太平镇的发展提供了后方支援,使太平镇的发展充满动力。而这种体制机制又是灵活的、创新的,根据太平镇的发展现状进行有效可行的引导支持,为太平镇新型城镇化的创建工作做出了巨大的贡献。

(二)红色圣地小镇——竹沟镇

驻马店市确山县竹沟镇,位于伏牛山和桐柏山余脉交错的小盆地上,有红色圣地"小延安"之美誉,国家级历史文化名镇。竹沟镇突出红色文化、观光旅游、现代农业、小提琴制作等特色产业培育和发展,打造"提琴之乡",发

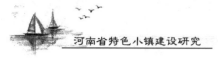

展文化产业。强化红色游、生态游、乡村游,形成了一个集山羊养殖、育肥、梳绒、中转为一体的产业链,做活特色种养业。

2016 年 10 月,竹沟镇以"红色圣地·锦绣竹沟——中国红色文化传承小镇"为主攻方向,并成功入选第一批中国特色小镇。竹沟镇主要以种养业、制造业为主。自然资源包括矿藏、名贵中药材等。

产业培育是小镇保持经济活力的核心,特色小镇发展必须要有产业作支撑。目前竹沟镇的产业主要以第一、二产业为主,如种养业、制造业。从小镇的未来规划可以看出,竹沟镇致力于一、二、三产业的共同发展,具体而言,竹沟镇将优化第一产业结构,加速第三产业的发展,有针对性提升第二产业的实力。加强旅游产业、农副产品加工业、商贸物流业,强化优势产业,拓展新产业,进一步提升小镇的经济活力。

生态旅游是以自然资源为基础,进一步拓展其旅游属性,从而达到休闲的目的,是旅游型特色小镇必备功能之一。竹沟镇主要是以旅游景点来实现这一功能的,例如以镇名命名的竹沟湖,碧水青山,如诗如画。竹沟湖边有黄石头庄和颇具神秘色彩的彩云谷、神仙岭,为竹沟镇的生态旅游发展聚集了人气,是生态景点的吸引核心。

文化是一个小镇特有的资源。竹沟镇既是民主革命时期的一块重要根据地,又是中原地区的革命摇篮,它具有光荣的革命斗争史。竹沟镇主要通过固定载体和历史文物来达到文化传递的效果。竹沟镇的红色文化以竹沟革命纪念馆、竹沟革命纪念碑、竹沟革命烈士陵园为载体,让游客通过参观革命纪念馆、纪念碑、烈士陵园了解红色革命历史,学习红色文化从而达到教育目的。

1. 革命烽火中的历史文化积淀

河南省竹沟镇是新四军第二、四、五师主力的发源地,刘少奇、李先念等10 位党和国家领导人先后在这里工作、战斗过。1938—1939 年,中共中央中原局机关和河南省委设在确山县竹沟镇,领导长江以北的鄂、豫、皖、苏等地党的工作。赵启民、肖望东等 100 多位将军和 200 多位师级领导干部,在竹沟孤山冲革命旧址群等 30 多处革命纪念地战斗和工作过。竹沟革命纪念馆新建展厅,建筑面积 780 平方米,建筑风格上以保持抗战时期的土坯墙,古朴青砖小瓦为主仿古代建筑。藏品类别主要是近现代文物,展出实物、图片、

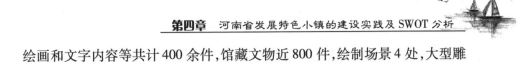

绘画和文字内容等共计 400 余件,馆藏文物近 800 件,绘制场景 4 处,大型雕塑作品 4 件。

2. 丰富而独特的区域旅游资源

红色旅游是我国近几年兴起的一种专项、特色旅游活动,有明显的中国特色。党的十八大以来,竹沟确立了"旅游强镇"的发展战略,正在打造红色小镇,推动特色小镇建设,借助红色文化的引力优势,把发展乡村旅游作为红色旅游的补充,做足做活红色游、生态游、乡村游。镇政府引导农民在竹沟镇周边集中连片种植板栗、桃、杏、李等瓜果,以及蔬菜、中药材,新建花卉基地和湿地公园,开设农业观光带和采摘园。竹沟镇有中原地区最大的生态羊繁育基地,目前大力发展观光农业、生态农业、特色农业和效益农业。竹沟镇生产的提琴年出口创汇 1000 余万美元,不仅享誉国内,而且打入欧美、西亚市场。2018 年全镇旅游从业人员 5000 多人,建有农家乐宾馆 167 家,凤凰山庄、关沟、翡翠画廊等地的乡村旅游,有力拉动了地方经济发展,成为当地新的经济增长点。

(三)特色景观旅游小镇——石板岩镇

安阳市林州市石板岩镇,位于林州市西北方向,距市区 20 公里的南太行山深处,海拔 800～1736 米。该镇雄踞晋冀豫三省交界,交通四通八达。小镇以东是林虑山,以西是太行山,呈"东西高,中间低"的"凹"字形地势,露水河纵贯全乡,互通南北,各个村落沿河两岸呈南北点状分布,是一个较为纯粹的山区乡镇。

具有独特的山水风光(太行大峡谷 AAAA 级旅游景区)和人文精神(扁担精神发祥地),是全国特色景观旅游名镇。境内有太行之魂王相岩,幽深谷幽仙霞谷,晋普龙洞小洞天,酷暑结冰太极山,鬼斧神工鲁班门,太行平湖南谷洞等景观。还有世界一流的国际滑翔基地,是避暑度假、绘画写生、旅游观光的好地方。独特的石板民居为大峡谷增添了神秘的色彩,以绘画、摄影、写生为核心的"写生+旅游"双产业构架日趋成熟。

1. 小镇资源

石板岩镇得天独厚的自然资源和古色古香的传统村落使其成为安阳唯一入选第二批中国特色城镇的村庄,主要有太行大峡谷风景区、桃花谷景区、"扁担精神"纪念馆及谷文昌故居、太行平湖、古村落、国际滑翔基地等旅

游景观,是自然景观壮丽、人文精神饱满、趣味性及体验性极佳的旅游胜地。

林州石板镇的旅游发展始于20世纪90年代末,早期发展比较缓慢,知名度较低。21世纪初随着国内旅游的快速发展,当地的旅游发展逐步驶上了快车道并成为林州市发展旅游业的重要支撑。

2. 小镇发展存在的问题

石板岩镇作为林州市旅游业领先的特色小镇,在发展的过程中存在问题如下。

(1)交通不便。尽管林州市内有多条旅游专线及配套的旅游巴士,可以实现全域旅游,无缝衔接。但是,林州市境内没有高铁、火车站,部分赴林旅游的乘客,只能先到达安阳站或安阳东站,再自行前往林州市。以安阳东站为例为交通衔接,通往林州市的3种交通方式。其一,安阳东站—(公交)—安阳汽车中心站——(公交)——林州汽车南站——(公交)——林州旅游服务中心。费用最低用时4小时,多次交通换乘,费时且复杂。其二,安阳东站——(大巴)——林州客运中心——(出租车)——游客服务中心。全程约两个小时,大约花费45元,但是高铁大巴发车时间不确定,且车次非常少,没有明显的停车标识,无法保证游客可以及时到达目的地。其三,直接从安阳东站乘坐出租车到达全域旅游服务中心,全程约1个小时,大约花费160元,采用此种方式虽然方便,但是花费相对较高。

(2)民俗文化特色不明显。石板岩小镇以石头为主的建筑特色随处可见,进入太行大峡谷便能感受到石头的魅力。很多游客在游览过石板岩镇内的景区后,印象最深的就是它独特的自然风光,然而对当地的民俗文化了解甚少。石板岩镇是"扁担精神"的发源地,现在人们已经几乎不需要使用扁担来挑货,除了镇上的扁担精神纪念馆,在其他地方很少看到扁担的痕迹。打花棍是当地的非物质文化遗产,镇子上几乎人人都会跟着鼓点跳几下花棍舞,但是除了春节期间,其他时候很难看到花棍表演。然而冬季正是旅游的淡季,游客稀少。因此,对于打花棍的民俗特色,很多来过石板岩特色小镇的游客并不知晓。

(四)绿色观光农业小镇——恼里镇

长垣县恼里镇,位于河南长垣县东南部,东依黄河。恼里古称匡城,春秋时已是商家云集的繁华之地,相传孔子曾携弟子来此。恼里镇农业产业化初具规模,全镇已建成 5 万亩优质麦农业园,2 万亩生态旅游示范园,2 万亩丰产林,8000 亩优质水稻和 2600 亩转基因棉,形成了绿色观光农业。

恼里镇跻身河南省百强镇之列,形成了以矿山机械起重机为龙头,带动铸造、运输、钢材、机电、绿色食品加工等多行业、宽领域发展的新格局。

为促进当地特色产品的销售,该镇由政府投资设立"恼里镇扶贫馆",主要利用打造互联网+电商平台,挖掘当地特色产品,培育特色产业;创新群众就业思路,拓宽当地收入渠道。

首先,在打造互联网+电商平台的基础上,扩大了地方特色产品销售渠道。加强与京东、淘宝等互联网平台企业的合作,发挥群众和网络电商间的桥梁作用。综合考虑特色产品的区域分布、生产特点等因素,挖掘本地的生态、资源、文化优势,因地制宜,量身定制特色化、专业化的发展产业。

其次,定期或有针对性地开展互联网+电商培育。协助当地居民开展电商活动,逐步消除品牌产品少、产业基础弱、电商人才少等制约发展电商的瓶颈问题。如协助完善企业和产品资质,建设农产品溯源体系、QS 和"三品一标"认证等,帮助"三无"产品成为合格的网销产品,同时解决用户对产品质量的信任问题。

恼里不仅是起重名镇,还有着黄河滩区最优美的自然风光和十几万亩田地。种植的有花生、大豆、玉米等农产品,质量上乘,传统工艺制作的花生油、食用醋、粉条等加工品口味上佳,祖传的手艺提篮、编筐、鞋垫、毛线鞋等精美实用。同时,发动周边有条件的居民利用闲暇时间学习制作传统手工艺品,所有产品由恼里扶贫馆利用互联网推向市场,预测当地参与的居民年增收不低于 1500 元。

为促进地方经济发展,该镇开展了"1234"工程:

"1"是指依托一个工业园区。即以恼里镇起重工业园区为主线,引导园区企业主动参与扶贫,积极承接劳动力转移。目前园区企业 40 家,共吸纳贫困劳动力就业 160 人,人均年收入 3 万元以上,实现了就业一人,致富一家的目标。

"2"是指做强两个优势行业。一是做大做强特色农业。恼里镇坐拥耕地 12.5 万亩,为长垣市所有乡镇、街道办事处耕地面积之最,农业资源丰富。2019 年,林果种植、蔬菜种植、万寿菊种植等高效农业进一步得到发展壮大,增收幅度达 300 元/亩,受益贫困户 180 人。二是做大做强起重行业。恼里镇为起重发源地,起重行业是传统优势。2019 年起重加工行业带动贫困群众就近就地就业达 379 人。为促使镇区起重行业把握机遇,进一步发展壮大,恼里镇与上海社科院经济研究所签订顾问协议,为恼里起重产业的发展提供高端智力支持。

"3"是建好三个扶贫基地。先后从全镇的农业产业、工业企业中选择培育出了河南省大方重型机器有限公司、河南腾达农业生态旅游发展有限公司、新乡市中原起重机械总厂有限公司三个就业扶贫基地,共计带动贫困群众就业 120 余人,人均年增收 2.2 万元,起到了良好的示范带贫作用。

"4"是落实四项扶贫举措。一是产业增收脱贫一批。优化实施光伏发电、资产收益、小额贷款等重点产业扶贫项目。全镇建成村级光伏电站 21 个,装机容量 6.4MW,户均年受益可达 2000 元左右。入股卫华集团的资产收益,贫困户户均年增收 1600 元,实现了产业帮扶全覆盖。二是电商产业脱贫一批。以恼里镇互联网+精准扶贫基地"恼里扶贫馆"为中心,全镇共建设农村电子商务站点 20 个,2019 年农产品进城交易额达 50 万元,受益群众 8000 余人,受益贫困人口 200 人。三是公益性岗位脱贫一批。全镇累计开发公益性岗位 243 个,其中 2019 年新开发道路维护岗、河渠巡护岗、环卫监督岗、禁烧巡查岗、就业服务岗、林木管护岗、乡村保洁岗、治安巡逻岗等公益性岗位 189 个,人均年增收 5000 元。确保了有就业意愿的贫困劳动力就业全覆盖,进一步筑牢家庭增收基础。四是保障兜底一批。2019 年,投资 160 万元对镇敬老院进行了升级改建,投资 80 万元新建成村级养老中心 3 个。在充分尊重分散供养特困人员本人意愿的基础上,劝其入住,满足了其多样化、个性化服务需求。

(五)杂技休闲旅游小镇——岳村镇

濮阳市华龙区岳村镇,位于华龙区东北部,该镇东北庄的杂技起源于春秋,兴盛于明清,与河北吴桥并称"杂技南北两故里",2008 年获批国家级非物质文化遗产。濮阳市华龙区高起点规划、高标准建设了东北庄杂技文化园区,打造成为集非物质文化保护、传承、体验、休闲、度假为一体的精品综合文化园区,是河南省及周边省市游客的重要旅游目的地之一。

岳村镇依托濮东产业集聚区、濮东都市生态农业示范园区建设、高铁经济等机遇,围绕生态、文化、旅游做活发展文章。该镇以杂技旅游产业为主导,现代都市农业、休闲度假、创意产业多种业态融合发展。

岳村镇东北庄是广袤的豫北平原上的一颗明珠,它与河北吴桥并称为中国杂技南北两故里,有着"杂技之乡"的美誉。东北庄杂技小镇文化厚重,得天独厚,远远超出产业经济本身。同时,小镇正在以杂技产业为主导、多种业态融合发展,为打造成全国一流的休闲度假旅游目的地而奋力前行。

当地政府按照"生态立镇、旅游兴镇、文化强镇、项目活镇"的总体要求,紧紧抓住东北庄杂技小镇建设这个牛鼻子,依托濮东产业集聚区、濮东都市生态农业示范园区建设、高铁经济、G106 东扩等机遇,以国家特色小镇创建为契机,以旅游开发为龙头,以项目建设为抓手,围绕生态、文化、旅游做活发展文章,加快推进餐饮、住宿、物流、商贸、信息、文化娱乐等相关业健康快速发展,开掘了一条资源、需求、产业完美融合的发展之路,把东北庄建设成为以"杂技文化"为品牌的特色人文休闲旅游名镇。

目前东北庄杂技特色小镇规划面积 5421.3 亩,现已建成国内首座以杂技为主题的单体杂技博物馆——中原杂技博物馆;身临其境体验民族瑰宝的高科技影院;河南省非物质文化遗产传承基地、培养杂技人才的东北庄杂技艺术学校;体验原生态杂技的仿明清杂技小院;可容纳 1400 名观众的民俗杂技人剧场;投资 1.2 亿元的杂技故里文化街;集驯养、表演、观赏为一体的虎文化乐园;贴近自然、风景如画的澶水湖人工湿地。

按照规划,东北庄杂技特色小镇以东北庄原生态杂技文化主题公园为核心,依托潴泷河打造文化园区滨河人文生态景观廊、经七路和吕楼路两大发展轴线,将整体打造文化体验、旅游服务配套、传统村落、农业观光四大功能板块,构建起一核、一廊、两轴、四区的空间布局结构,实现"文化造名气、旅游聚人气、配套出财气"。未来,东北庄杂技特色小镇将进一步加大工作力度,强力实施"品牌塑造、产业复合、区域协调"三大战略:一是扩大东北庄杂技文化的品牌效应,构建以"原生态杂技文化旅游"为主体,以地方民俗文化旅游、休闲养生度假、现代农业体验等为支撑的大产业体系,形成传统杂技文化凝聚下的品牌张力。二是打造"一主八辅"九大产业体系,以杂技文化产业、旅游业作为主导,复合现代农业、休闲度假、文化创意等其他相关产业,通过产业耦合形成多种新的旅游业态、旅游产品,延伸文化产业链条、拓展产业空间、提升文化产业的附加值,实现产业之间的互融与共荣。三是实现区域协调发展,积极对接濮阳市产业发展需求,积极协调与市域其他旅游资源联系,提升建设档次和标准,真正实现城乡一体化发展。

传承技艺谋大业,创新形式谱华章。东北庄杂技特色小镇正在以杂技产业为主导、多种业态融合发展,为打造成全国一流的休闲度假旅游目的地而奋力前行。

(六)道家文化及农业产业化小镇——函谷关镇

三门峡市灵宝市函谷关镇,自然条件优势明显,土壤耕层深厚,复种指数高,作物一年二熟或一年三熟制。道家文化的发祥地,中原文化和秦晋文化的交汇地,国家 AAAA 级旅游景区。函谷关镇的粮食、果品、林业、蔬菜、食用菌、畜牧业等规模化生产。砂石厂、养鸡场规模化经营。申报中国特色小镇时,函谷关镇提出了"弘扬国学文化,打造道德圣地"的理念。函谷关镇的产业支撑是以《道德经》为核心的文化产业。该镇农林种植养殖产业及相关产业集聚,以《道德经》为核心的文化产业及旅游产业集聚。

1. 函谷关镇特色分析①

(1)文化特色

第一,博大精深的道教文化。《道德经》是世界文化宝库中的瑰宝,因《道德经》是老子在途经函谷关时所书,因此这里成为道家文化的发祥地,为了纪念这件事后人便在老子著经的地方修筑了太初宫,后期逐渐形成一座道观,因此,这里的道教文化深入人心,2002 年 10 月 20 日,中国道教协会会长闵智亭为函谷关旅游区题写了"道家之源"四个字。

第二,历史悠久的军事文化函关古道全长 7.5 千米,因其地势险要,地理位置独特,是我国最早建置的关隘之一,这里是崤函古道上的咽喉要道,自古以来就是兵家必争之地。在汉代以前,这里就是重要的关隘。正如《函谷关铭序》所云:"天作崤函,俾屏京宝,崇山回合,长河曲盘,岸奔巅蹙,谷抱溪

---

① 程丽.函谷关特色小镇建设路径研究[J].三门峡职业技术学院学报,2019(4):58—62.

斗,崖起重险,为秦东门,设险守关,作藩于京。"①函谷关距今有 2000 多年的历史,其间发生无数次大大小小的战役,甚至不少战役影响了中国历史的进程,在中国古代战争史,特别是战国、秦汉战争史中,占有重要的地位。

第三,源远流长的人文文化。函谷关不仅是我国古代的军事要塞,而且也是我国古代政治、经济、文化发展繁荣的重要区域,老子在函谷关著写《道德经》,留下了许多优美动人的传说和故事。这些传说故事,感情真挚,情节动人,富于浪漫色彩,它们不但流传至今,而且如"老子散丹"等故事还促成了民间固定习俗。函谷关还为后人留下许多宝贵的文化遗产,"紫气东来""鸡鸣狗盗""公孙白马""终军弃缠""玄宗改元""仙丹救民"等历史故事和传说都发生在这里,诗词歌赋,不计其数,围绕函谷关的悠久历史和传奇故事而留下的文化遗产和形成的文化积淀,其内涵深厚而丰富,其光彩瑰丽而动人,成为中华民族优秀传统文化的重要组成部分。

第四,丰富多彩的民俗文化。除此之外,函谷关镇还有很多非物质文化遗产,如灵宝剪纸在 2008 年 6 月 14 日入选为国家级非物质文化遗产第一批扩展名录,还有老子传说也在 2014 年 12 月 3 日入选为国家级非物质文化遗产第四批扩展名录。灵宝的民间社火远近闻名,每到节日,各村镇都会开展形式多样、热闹非常的民间社火表演,吸引了方圆百里的村民前去观看,丰富了人民的精神生活,这些丰富多彩的民俗文化构成了函谷关独具特色的地方文化内涵和气质。

（2）产业特色

第一,历史文化旅游特色带。近年来函谷关镇以创建函谷关 AAAAA 级景区为基点,深入加大历史文化旅游综合开发的力度,特色饮食、文博会展、休闲娱乐等产业形态逐渐发展起来,铸造文化品牌,拓展产业空间,以增强函谷关古历史文化旅游产业的吸引力和知名度。函谷关历史文化产业带以老子文化为核心,打造集文化体验、文化观光、文化教育、养生度假、休闲运动等功能于一体,以文化产业和旅游产业为主体,联动养生养老产业、房地

---

①　纪昀. 四库全书·玉海:卷 24·独孤及古函谷关铭序[M]. 上海:上海古籍出版社,2003. 李久昌. 桃林之野·桃林塞·秦函谷关:秦函谷关创建年代与背景考[J]. 中国历史地理论丛,2019(1):54-64.

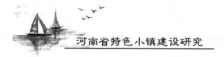
产业、休闲农业、户外运动业一同发展的国家级文化产业示范园区。①

第二,特色养生基地。函谷关老子文化养生园位于灵宝市境内的函谷关历史文化旅游区东南侧,西临弘农涧河,与函谷关景区隔河相望。老子文化养生园以道文化养生理念为引领,精心打造高标准、现代化、功能齐全,能够满足不同人群消费需求的养生产品,开发建设了道文化养生堂、药膳房、温泉浴、食疗馆、太极健身广场、田园养生步道等养生设施,实现年接待量120万人次,产值3.6亿元。

第三,文化生态创意产业带。函谷关镇的文化生态产业主要是以罗门爱情文化创意园和天长地久薰衣草庄园为基础。罗门爱情文化创意园和天长地久薰衣草庄园的产品围绕《道德经》文化艺术商品研发,泥塑、木雕、书法、绘画等传统技艺和3D打印、电子出版、影视拍摄、微电影、动漫等现代技术,加工销售系列《道德经》文化创意产品,形成多元化、多层次、多门类的新型文化产业形态。

(3)旅游特色

第一,函谷关历史文化旅游资源具有独特性。函谷关历史悠久、知名度较高,是我国历史上有名的关隘,在《读史方舆纪要》《战国策》等史籍中均有专门论述,具有较高的影响力,在古代城市史、战争史、交通史乃至文化史方面,都是至关重要的,含有多方面的历史信息。函谷关地上地下文物遗存之重要,其在崤函古道上的重要地位以及老子在此著《道德经》的史实使函谷关具有自身的独特性或特异性,是其他历史文化旅游资源难以比拟的,因而弥足珍贵。

第二,古镇历史文化旅游资源的组合搭配性较好。其一,与自然旅游资源的交融互补。灵宝地貌形态多样,中山、低山、黄土丘陵塬、黄河阶地和河谷平原由南而北错落分布。弘农涧河和黄河从三面环绕,山虽不高,造型却独具风格,由于黄河与弘农涧河的烘托,使函谷关显得格外宏伟险峻、壮观奇特,而且空气宜人而清新,植被繁茂、物产丰饶,同时山光水色交融互补,相映成趣。其二,与民俗旅游资源的融合较好。函谷关一带历经朝代迁移,民俗风情、民间手工艺等都值得现代人传承和发扬,主要有独特的民间手工

---

① 张佩,王博.关于函谷关文化品牌建设的思考[J].市场论坛,2016(5):57-60.

艺品,如刺绣、剪纸、香袋、面花、印花布、编织、金银首饰品、面塑和花馍等。民间表演艺术,如社火、高跷、芯子、龙灯、旱船、狮子、皮影戏、锣鼓舞等,函谷关镇的历史文化旅游资源与豫西民俗风情旅游资源共生互补,相互辉映。

第三,古镇历史文化旅游资源具有极大的市场潜力。函谷关古镇既是依函谷关而建的古镇,具有深厚的历史,同时又是老子著《道德经》的文化圣地,融合道家文化、军事文化为一体,因此,这些对游客都有极大的吸引力,具有极大的市场潜力。

(4)城镇建设特色

近年来,函谷关镇以"大文化、大旅游、大健康"产业为主线,全面实施"文化旅游立镇,观光农业富民,立足景区兴镇,对接市区强镇"发展战略;坚持"文化引领、规划先行、打好基础、项目带动",加快"函谷关道德特色小镇"建设步伐;实现由农业乡镇向旅游乡镇转变,由文化资源大镇向文化产业强镇转变;精心打造"灵宝市文化旅游核心区和城市文化副中心",全球《道德经》文化朝圣基地,黄河金三角生态康养基地,三门峡休闲度假基地,促进镇区与中心城区融合发展,全面建设富裕文明、生态魅力函谷关。

2.函谷关镇特色小镇建设现状及问题

(1)招商引资压力较大。建设特色小镇,首要的问题是要有雄厚的资金作为基础,由于基层工作人员对招商引资所需的外经贸知识略显薄弱,缺乏必要的谈判技巧,对项目的可行性、投资回报率等外商关心的要害问题缺乏深入、细致的科学论证,使外商感到缺乏可信度和吸引力。工作思路不够开阔,招商方式陈旧单一,不能很好地把本地的区域优势、行业优势和企业优势宣传出去,因此造成这项工作压力较大。

(2)规划设计、运营管理等专业人才缺乏。在特色小镇建设过程中,需要大量包括规划设计和运营管理的多方面的人才,然而由于各种原因,特色小镇建设的各方面的人才普遍匮乏,这就造成很多问题得不到及时的解决,或者由于延误时机造成工作陷入被动局面,滞缓了特色小镇的建设进程。

(3)对特色的打造和培育还需要进一步深化和完善。函谷关的特色小镇建设首先需要明确的就是小镇特色的打造,函谷关镇的农业旅游资源十分丰富,目前规划围绕"九千一万"工程,即千亩软籽石榴、千亩欧洲大樱桃、千亩美国红提、千亩桃林、千亩荷花、千亩中草药、千亩油用牡丹、千亩薰衣

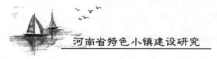

草、千亩油菜花及万亩大枣,大力发展现代生态观光农业,形成其特色,然而其他特色尚没有成熟的呈现方式,还需进一步探索。

3. 函谷关镇发展特色小镇路径研究

(1)拓展多种渠道招商引资

第一,选派优秀招商引资专业人才充实到特色小镇建设中。在特色小镇建设中,要将事业心强、有开拓和奉献精神、熟悉经济、了解政策、精通外语的干部,选配到招商引资工作第一线。注重专业招商人员培养,邀请专家、学者定期进行培训,提高招商人员的理论水平、政策水平和实际应用水平,为特色小镇招商引资工作保驾护航。

第二,转变招商引资工作思路,要解放思想,转变传统招商引资形式。首先要挖掘自身特色,讲好函谷关镇故事,多渠道开展招商引资,立足特色小镇本身特色,形成产业集聚群和产业特色,实现从全民招商转变为专业招商、从粗放招商转变为精细招商、从盲目招商转变为目标招商、从政策招商转变为环境招商,提高项目成功率,通过产业链招商、节会招商、联动招商、人脉招商等方式,形成特色小镇建设招商新形势。

第三,扩大宣传,形成良好招商引资氛围。利用现代信息手段扩大宣传,借助公众号、网站等互联网信息平台,定期发布招商动态、招商政策以及载体信息,并将微信二维码在招商资料、招商网站、名片中展示出来,促使招商宣传达到"掌上宣传"的目的,并主动深入企业、基层,全力为企业和投资者服务,营造良好的招商氛围。

(2)加强人才引进及培养为特色小镇建设做好人才保障

第一,做好人才建设规划。做好特色小镇建设人才建设规划,形成引进人才机制,可以通过各种渠道引进在特色小镇建设中急缺的人才,并积极做好各项保障工作,让人才留得住,为特色小镇的建设做好智力支持和人才保障。

第二,提升现有员工素质。做好培训工作,主要是做好现有员工素质提升工作,这还需要全行业员工充分发挥自觉性及主观能动性,强化学习意识,让员工真正理解特色小镇的建设对小镇建设的意义,并通过上下通力配合达到效用最大化。

第三,积极鼓励本地人才回乡创业为特色小镇建设做好人才储备。特色小镇的建设离不开了解当地文化,同时又对小镇有浓厚感情的人才,因此可以积极做好本地青年学子的工作,创造良好的创业氛围,积极鼓励他们回乡创业,为特色小镇的建设做出自己的贡献,也为小镇的建设人才构成形成梯队打好基础。①

(3)深层挖掘小镇特色形成特色产业集聚区和产业链

第一,形成"旅游+养生养老"特色产业集聚区。进一步精心打造高标准、现代化、功能齐全,能够满足不同人群消费需求的特色产业园,实现从精神、起居、饮食、运动、医疗等方面综合调养的养生目标,实现养生与养老的完美结合,并形成函谷关镇的特色产业集群。

第二,形成"旅游+文化"特色产业链。在文化教育产业方面,以老子文化为依托,与大专院校联合办学,招收全日制大学生弘扬道德经文化,举办道德经文化大讲堂,开展文化交流合作;实施《道德经》进课堂、进企业、进机关、进家庭、进社区、进田间等六进活动,营造全员学习《道德经》的文化氛围。

在文化娱乐产业方面,深入挖掘函谷关文化底蕴,加大文化创意策划力度,完善演义娱乐、影视拍摄、3D 打印、微电影等数字娱乐功能,开发制作具有函谷关文化元素的影视文化艺术商品;充分利用网络微信等现代演艺平台,广泛宣传互动参与增强游客的参与积极性。

在文化会展产业方面,积极开展各类文化商贸交流会和主题节庆活动,拓宽招商推介项目,促进会展业蓬勃发展;围绕文博创意积极开展文物、艺术、文化等评鉴活动,打造文化艺术和产权交易活动品牌。②

第三,开发"城镇风貌+文化"和"美丽乡村+文化"的特色城镇建设。通过"城镇风貌+文化"和"美丽乡村+文化"建设,把函谷关镇建设成依托函谷关资源及品牌优势为主的特色小镇,以函谷关历史文化旅游区的 AAAAA 提升为抓手,加速建设"国际知名,国内著名"的文化旅游目的地,吸引和培育以"文化、旅游、黄金"为核心的产业集聚区,实现旅游、度假、文化教育传播、

①　陈清,吴祖卿.福建特色小镇发展建设的"资源+人才+创新"策略分析[J].福建论坛(人文社会科学版),2017(3):161-166.

②　魏雅姝.特色小镇旅游文化元素深度开发研究[J].合作经济与科技,2019(21):118-119.

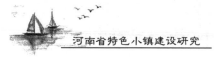

黄金(工艺品)设计加工交易、康体运动等多种功能复合发展,打造具有鲜明道文化和灵宝特色的文化旅游双驱动新型城镇化示范区。

河南省上述农业产业化特色小镇建设提供了有价值的经验和启示:保护和传承具有地方传统特色的产业和历史文化独特的文化资源;选择科学合理的资源利用方式,依托当地资源优势,进行合理有效的开发,既不是不开发也不是过度开发。遵循产业发展规律,抓住机遇,顺应世界产业发展趋势积极促进产业转型,全面融入世界全球化产业链,加强产品技术创新、提升设计水平、营造国际品牌,提升自身影响力。

三、产业集聚为支撑,工业农业齐发力

打造特色产业是小城镇发展的生命力,而特色又是产业发展的竞争力。国家发展改革委2016年的指导意见明文规定:特色小镇要突出产业特色,打造产业发展新平台。要立足资源禀赋、区位环境、历史文化、产业集聚等特色,加快发展特色优势主导产业,延伸产业链、提升价值链,促进产业跨界融合发展,在差异定位和领域细分中构建小镇大产业,扩大就业,集聚人口,实现特色产业立镇、强镇、富镇。

(一)新兴工业小镇——竹林镇

巩义市竹林镇,处于郑洛经济带正中心,区位优势明显,是全国乡镇企业发祥地之一。竹林镇注重体制机制创新,走出了一条由二产到三产、由集体经济到市场经济的中原农村特色发展之路。荣获过中国首届人居环境范例奖和联合国改善人居环境最佳范例奖。竹林镇是巩义市镇区面积最小的镇,但这个人口最少的小镇却是获得国家、联合国人居环境范例奖的镇,并被联合国确定为中国可持续发展小城镇试点,获得了"全国文明镇""国家卫生镇""全国环境优美乡镇""国家农业旅游示范区""国家园林城镇"等荣誉称号。

1.特色鲜明的产业形态

竹林镇坚持实施工业强镇、旅游兴镇、文明塑镇、党建领镇的发展战略,走出了一条以工业化推动城镇化的特色道路。坚持"高技术、高速度、高效益"三高原则。加快转型升级步伐,拉长产业链条,提升产业链的综合竞争力。先后打造了一批规模大、实力强、拥有核心技术和自主知识产权的企业

集团。高标准开发竹林景区,带动旅游服务业发展,培育新的经济增长点,搭建居民增收致富新平台。带动中药材种植、饮品开发、印刷、包装、物流等20 余类产业门类的蓬勃发展。引导居民在风情古镇开店创业,古镇已成远近闻名的特色餐饮聚集区。

2. 和谐宜居的美丽环境

竹林镇的环境被外界形象地描述为:"两端青山绿茫茫,中间白墙红瓦房,庭院个个赛花园,幸福就在竹林藏。"坚持推进新型城镇化,社区由政府统一设计建设,吸引居民向镇区集中。利用废弃宅基、老旧建筑等就地改造成长寿山风情古镇。

3. 彰显特色的传统文化

竹林镇重视传统文化保护和精神文明建设。把孝道文化作为精神文明建设的突破口,深入开展居民思想道德教育。总结锤炼了"爱竹林、比贡献、谋发展、永创业、讲文明、共富裕"的竹林精神,成为竹林人最宝贵的精神财富。开展红色教育。以中央领导人视察竹林会议旧址、北山博物馆、北山碑林为载体,弘扬社会主义核心价值观。竹林已经成为全省大中小学生德育基地和河南省爱国主义教育示范基地。

4. 便捷完善的设施服务

对外交通方面,依托 G310,与省会郑州、古都洛阳、巩义市区等沿线城镇均形成较好联系。中原西路竹林引线正在筹建。镇区现有道路 24 条,总长度 49.4km,路网密度为 2.65km/km^2,基本形成了以竹林大道为中轴,与旅游大道和若干个环形镇区交通要道相结合的"一横三纵"道路交通网络。

竹林镇以"居住环境城镇化,公共服务城镇化,就业结构城镇化,消费方式城镇化"为发展目标,探索出了一条"人有我优"的新型城镇化发展道路,取得了辉煌的建设成绩,成为特色小镇的典范。近年来,竹林大力实施"工业强镇、旅游兴镇、文明塑镇"发展战略,经济社会保持了持续健康协调发展。

竹林镇始终坚持以工业化发展推动新型城镇化建设,瞄准高端化、终端化、高效益的发展方向,通过发展战略性新兴产业,着力发展循环经济,一大批新项目先后在竹林镇落地生根,为经济发展注入了新的生机和活力。竹林镇通过所属的天祥集团、庆州集团、龙威公司等企业先后与中石化、河北

钢铁集团等中国 500 强企业建立战略合作伙伴关系,吸引优势产业的集聚,为小镇今后的经济发展奠定坚实的基础。

近年来,竹林镇以建设"特色小镇""美丽乡村"作为工作抓手,促进产业和城镇融合发展、产业和旅游融合发展。依托独有的人文资源和良好的生态资源,积极调整产业结构,坚持绿色发展,坚持节约资源和环境的可持续发展,大力发展现代服务业,大力发展以旅游业为龙头的第三产业。

通过产业发展带来的经济效益进一步完善基础设施和公共服务设施,改善人居环境,完善小镇功能;依托生态资源优势发展旅游业,修建长寿山庄、袁家大院、庆州度假酒店等各具特色的山间酒店,建设中原名吃街、竹林集贸市场等旅游配套项目,将竹林镇建设成生态宜居、可持续发展的"秀美山城",打造成为郑州、洛阳的"后花园"。如今的竹林镇已经成为巩义市人均纳税最多、居民幸福感高、适宜人居的特色小镇。

(二)汉文化旅游小镇——芒山镇

永城市芒山镇位于苏、鲁、豫、皖四省交界处,河南历史文化名镇,是新兴的汉文化旅游胜地。河南省"十二五"期间十大文化产业集聚区之一,河南省"特色文化产业镇",是"秦风汉韵"小城镇,文化遗址遍布。芒山镇境内有国家 AAAAA 级的芒砀山汉文化旅游景区,旅游资源丰富,旅游业成为主导产业。芒山镇自然和气候条件适宜,土壤肥沃,农副产品极为丰富,盛产小麦、豆类、谷类、玉米、红薯等。芒山镇还大力发展林果业、养殖业和农副产品加工,以板材、面粉、饲料和石雕为主的加工业规模化经营。2016 年完成国民生产总值 14.6 亿元,财政收入 3486 万元。该镇主导产业为特种养殖,依靠商贸旅游产业集聚,发展特色文化产业。

芒山镇道路交通较为便利。芒山镇有五条高速公路贯穿其间,两个高速路收费站与旅游区距离均不足 2 公里,周围各个省市的游客来往都很方便。

1. 芒山镇文化旅游发展的优势

(1)历史文化资源丰富。芒山镇是拥有 4000 多年历史的古镇,灿烂的古文明在芒砀群山中发祥传承。悠远的古代文明在芒砀群山中留下雄浑神奇的历史足音,孔夫子避雨崖、文庙、刘邦斩蛇碑、陈胜墓等名胜古迹星罗棋布,特别是西汉梁国王室墓群,气势恢宏,宛如地下宫殿,为国内乃至世界罕

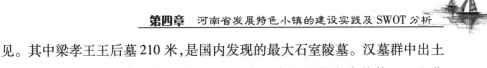

见。其中梁孝王王后墓 210 米，是国内发现的最大石室陵墓。汉墓群中出土的金缕玉衣、青铜器、石刻壁画等文物，具有极高的文物考古价值。汉文化是芒山镇最具特色的文化，也是永城市的龙头文化品牌。芒山镇的历史文化资源包括四类：古遗址类、古陵墓类、宗教文化类、民间传说。芒山镇的历史文化资源数量丰富且影响深远，独特的"汉文化"对研究汉代的思想文化、陵寝制度、建筑艺术、石刻画像艺术、社会经济有着重要意义。且境内的历史文化资源和自然资源集中分布于芒砀山周围十几平方公里的地域，更有利于共同保护开发。

（2）形成"汉文化"特色品牌。国家 AAAAA 级景区的晋升，开辟了永城市旅游业划时代的新纪元，使芒山镇文化旅游步入高质量发展的轨道，塑造了芒砀山"汉文化"的名牌效应，取得了良好的社会效益和经济效益，创造了将历史文化资源转化为文化产业的成功模式，奠定了芒山镇社会经济可持续发展的基础。芒山镇特色"汉文化"包括"汉兴文化"与"汉墓文化"。"汉兴文化"是以汉高祖刘邦斩蛇起义的民间故事与"汉高祖斩蛇碑"为依托。芒山镇珍惜历史遗留的文化资源，积极采取有效措施保护历史文化遗址的同时适度开发旅游产业，积极打造芒山镇特色"汉文化"并形成品牌，逐渐提升影响力，提高知名度。

（3）旅游基础设施建设完备。芒山镇有突出的地方特色和悠久的历史文化资源，具有旅游开发价值，拥有较大的发展潜力。芒山镇发展旅游产业以来，得到永城市政府的支持，并进行反复考察与详细的战略规划。通过政府投资、吸纳民资、对外引资等多种筹资方式完善基础设施，打造多样化旅游景区，提供精品化旅游服务。乡村文化旅游的发展让芒山镇在开发旅游产业的同时带动当地经济建设，芒山镇的旅游开发已经与乡村建设紧密结合，凭借着丰富的历史文化资源与后期规划建设，芒山镇已经逐步发展成旅游小城镇。

2. 芒山镇文化旅游发展的劣势

（1）文化旅游资源破坏严重。20 世纪 90 年代以前芒山镇并未系统地规划与开发旅游产业，政府部门及当地居民缺少对芒山镇的自然资源与历史文化资源的保护意识，导致芒山镇旅游资源破坏严重。旅游资源的严重破坏让芒山镇旅游产业前期的发展举步维艰，山体破坏严重，文物流离失所，古迹面目全非等一系列问题凸显,保护与修复工作耗费了大量的人力物力财力。

(2)文化旅游产品单一。芒砀山历史文化景区已逐渐成熟,但芒山镇文化旅游发展的重心始终在芒砀山历史文化景区的建设上,旅游产品单一,游客易产生审美疲劳,缺乏创新型旅游产品难以吸引外来游客。首先,芒山镇忽略了自身农村文化的优势,农业生态旅游的发展较为落后,处于起步阶段。其次,芒山镇旅游纪念品单一,缺少文化创意产品。

(3)缺少高素质旅游专业人才。芒山镇旅游产业的发展带动了当地的经济发展,为当地营造了全新的就业环境,提供更多就业机会。但芒山镇作为豫东的乡村地区,旅游行业的发展缺少核心竞争力与人才吸引力。

(4)文化旅游基础设施相对落后待完善。芒山镇整体旅游基础设施方面仍需要完善:旅游景区内缺少专业的讲解设备、内部交通网络不完备、餐饮与住宿设施落后。

(5)宣传力度不足,缺少知名度。芒山镇所坚持的传统宣传方式带来的大多数为周边游客,无法得到其他地区消费人群的关注。

3.芒山镇文化旅游发展的机遇

乡村振兴战略进一步为芒山镇文化旅游的发展提供了良好的机遇,芒砀山文化产业成为永城市的龙头产业。乡村文化旅游的发展促进了芒山镇一、二、三产业的融合创新,打造全新的乡村旅游产业体系;借助国家大力发展文化旅游产业的东风,芒砀山旅游区迅速崛起为集旅游观光、休闲度假、文化体验、田园休闲等多种旅游体验于一体、在我国文化旅游产业中颇具影响力的旅游景区。芒砀山景区先后荣获"河南省十大文化产业集聚区""河南文化产业示范基地""河南省文明旅游风景区""河南省平安景区""河南省旅游服务标准化示范单位""国家级汉文化传承服务标准化试点单位""中国首家汉礼仪景区"等称号。

汉文化特色小镇助力乡村文化旅游的发展。2017 年 7 月,芒山镇入围第二批中国特色小镇,"汉风特色小镇"成为芒山镇的另一个名称。永城市政府为支持芒山镇特色小镇建设,将芒山镇作为永城市的副中心城市打造,极大地提升了芒砀山旅游区的环境服务质量。在特色小镇建设的推动下,全镇的基础公共服务、经济公共服务、公共安全服务、社会公共服务更加完善有序,社会保障体系得到改善,能较好地满足人民群众的生产、生活与发展需求。

4.芒山镇文化旅游发展的挑战

乡村文化旅游行业竞争激烈。河南省以及永城市所在的四省交界处是文化资源富集区,文化旅游类与乡村旅游类开发项目较多,且散布于芒山镇周围,形成了激烈的竞争氛围。

乡村文化旅游消费者需求多元化。芒山镇文化旅游以打造视觉内容为主,重视景区建设与环境维护,而旅游消费者的需求复杂多变,往往不满足于观光游览,更多的追求丰富多样、风格独特的旅行体验。为吸引消费人群,满足消费者多元化的消费需求,芒山镇需要坚持自身特色,开发创新型旅游产品,丰富旅游体验项目,提高自身竞争力。

(三)生态农业旅游小镇——邓城镇

周口市商水县邓城镇是河南省历史文化名镇,境内古迹较多,水利资源丰富,土壤肥力上乘,农田服务设施完善,优质高效农业发展较快。首创并发展了"麦果椒"科学套种模式,以种、养、加为主导产业,以"公司+农户"模式建成了十大生产基地。

邓城工业小区发展良好,形成了冶炼、造纸、纺织、农机修造、食品加工等七大支柱产业。商水县邓城镇正面向社会招标,实施特色小镇风貌提升规划。依托沙河生态资源、生态农业产业、历史文化资源,复合打造集文化教育、生态旅游、休闲度假为一体的多元化生态文化教育产业基地。产业特点是粮油蔬菜加工、种植养殖产业集聚;冶炼、造纸、纺织产业集聚。

1.成立特色小城镇建设领导组

邓城是第二批全国特色小镇,域内有三国大将邓艾屯兵遗存,有"中原小故宫"之称的叶氏庄园,有荣获中华老字号的邓城猪蹄等。

为抓住机遇,专门成立邓城镇特色小城镇建设领导组,聘请中国青年旅行社,依托邓城悠久的历史文化和丰富的水资源,全力做好小城镇旅游发展规划。同时,对域内街巷、水系、管网、环城路等提前规划。

2.规划先行、分步实施

邓城镇对全国重点文物保护单位叶氏庄园进行修缮,力争恢复叶氏庄园原貌。为把全县沿河景点连线成片,商水县投资 4000 多万元,修建并开通

从周口到郝岗老门潭的生态文化观光带道路,规划开通旅游观光车。邓城镇对沿河分布的叶氏庄园、千年白果树、刘秀饮马台、真龙寺等景点进行修缮,对景点设施进行升级,对通往景区的道路进行拓宽、平整、硬化、绿化,并增设小景点内的公厕、游客座椅、志愿服务台等,还选拔优秀青年进行导游知识集中学习培训,提升其专业讲解水平。

3. 因势利导,提升美食等级

邓城猪蹄曾获中华老字号美誉。全镇目前已注册商标的猪蹄生产商家和饭店有 30 多家。为适应旅游发展需要,该镇因势利导,成立商水县邓城猪蹄行业协会,抱团发展,在做好鲜猪蹄开发的同时,重点打造真空包装的旅游产品,实行标准化、规模化生产;加快邓城麻片、杠子馍等特色产品旅游小包装开发步伐,宣传其文化内涵,提升产品知名度;包装升级每年一度的炸油条大赛,提升邓城"油条之乡"美誉,实行政府引导、行业搭台、企业运营、合作共赢的发展模式,启动建设地标"黄金大油条"、申请吉尼斯纪录"世界上最长的油条"、成立"周口油条协会"等项目,丰富文化内涵,扩大影响力,力争把炸油条大赛升格为全市油条节。

4. 挖掘内涵,提升文化传承

邓城镇依托现有古建筑和文化传承,在加强文物原貌恢复的同时,成立文化发掘专家组,对境内的历史文化、诚信文化、民俗文化、漕运文化、非遗文化进行挖掘整理,结合现实,丰富内涵,依托文化资源全力打造农耕、水运、美食、非遗、田园、禅修等文化小景点。该镇还鼓励境内的二鬼扳跤、担经挑、抬花轿、大鼓书、吹糖人等民间艺人、非遗传承人加强训练,提升演出技能,定期在景区展演。

5. 多方参与,开发康体旅游

该镇鼓励许村、邓东等村庄,依托沙河自然风光及美丽田园开发康体旅游,发展健康活动、休闲运动、体育赛事等项目,满足人们与自然和谐接触、健康养生需求;开发农事旅游产品,举办果蔬采摘、农事体验等活动,以亲子为主,使家庭成员在劳作中体验幸福;发展研学旅游产品,通过叶氏庄园、古渡水镇、田园农事等教育学生诚信好善、勤俭节约、爱护大自然。

(四)服装产业小镇——穰东镇

邓州市穰东镇,古称涅阳,历史悠久,人文资源积淀深厚,因位于春秋战国时期穰侯魏冉的封地以东而得名,又因汉代名将涅阳侯吕胜的封地而古称涅阳。历史名人有张仲景、左雄、马殿甲等。穰东镇是医圣张仲景故里,自明清时就"商贸辐辏,商户千余家,为邓之首镇"。被誉为"中国裤业名镇"。它还先后被授予"全国重点镇""国家级特色小镇""国家级经济发达镇"等荣誉。

穰东地理位置优越。地处邓州、卧龙、镇平、新野四县市区交界中心,距南阳和邓州各 28 公里,属于南阳和邓州两大经济板块交汇带;交通条件十分便利。穰东镇因地理位置优越,顺利承接了东南沿海省份服装产业的中西部转移,经过 20 多年的发展,服装加工成为穰东乃至邓州的特色和名片,从购料、剪裁、加工到批发各环节都形成了专业化和规模化,带动周边 4 县市区50 多个乡镇 2 万多农户从事家庭服装加工,产品远销全国乃至世界。穰东镇是河南省产业集群重点镇,工业已成集群发展态势,形成了服装加工业、农副产品加工业、皮毛制革业、造纸业等四大支柱产业。产业特点是服装加工产业集聚区,农副产品加工业、皮毛制革业、造纸业集聚发展。

1. 聚焦服装产业,助推乡村振兴

穰东镇特色产业是服装。为了培育服装产业,实现提档升级,穰东镇从三方面着力。一是优化营商环境。提升硬件建设,并组织中国穰东纺织服装博览会,促进供销交易。二是助推"互联网+"。按照"互联网+服装+创业"的模式,召开多次电商座谈会,成立电商一条街,建立电商培训孵化基地,促使本地电商集聚、专业、优质发展,扩宽销售渠道,使穰东镇的服装经营紧跟新时代的步伐。利用媒体平台共同打造"数字穰东",实现实体店和网店的同步运营。三是引导集聚发展。按照龙头带动、市场基础、园区集聚、产业集群的思路,建设服装工业园区,共同集聚发展,提升竞争力。

2. 搭建为民服务平台,打造和谐美丽新农村

一是发挥互联网优势,搭建城乡统一的为民服务平台。穰东镇按照"四化双评"设计方案,发挥互联网的优势,充分利用镇级为民服务中心和 32 个村级为民服务站组成的服务体系。二是推进城乡环卫一体化,打造和谐美丽新农村。三是选准合作方,建设国家级特色小镇。为了建设好特色小镇,邓州市成立了建设穰东镇国家级特色小镇工作指挥部,通过专家评审投标方案,确定河南中嘉环投实业有限公司为穰东特色小镇建设的最佳投资合

作方。从产业发展到基础设施建设全面提升穰东产业和集镇建设水平。

第二节 河南省地方特色小镇建设实践

一、河南省特色小镇培育总况①

河南省特色小镇在培育规划上,河南省住建厅计划到 2020 年重点培育 100 个左右特色示范小镇,其中 30 个以上达到国家特色小镇示范标准,河南省林业局也计划到 2027 年规划建设 100 个省级森林特色小镇,河南省各地区特色小镇培育规划情况见表4-5。

表4-5 河南省各地市特色小镇培育规划情况表

序号	地市	规划情况	相关政策、文件
1	郑州市	到 2020 年培育特色小镇 15 个左右,如经开区祥云特色小镇、中牟大孟镇电影小镇、登封中国少林功夫小镇等	《郑州市人民政府关于开展特色小镇培育工作的意见》(郑政文〔2017〕38号)等
2	新乡市	从 2018 年起 3~5 年内培育市级特色小镇和特色小城镇 20~30 个	《新乡市人民政府关于加快培育市级特色小镇和特色小城镇的指导意见》(新政〔2018〕10 号)等
3	开封市	2018 年及今后五年规划建设一批田园综合体项目和特色小镇;推进清明上河城特色小镇等	《开封市人民政府办公室关于印发开封市科学推进新型城镇化实施方案的通知》《2018 年开封市人民政府工作报告》等
4	洛阳市	到 2020 年培育特色小镇 10 个	《洛阳市人民政府关于开展全市特色小镇培育工作的实施意见》(洛政〔2016〕70 号)等

---

① 李艳艳.河南省特色小镇营销策略研究:以函谷关道德小镇为例[D].华北水利水电大学,2019.

续表 4-5

序号	地市	规划情况	相关政策、文件
5	平顶山市	到 2021 年培育市级特色小镇 10 个左右	《平顶山市人民政府办公室关于开展特色小镇培育建设工作的意见（试行）》（平政办〔2018〕20 号）等
6	安阳市	实施重点镇建设示范工程，审慎开展非镇非区的特色小镇创建等；实施内黄县后河镇、殷都区水生态暨水冶特色小镇项目等	《安阳市人民政府关于深入推进新型城镇化建设的实施意见》（安政〔2018〕7 号）等
7	鹤壁市	2018 年后五年内，加快镇域特色产业发展，加大传统村落、传统民居和历史文化名村名镇保护力度；实施鹤壁市城乡一体化示范区建业特色小镇项目等	《2018 年鹤壁市人民政府工作报告》等
8	焦作市	自 2017 年起 3～5 年内培育特色小镇 18 个	《焦作市人民政府办公室关于印发支持特色小镇建设八项措施的通知》（焦政办〔2015〕131 号），《焦作市人民政府办公室关于印发焦作市深入推进新型城镇化建设实施方案的通知》（焦政办〔2017〕75 号）等
9	濮阳市	自 2018 年起 1～3 年，培育特色小城镇 30 个左右	《关于濮阳市特色小城镇建设的实施意见》等
10	许昌市	建设一批产业特色鲜明、生态环境优美的特色小镇；规划许昌鄢陵县中医药健康养老示范区四个小镇，建设黄龙云谷特色小镇等	《中共许昌市委许昌市人民政府关于加强城市规划建设管理工作的实施意见》（许发〔2016〕17 号）

续表4-5

序号	地市	规划情况	相关政策、文件
11	漯河市	建设生态和服务小城镇,培育一批特色小镇,如舞阳县辛安电商特色小镇等	《2018年漯河市政府工作报告》《漯河市人民政府办公室关于明确2018年省政府重点工作责任单位的通知》(漯政办〔2018〕18号)等
12	三门峡市	培育310国道和209国道沿线资源型、农副产品加工型、旅游型、市场型四大特色小镇;建设苹果、香菇小镇等	《2018年灵宝市人民政府工作报告》《2018年三门峡市人民政府工作报告》《三门峡市城市总体规划(2013—2030)》等
13	南阳市	保护历史文化名镇和中州名镇,培育特色景观旅游名镇;培育中心镇、特色镇	《南阳市人民政府关于加快推进新型城镇化建设的实施意见》(宛政〔2017〕1号),《2018年南阳市人民政府工作报告》等
14	商丘市	发展庄子文化、石桥梨花等特色小镇	《2018年商丘市人民政府工作报告》等
15	信阳市	创建特色小镇10个;建设8个省级森林特色小镇	《2018年信阳市人民政府工作报告》《信阳市森林进城工程实施方案(2019—2021年)》等
16	周口市	创建郝岗油牡丹小镇、姚集玫瑰小镇等;推进蓝城特色小镇等项目	《2018年周口市人民政府工作报告》《2018年商水县人民政府工作报告》等
17	驻马店市	到2020年培育村旅游特色小镇10个	《驻马店市人民政府关于加快乡村旅游发展的实施意见》(驻政〔2018〕52号)等
18	济源市	到2020年,打造一批特色小镇,如"那些年·小镇"、王屋山福源特色小镇、连地康养小镇、高铁小镇等	《中共济源市委济源市人民政府关于印发〈建设国家产城融合示范区实施方案〉的通知》等

二、河南省不同区域特色小镇建设

(一)郑州市特色运动休闲小镇建设

1. 郑州特色运动休闲小镇 SWOT 分析

第一,优势分析。①地理位置有优势。郑州位居中华腹地,承东启西、连南贯北,区位优势明显,是国务院批复确定的中国中部地区重要的中心城市、国家重要的综合交通枢纽,以郑州为中心"米"字形高铁网,覆盖方圆1000 千米的城市,近 7.9 亿人口,被誉为中国第一个真正意义上的"米"字形高铁枢纽城市。②文化基础有一定优势。郑州是"国家历史文化名城",历史上曾有 5 个王朝在此建都,世界文化遗产 2 处,拥有全国重点文物保护单位83 处,国家级非物质文化遗产名录 6 个,诞生有裴李岗文化、仰韶文化、龙山文化,是华夏文明的重要发祥地。③旅游业方面占据优势,随着郑州建设国家级中心城市的发展,旅游业态势良好,郑州一直处于河南省旅游业的领跑地位,人文底蕴深厚,旅游资源丰富、设施齐全,具有成熟的旅游服务体系。

第二,劣势分析。首先,郑州运动事业相对落后。历史上著名赛事较少,距今曾举办过中国第一届青少年运动会、第九届全国中学生运动会、第一至八届中国郑州国际少林武术节以及首届、第二届世界传统武术节等运动赛事。专业队伍仅有 1994 年成立的建业足球队,近几年运动上有一定的发展。日常赛事比较少,2007 年首次举办,于每年春季 3 月底到 4 月初适时举行郑开国际马拉松赛,是我省第一个常设的大型国际运动赛事。2019 年 9月,郑州市举办了第 11 届全国少数民族传统运动会,引起了人民的热潮。但是整体来看郑州运动项目较少,人民参加运动项目机会较少,重要的运动赛事很少举办,宣传力度比较弱,可以说郑州在运动方面还有较大上升空间和潜力。其次,现有运动休闲小镇数量较少且特色不够鲜明。郑州市运动休闲特色小镇目前做得比较好的是建业足球小镇以"运动+旅游"为主,另外郑州五云山小镇在 2019 年举办运动会,也是借助了小镇原有资源举办运动项目。2018 年 9 月 28 日开业的建业足球小镇是借助樱桃沟的丘陵起伏、沟壑纵横地形优势,弥补了季节性旅游短板,打造了集运动、文化、旅游、研学为一体的运动休闲小镇。从五云山小镇和建业足球小镇来看,目前郑州小镇是在原有的建设模式下进行转型升级,运动休闲主题特色还未充分彰显。

小镇以小吃和展示型为主,运动为辅,环境卫生堪忧,小镇在真正意义上的运动休闲主题辨识度不高,逐步走向千篇一律,毫无特色可言。最后,现有运动小镇宣传力度不够。在小镇宣传的过程中,对于本身的特色定位宣传存在缺失,还是未达到被大众了解熟知的程度,因此未展现出应该达到的效应;宣传的方式和手段相对单一,无法真正从小镇参与体验者的角度出发去进行推广,虽然能够在一些网络平台上进行宣传推广,但是对于宣传推广的消息推送缺乏针对性、持续性,久而久之会造成人们对于小镇缺乏最基本的信任度。

第三,机遇分析。国家发布政策红利,大力发展运动产业,支持运动休闲特色小镇的建设。2019年9月2日和2019年9月17日,国务院办公厅分别发布了《体育强国建设纲要》和《关于促进全民健身和体育消费推动体育产业高质量发展的意见》。要把运动产业定位为国民经济支柱,把运动休闲特色小镇作为运动产业载体,打造10个具有示范意义的小镇样板,河南3个,郑州1个。到2050年,全面建成社会主义现代化运动强国。两项政策的提出不但为运动休闲特色小镇的发展提供了良好契机,也为运动休闲特色小镇的发展指明了方向,更对郑州运动休闲特色小镇的建设具有重要意义。

第四,挑战分析。首先运动产业链不完善,郑州运动休闲小镇尚处于发展的初期阶段,小镇的各项基础设施处于待完善状态。其次运动产业结构不完整,小镇的影响力不足,引入大量社会资本进入小镇还存在一定的困难,目前处于发掘的状态。最后生态环境质量一般,郑州市的生态环境总体上一般,主要受制于庞大的人口规模、较低的经济发展水平和低效欠妥的资源开发利用方式,以上三方面是小镇目前发展面临的挑战。

2.郑州运动休闲小镇建设

第一,建设模式。发展郑州特色运动小镇应该借助交通优势与中心城市优势,充分利用现有资源,打造一个以休闲型为主的运动休闲小镇,具体可以分为三种模式进行建设,分别是原有景区改造的"运动+旅游"模式、新建运动休闲小镇的"运动+综合"模式、郑州周边乡村"联合改造+美丽乡村"模式①。建设要以满足布局不同层次、不同风格的运动休闲项目满足不同人

---

① 袁音.健康中国战略背景下甘肃省运动休闲特色小镇发展路径研究[C]//第十一届全国体育科学大会论文摘要汇编.北京:中国体育科学学会,2019:2.

群的健身休闲需求为原则,内容上主要依托大众喜闻乐见的休闲类运动项目为主题,可以分为与水相关的休闲项目,如垂钓、游泳、划船等,运动类休闲项目如保龄球、网球、羽毛球等,娱乐性休闲项目如登山、放风筝、滑板、骑马等。这种比较符合郑州现有资源和特色,具有投资小、游客广以及可操作性强的特点。例如,"郑州五云山景区+运动会"的组合形式、"黄河生态区+运动"模式。从理念、政策等层面将大众运动和大众旅游深度融合,依托原有景区资源打造景区冠名的运动赛事、运动节、公益跑等赛事活动。例如,在景区开展跑步节、羽毛球竞赛、运动会,各种大众参与的运动赛事等形式。

第二,选址研究——三边一线。建设郑州运动休闲小镇的选址应注重"三边一线"的原则,选址应以郑州周边、景区周边、高铁站周边以及沿城市交通轴线为主,以便于郑州市区以及郑州周边城市地区游客乘车或自驾游需求。

第三,创新特色研究,发展科技服务。建设郑州特色运动小镇,要创新特色,不能千篇一律,根据郑州市现阶段的情况,结合当地实际在符合国家规范的前提下选择健身休闲、运动旅游等产业,进一步将运动休闲与生态、旅游、人文情怀等进行融合,打造出印象深刻的特有地域文化特色运动小镇。[①] 同时发展科技创新,让小镇与智慧网络融合。我国已进入 5G 时代,云计算、大数据、区块链、数字孪生技术将会高速发展,在这个大数据背景下,让科技为人服务,让运动更多元、更高效、更现代。以运动数据中心为核心,组建一套智慧运动服务体系和综合平台管理,让其为线上运营,线下游客体验服务,真正做到科技改变生活。

(二)焦作市黄河文化特色小镇建设

1.焦作市特色小镇建设的现状

在全国多个省市地区集中力量建设特色小镇的大环境下,焦作市也在近些年来开展了特色小镇建设的诸多实践,依托地方自然风光、民俗文化等优势,建设了一批极具地方特点的特色小镇,比如孟州国学研修小镇、温县

---

① 张宝雷,张月蕾,徐成立,等.国外体育特色小镇建设经验与启示[J].山东体育学院学报,2018(4):47-51.

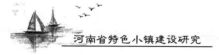

太极之乡等。但从前期规划设计、中期建设投入、后期运营管理的整个流程来看,焦作市特色小镇建设存在政府主导力过强、产业集聚效应差、投融资渠道狭窄等问题。

第一,政府主导力过强,市场参与不足。纵观国外知名特色小镇,如法国格拉斯小镇、突尼斯蓝白小镇、奥地利萨尔茨堡小镇等,它们大多是基于当地产业特色,在政府的引导下由市场资本广泛参与,进而形成的独具地方产业特征和文化底蕴的小镇。由此可见,政府的引导作用在特色小镇建设中是不可或缺的,但过强的引导如果变成主导反而会影响特色小镇建设。目前在焦作市特色小镇建设过程中,政府主导地位明显,从制度建设、方案规划,再到招商引资、项目建设,几乎全程都有政府部门的干预,致使建设特色小镇完全成为政府绩效考核的"面子工程",而不是为了满足消费者需要。行政力取代了市场力,显然有悖于市场发展规律。

第二,产业集聚效应差,产业创新乏力。建成或在建的特色小镇,虽然都主打地方文化,且具有一定的地域特色,但是大部分特色小镇都是各自为营,产业形式较为单一,缺乏完整的产业链,抵御外部风险的能力较弱。而且大部分特色小镇的发展主要依赖于休闲旅游业,产业集聚效应不明显。从发展模式上来看,近年来焦作市特色小镇基本上都是围绕"旅游业+传统产业"的建设和发展思路,能将地方文化特色与旅游业相结合。这固然是一种较好的发展模式,也能在一定程度上促进地方社会经济的发展,但这些小镇几乎无一例外地建设了现代化仿古商业体,比如村落步行街、小吃街、农家乐等,同质化问题严重,很容易被复制而丧失竞争力。

第三,投融资渠道狭窄,项目进度缓慢。目前焦作市特色小镇建设普遍存在投资额度低、融资渠道单一、项目进度缓慢等问题,其中投融资渠道狭窄的问题比较突出。众所周知,特色小镇建设涉及领域较多,通常包括地区经济、文化、社会生活等方方面面,尤其是基础设施的配套建设,这些都需要大量的资金来支撑。参考国内其他省市地区特色小镇建设的投资规模,例如浙江省颁布的《浙江省特色小镇创建导则》指出,特色小镇首年的投资额应不少于 10 亿元。而焦作市从 2016 年开始才在市财政年度预算中设立了 2000 万元特色小镇建设转向引导资金,后续建设资金则要依靠财政拨款、土地出让、地方融资平台等渠道进行筹集,地方财政压力较大,往往是投入一部分资金就建设一部分,缺乏系统完善的投融资计划和资金使用规划,项目进度十分缓慢。

2. 焦作市建设黄河文化特色小镇的可行性

焦作市拥有丰富的黄河文化资源,在特色小镇建设方面积累了一定的经验,加上国家已经出台了一些支持黄河文化产业发展的相关政策,所以焦作市建设黄河文化特色小镇有一定的可行性。

第一,拥有丰富的黄河文化资源。焦作位于我国华中地区,是河南省的地级市,位于黄河北岸,是华夏民族早期活动的中心区域之一。目前,焦作市共有文物古迹 3014 处,其中国保单位 28 处,省保单位 104 处,国家级、省级保护单位数量均居全省第三位。与此同时,焦作的旅游资源非常丰富,有多个国家 AAAA 级、AAAAA 级景区,如云台山、青天河、神农山、嘉应观等,其中位于武陟县的嘉应观又称黄河龙王庙,是中国历史上唯一一个记述治黄史的庙观,也是黄河文化的代表之一。此外,焦作是"黄河之旅"旅游联盟成员城市,拥有黄河流域最长生态防护林带,黄河文化资源十分丰富。

第二,具有一定的特色小镇建设经验。自从焦作市温县的赵堡镇在 2016 年 10 月入选为第一批中国特色小镇,焦作市就加快了特色小镇建设的步伐,相继规划建设的有孟州的桑坡皮艺小镇、博爱县的靳家岭红叶小镇等。这些特色小镇都为黄河文化特色小镇的建设提供了宝贵的经验。同时,浙江地区作为我国特色小镇建设的典范,较早地开展了特色小镇建设的实践,有着许多成功的案例和优秀经验。这些都可以为加快焦作市黄河文化特色小镇的建设提供有益借鉴。

第三,国家相关政策支持黄河文化产业建设。2021 年 10 月,中共中央、国务院印发《黄河流域生态保护和高质量发展规划纲要》,明确提出要保护和传承黄河文化,打造具有国际影响力的黄河文化旅游产业。国家从政策层面为黄河文化资源的开发利用指明了方向和路径。同时,近年来国家出台了一系列支持特色小镇建设的法律法规,如《关于开展特色小镇培育工作的通知》《关于加快美丽特色小(城)镇建设的指导意见》《关于建立特色小镇和特色小城镇高质量发展机制的通知》等,都为焦作市黄河文化特色小镇的建设提供了科学指引和制度保障。

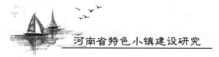

3.焦作市黄河文化特色小镇建设的对策

黄河文化特色小镇建设需要有历史观、现实观和发展观，即在充分总结以往特色小镇建设经验的基础上，分析其中的问题和不足，然后立足于焦作市经济社会发展的实际情况和现实需要，对未来黄河文化特色小镇的规划建设、运营管理等进行全方位的科学部署和精密筹划。唯有这样才能促使黄河文化特色小镇实现预期的建设目标及社会效益。

第一，加快服务型政府建设，推动特色小镇市场化。运作特色小镇建设强调以政府为引导以企业为主体以市场资源优化配置为手段，目前国内外特色小镇建设的成功案例都是高度市场化的结果，这就需要政府及时更新观念，由主导型政府向服务型政府转变①。因此，对于黄河文化特色小镇建设，焦作市政府应该改变过去一手抓的局面，以"政府引导、企业主体、市场化运作"为原则，引入市场公平竞争机制，推动企业间的合作交流，用政府"有形的手"助力黄河文化特色小镇建设，真正实现特色小镇建设的市场化运作。具体而言，黄河文化特色小镇的建设主体应该通过招投标的方式进行确定，选择拥有特色小镇开发经验、资本实力雄厚、管理方式科学的企业，后期建设要以中标企业为主导，而政府应该做好规划指导和配套设施建设，配合建设企业制定符合小镇定位的投资战略。② 同时，为了吸引更多有实力的企业加入特色小镇建设，焦作市政府可以邀请黄河流域地区知名度较高的企业家前来参观考察，了解黄河文化产业的特色和开发利用价值，并出台优惠的招商政策，使更多优秀企业落户在这里，提高黄河文化产业的影响力。

第二，深度挖掘黄河文化产业特色，实现产业集聚。焦作市政府应该不断挖掘和深度开发黄河历史文化旅游资源，对不同小镇蕴含的黄河文化特色进行精准定位，着力打造特色小镇的核心产业，提高市场竞争力。例如，许多学者认为治水是黄河文化的核心，可以围绕武陟县嘉应观和人民胜利渠，打造以黄河治水文化为主题、文旅养生为主导产业形态的特色小镇；或

① 杨琰.特色小镇建设研究：以焦作市温县为例［J］.市场周刊·理论版，2019（83）：26-27.

② 贾珍珍.乡村振兴背景下河南特色小镇旅游产业开发与融合分析［J］.中国市场，2021（27）：23-24.

以陈家沟、月山寺为基地，打造以太极文化为核心的功夫旅游品牌，不断延长太极文化的产业链；或依托神农山景区和四大怀药主产区，打造神农特色小镇等。此外，焦作市黄河文化特色小镇在未来发展中，应该重视产业集聚效应对地方经济社会发展的辐射效应，围绕小镇核心竞争力，打造高端产业集聚，培育和引进一支高素质的小镇管理人才队伍，构建一条完备的产品销售渠道，推动产业与村镇融合发展。同时要重视核心产业的开发与维护，逐步增加小镇核心产业的附加值。

第三，加大财政扶持及金融支持力度，为特色小镇建设提供资金保障。目前，焦作市政府对于特色小镇建设已经制定了相关的财政扶持政策，主要是为了奖励企业在小镇基础设施建设方面作出的贡献，或者为企业的公共服务设施建设给予补贴。但作为一个国家四线城市，对于需要大量资金的特色小镇建设，焦作市的财政支持力度有限，所以除了制定科学的特色小镇建设专项资金预算，逐步合理增加财政拨款比例外，焦作市政府应该重视黄河文化特色小镇建设的市场调研，形成科学完整的可行性报告，向省级主管部门申请更多的财政支持。① 同时，焦作市政府应该激发内生动力，出台相关政策引导金融机构加快金融创新，对金融产品进行分类，开发一些专门针对特色小镇的金融产品，为特色小镇建设的各个阶段提供专项贷款、融资支持。②

（三）新乡凤凰谷乐活小镇建设

凤凰谷乐活小镇的产业主要包括特色农业、文化创意、旅居养生、婚庆产业、运动休闲五大板块，五大产业融合共生。其在发展过程中正努力配备完善的基础配套设施，力求贯彻创新理念，将其打造为"中部领先，全国一流"的畅享吃、住、行、游、购、娱的南太行休闲旅居胜地，以及集大健康、大文化、大旅游、大体育为一体的国际知名旅游度假区。

1. 乐活小镇发展现状

第一，宣传、营销、策划齐下手，活动"乐活"特色鲜明。要充分利用各大

① 代启越，陈思. 我国特色小镇建设思考［J］. 合作经济与科技，2021（16）：24-25.
② 郁建兴，张蔚文，高翔，等. 浙江省特色小镇建设的基本经验与未来［J］. 浙江社会科学，2017（6）：143-150.

节日,让利消费者,策划适合新乡本地居民的活动。元宵灯谜喜乐会;妇女节"每一个女神都值得被爱""凤凰谷乐活小镇,女神的乐享日";国庆节"梦幻童话季、欢乐度国庆";与携程、美团等线上预订平台联手做好营销与策划。此外野菜美食节、小镇风筝文化节、乐活小镇·乐享生活摄影大赛、烧烤冷餐会、宝马试驾活动、旅游产品推介会、灯光秀、动漫酷秀以及诚城大星音乐节等,活动既突出了乐活的生活理念,也提高了小镇的知名度,带动了小镇相关产业的发展。其参与新乡的文化建设,推出不同种类的文化活动,如漂流书屋、寻找最美读书人活动、建设河南首家儿童主题书房 & 全国第11家杨红樱童书馆——小镇娃娃书房;联手新华书店,举办"梁晓声新乡读者见面会";举办"豫甘青年书法家作品交流展暨扶贫济困义捐""众艺成城,携手共进"河南诚城商会书画名家扶贫义捐会,践行文化扶贫、精神扶贫、社会扶贫;倡导全民阅读——樊登读书会,为新乡市民构建学习交流的平台。这与乐活族主张的自我成长、终身学习、灵性修养、重视追求内在的成长和提升相契合。

第二,充分利用本地资源和区位优势,打造特色产品和服务。其以养生健康、有机、绿色为理念,结合新乡饮食习惯,筛选长垣十大名菜入驻敬食餐厅;充分利用新乡的温泉资源,以中药为方,温泉为剂,形成中药理疗特色汤池打造中原首个以中药为特色的养生温泉。凤凰谷乐活小镇将与周边的玫瑰泉、潞王陵、愚公泉、西山森林公园、凤凰山森林公园、南水北调运河风景带等人文及自然景观构成新乡旅游的一大名片。乐活小镇借助周边的旅游资源提供配套服务,成为旅游产业链上的重要一环。

第三,紧跟产业发展风口,推出小镇教育和养老产业。乐活小镇针对儿童成长,举办各种各样的教育活动和娱乐活动。其携手新西兰萌说教育集团,邀请新东方金牌讲师讲述如何读懂孩子;与《少年 CEO 领袖营》总教官尹领一起推出《觉醒父母智慧》沙龙;推出"科学魔法秀",通过科学实验课普及科学知识,开阔学生视野,也由此增强了消费黏性,推出更多适合孩童的产品和服务,产生良性循环。其签约蓝卡(国际)医疗集团,推出医养结合养老医疗服务等解决方案。诚城房地产总裁曾表示:"小镇遥望泉湖湿地,有凤凰山依傍,是天造地设的一处养生、养老天然所在,是以健康、养生、颐养、康复、理疗为核心理念,打造以'药、医、养、健、游'为主要内容的国家级养老

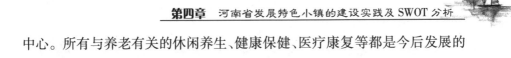

中心。所有与养老有关的休闲养生、健康保健、医疗康复等都是今后发展的重要内容。"

2. 乐活小镇存在的不足

第一，避免房地产化，坚持小镇特色和发展理念。厦门集美灌口打造乐活小镇，在市场最为艰难的一年多时间里逆势营销，售罄 2300 多套房产，实现了商业效益。可见小镇的商业价值极具诱惑力，乐活小镇要注重科学引导，强化规范，防止潜在风险、房地产化，才能推广乐活的生活方式，实现商业与社会双重效益。不能因为经济利益的冲击，最终丧失小镇的发展特色，偏离发展理念。

第二，配套基础设施不够完备。交通方面，乐活小镇目前运营的公交只有一条线路，覆盖周围的村庄，公共交通较少，周边未有停车场，道路两侧被私家车占据，容易发生交通拥堵，造成交通事故，景区承载力大大降低。其他公共设施方面，缺乏电影院、商业街等配套娱乐设施；医院和学校较少，周围的凤泉区东同古小学、堡上小学、新乡市第三十七中学都离小镇 2 千米左右，自建的幼儿园和小镇蓝卡医学服务中心难以保障小镇市民的生活需要。历史文化街区、特色小吃街等彰显地域文化饮食特色的地标还没有规划建设，与大健康建设理念相对应的健身运动场所的公共设施未见踪迹。

第三，知名度不高。良好的知名度和品牌是特色小镇持续生存与发展的前提。而新乡凤凰谷乐活小镇在本地以及省内的知名度还有待提升，用户黏性也明显不足。曾有新乡市民在评论区留言要不是参加婚礼都不知道有这么个地方，更别说新乡市民形成条件反射般的消费习惯了。凤凰谷乐活小镇的营销团队应注意通过不同的渠道投放广告，虽然目前已经开通博客、微信公众号以及在各大网站投放广告，但是影响力还是有限。

第四，旅游产业链发展未见端倪。乐活小镇周边景区如潞王陵、凤凰山、玫瑰泉、南水北调运河风景区、愚公泉、西山森林公园建设与开发还不够完善，景区分散，未形成集聚效应，旅游巴士，公共交通也未投入运营，产业单一，基础服务设施不健全，上下游产业链未成形。虽然小镇只是一个单独的产业，但全域旅游更强调融合地方产业，整合优化地区的旅游资源，结合其他产业，最终确保全域一体化发展。

第五，投融资渠道单一。乐活小镇的主要资金来源依靠政府补贴和诚城集团的投资,融资渠道单一,资金利用率较低,公共配套设施不完善,影响消费体验,不利于小镇的产业发展。特色小镇的投资建设所需资金体量大、投资周期长,单独依靠单一力量来进行特色小镇建设的投资运作难度较大,若是后期不能盈利,那么小镇的运转便没有经济依托,最终会沦为商业化房地产圈钱的工具,需要拓宽多元投融资渠道。

3. 乐活小镇发展对策

第一,防止"房地产化"及解决融资的策略。小镇的核心问题不在于产业运营,而在于盲目立项,盲目建设,圈地开发,浪费资源这些做法背离了政府推行特色小镇的初衷。

新乡政府要严格把控小镇的土地用途,不能过度追求短期效绩,只注重小镇的规模和数量。严格把控特色小镇中住宅用地配给比例,分阶段供地,监督房地产企业将住宅项目所得收益反哺特色产业发展,用土地的供给来制约房地产企业行为,防止其一次性开发完住宅项目后不实现产业反哺①。管理主体应巧用政府和社会资本合作(Public-Private Partnership,PPP)模式,建立"政府主导、企业主体、市场运作、群众参与"模式,构建特色小(城)镇与企业等社会主体有效对接平台,鼓励私营企业、民间资本与政府合作,参与公共基础设施的建设。

新乡政府应出台相应的金融政策,建立符合特色小镇企业经营手段,吸引民营资本参与。要通过政府财政收入对社会资本的贷款利息进行补贴,减轻社会资本的利息负担②。鼓励金融机构加大金融支持力度,减轻企业的投资风险,提高项目的整体效益,使小镇的运营更符合市场发展的需要。

第二,完善配套基础设施建设。要合理发展小镇的特色项目,加快完善配套基础设施建设,提高自身的盈利能力。发展公共交通,完善公共交通设施的同时,新建自驾车营地和露营地,注重生态停车场建设,为游客提供更多选择的机会。完善医院、学校、停车场、购物中心、酒店等配套基础设施建设,扩大游客的承载力,实现产居结合、宜居宜业、"产城人文"融合和惠及群众的终极目标。

---

① 刘源隆,陈亚军.防止特色小镇房地产化倾向[J].小康,2018(3):38-40.
② 刘源隆,杨世伟.特色小镇的核心是产业运营[J].小康,2018(3):57-59.

第三,完善旅游产业链。要将五大产业规划与小镇自然、生态、文化、景观等资源相结合,让"乐活"真正成为小镇的特色。在吃、住、行、游、购、娱方面需要各个部门和企业的通力合作,提供新乡全域化的资源和设施。为突出地域文化特色,可联合百泉药会、大平调、辉县剪纸、卫辉比干祭奠、陈桥兵变、牧野大战遗址、官渡之战张良刺秦、姜太公卫河垂钓、比干忠谏、围魏救赵、孔子杏坛讲学、潞简王墓以及张苍逞九章算术等牧野文化资源,百泉、八里沟、比干庙、京华园、万仙山、郭亮村、白云寺、潞王陵等人文自然景观联合推出以凤凰谷·特色小镇旅游为中心,以牧野文化为特色的 App,推送各大景点的旅游攻略和实时概况。整合旅游资源,进而带动沿线的经济。

第四,突出小镇特色,实现差异化发展。要审慎考虑小镇的定位、开发节奏和运营方向,实现差异化发展,坚持"一镇一业""一镇一风格",培育、突出小镇特色,特色产业是小镇的立身之本,产业特色是重中之重。小镇的规划发展应根据产业发展基础、区位条件和资源要素禀赋,依托可持续发展产业,在空间上达到"聚而融",产业上成为"特而强",实现空间域产业双向融合,持续发展。特色小镇是新兴产业和传统经典产业发展的平台,是"产城人"融合发展的新载体,其主要功能在于承载产业发展,促进人居改善和环境友好[①]。要进行模式梳理,打造消费场景,引导消费抉择。乐活小镇可以打造一个乐活的虚拟人物在线下与消费者互动,选择、定位目标顾客再进行产品设计、价格制定、渠道选择和形象推广,精准定位消费者的消费习惯;塑造公众形象,建立与消费者互动的社区注重用户体验,吸纳建议与意见,完善小镇软硬件设施,提高用户黏性。

(四)河南省陶瓷小镇建设

河南省陶瓷类特色小镇有三个:禹州市"中国钧瓷之都"、汝州市"汝瓷小镇"蟒川镇、孟津县"唐三彩之乡"朝阳镇。

1. 河南省陶瓷小镇发展现状

深厚的文化积淀和优良的地理位置,使得河南陶瓷自古就是中国陶瓷的重要产地之一。陶瓷文化源远流长,宋朝时期曾经是中国陶瓷产业的中心,钧瓷、汝瓷、唐三彩等在中国陶瓷发展史中有浓墨重彩的一笔,至今仍得

———————————
①　张锐. 国内特色小镇模式案例与研究[J]. 住宅与房地产,2017(12):279.

到很好的传承和发展,是河南的文化名片,促进了河南"文化之乡""钧瓷之乡""汝瓷之乡"等特色小城镇的建设,也支持了当地经济社会发展。国家级历史文化名镇禹州神垕镇早在唐代就已烧制出多彩的花瓷和钧瓷,到了北宋徽宗年间,钧瓷被定为"宫廷御用珍品"。2008 年,钧瓷烧制技艺入选国家级非物质文化遗产名录。神垕镇在钧瓷文化的传承发展中就取得良好的成果,钧瓷常以国礼、大型国际活动礼品等形式传承中华优秀传统文化。神垕钧瓷文化产业园和陶瓷工业园,加快了陶瓷产业转型升级,推动了钧陶瓷文化的传承和发展。此外神垕镇依托钧陶瓷文化和保护良好的神垕老街古建群,文化旅游产业也发展得有声有色。汝瓷和钧瓷一样是宋代五大官窑之一。汝州市立足资源优势,科学规划打造"中国汝瓷小镇"。依托宋代窑址群的历史积淀,利用蟒川优美自然风光,打造具有汝州地域特色和历史文化传承的艺术小镇。汝瓷生产制作产业集聚,形成"文化+科技+产+旅游+休闲+养生"为一体和生态文化旅游产业共生发展的格局①。洛阳市孟津县朝阳镇,南依洛阳市区,北接黄河小浪底水利枢纽,唐三彩发源地,境内人文、自然景观丰富。唐三彩烧制技艺入选国家级非物质文化遗产名录。2019 年12 月,中国主题公园的开拓者和领军企业欢乐谷集团与孟津县签订三彩小镇文化旅游项目,围绕着三彩小镇独特的唐三彩 IP 资源,将三彩小镇打造成具有浓郁地域特色的、集特色产业、文化旅游、休闲度假、乡村振兴于一体的具有文化、旅游、商业和生活等多种功能的新型旅游目的地②。

2.河南陶瓷特色小镇存在的问题

第一,文化建设不足。①陶瓷文化传承发扬不够。文化是陶瓷小镇发展的灵魂。传统陶瓷文化是经过漫长的历史岁月,通过无数先辈勤劳和智慧的努力,在陶瓷作品中融入了对美的表达、对自然的尊重、对生命的阐释、对"道"的理解,是中华民族文化结晶的承载物。河南钧瓷、汝瓷、唐三彩等都是我国传统陶瓷文化的优秀代表。但是,目前与之相对应的小镇文化的呈现,无法承载陶瓷文化的厚重和内涵。尤其在经济、科技高速发展的今天,文化创新发展方面滞后,导致现有河南陶瓷文化产业在国内地位较低,

---

① 金琳.河南国家级特色小镇的实践经验及启示[J].河南农业,2018(3):14–16.

② 孟津县人民政府.孟津县政府与华侨城欢乐谷集团签订三彩小镇项目合作框架协议[EB/OL].

文化影响力和传播力较弱。②历史文化挖掘不够。河南陶瓷小镇有着深厚的历史文化与陶瓷文化渊源,但挖掘不够。比如被誉为"华夏第一都"的神垕镇所在地禹州,是以钧瓷文化、大禹文化、中医药文化著称,有古钧台、聂政台等众多处文物古迹,有大禹、韩非子、吴道子、褚遂良、孙思邈等几十位我们耳熟能详的历史人物和传说,但除了钧瓷文化和中医药文化外,挖掘不深。又比如被誉为"中国唐三彩文化第一村"的朝阳镇所在孟津县,是一个具有 4000 年文明史的中州名县,是河洛文化的发祥地,有"河图之源、人文之根"之说。龙马负图、伏羲画卦、八百诸侯会盟等许多重大历史事件都发生在这里,北邙陵墓群、汉魏洛阳故城、龙马负图寺、卫坡古民居等 40 多处古文化遗址遗迹被列为国家或省市级重点文物保护单位,丰富的历史文化资源开发利用也都很有限。

第二,陶瓷产业支撑不强。传统陶瓷产业整体发展水平不高,陶瓷特色小镇拥有陶瓷产业作为特色产业,可以成为小镇发展的依托和源动力,但是,我省传统陶瓷产业的发展没有跟上时代前进的步伐,存在以下不足:①传统陶瓷企业现代化水平不高,规模普遍偏小,还存在大量手工作坊,缺乏现代企业管理体系,很多没有营销策划团队,自身创新发展能力有限。②传统陶瓷企业生产工艺、生产设备落后,企业自身的实力不够强,或者是为了保留"传统"特性,生产工艺、设备更新换代慢,与信息时代智能化的发展趋势有较大差距。虽然出于非物质文化遗产的保护和传承,一些原汁原味的生产应该传承,但不是每一家企业都要保留,整个行业的主体生产形式还需要不断进步。③陶瓷产品的创新性和创造力不强。传统陶瓷企业的产品很多集中在观赏瓷,虽然艺术性、文化性很强,但千篇一律的形式不可避免地存在审美疲劳,不能引起消费者的购买欲,难以满足新的销售需求。这些原因导致目前河南传统陶瓷产业,无法达到曾经辉煌的历史高度。

第三,小镇基础设施建设不优。①缺乏整体规划。现有陶瓷小镇虽然都做了规划,但大都未能把小镇建设、产业发展、文化繁荣、环境优美、生态宜居等因素完美统一,未能把产城融合发展理念表达到位。在建设中存在一些问题,如重基础设施轻配套服务,重产业振兴轻文化传承等。②存在为了规划而规划的现象,体现规划不能很好引领发展的情况。个别小镇还出现了房地产开发过度的情况,与小镇发展环境优美、生态宜居的理念背道而

驰。③小镇建设大多依赖财政投入,部分小镇虽然成立了地方政府投资主导的小镇开发公司,但自身资金实力和市场运作的能力有限,导致建设相对缓慢,不能满足小镇快速发展的需求。

3. 新时代河南陶瓷特色小镇建设的对策

第一,抓住机遇,有效组织实施。国家十分重视特色小镇的建设,住建部和国家发改委先后出台了相应的支持政策,运营比较成功的特色小镇也成为地方发展的新的经济增长点,各地政府也都积极地响应国家政策,十分重视特色小镇的发展。如浙江省特色小镇的发展本来起步比较早,现在更加重视特色小镇的创建与培育,通过联席会议制度对特色小镇建设进行考核,对项目建设慢、投资额度低、特色产业占比低以及投入产出效率低的小镇给予警告、降格甚至淘汰的处罚。河南省要抓住国家重视和支持特色小镇建设的机遇,把特色小镇建设提高到加快新型城镇化引擎的战略高度,认真研究国家政策,积极有效地组织特色小镇的建设和运营。

第二,优化顶层设计,高标准建设运营。陶瓷小镇顶层规划不仅是城镇建设规划,而且是小镇建设规划、产业发展规划、文化旅游规划、生态建筑规划、社区发展管理和运营规划的有机融合,而不是简单的叠加。应尽快确立从概念到具体、从策划到规划、从全局到地方的发展规划。规划要谋划小镇未来蓝图,结合国家文化发展战略,明确河南陶瓷艺术在新时代应承担的责任使命,树立"北方陶瓷文化中心"的目标,争取融入国家陶瓷战略布局;理清责任边界,要明确政府引领责任和企业市场责任,要充分发挥企业主体作用,不仅要打造好还要运营好,管理运营是小镇良性发展运营的关键。河南的陶瓷小镇多为建制镇,在我们城市化进程中,小镇建设的建设标准相对城市要低,小镇的建设和发展水平是要落后于城市的,特别是在公共基础设施上,这需要大力和长期投入,单靠政府财政或者政府成立的投资机构,是无法满足小镇长远发展需求的。需要引入强有力的投资方,作为投资建设运营主体,通过政府引导、市场主导、企业主体的方式来推进。另外,要有底线和红线,现阶段建设开发不能给后续发展带来新的人为的困难,比方说房地产的过度开发。

第三,推进转型升级,做大、做强陶瓷产业。陶瓷文化产业发展水平决定小镇成败。产业发展是小镇发展的基石和源动力,特色小镇的成功经验,说明良好的产业发展是强有力的支撑。①提升企业设备和工艺水平。企业设备陈旧和工艺水平相对落后是产业发展的共性问题,需要政府加强对产业共性问题的公共研发创新投入。要充分调动高校、科研单位和企业积极性,深入陶瓷企业生产一线,通过对陶瓷烧制原材料、生产设备、生产工艺等进行深度研究,调研陶瓷生产关键技术需求,结合当前自动化智能化技术成果,充分提升陶瓷生产加工设备精密化、自动化、智能化水平,提高生产能力和水平。历史上宋代钧瓷双乳状窑炉,能够平稳提升炉温到较高温度,绝对是当时的高科技,为宋代钧瓷艺术呈现和产业繁荣提供前提基础。在信息技术高度发展的当下,传统陶瓷生产的智能化改造升级迫在眉睫。②提升企业创新创意能力。中国陶瓷能够一直散发璀璨的光辉,就是因为在不同时代都有创新发展,创新创意是传统陶瓷产业繁荣发展的核心问题。传统陶瓷产业发展受到限制的根本原因是创新能力薄弱,大多是传统器型的生产,或低水平加工,甚至是不尊重知识产权的仿造,这都极大地降低了传统陶瓷对消费者的吸引力,影响了整个行业的发展。随着社会的发展进步,人们的审美标准、消费需求也提升到新的高度,如何进行传统陶瓷产业供给侧改革,创造生产出满足消费者需求和喜爱的产品是关键,这就要吸引更多高素质的、有创新创意能力的人才,投入陶瓷艺术的设计中,为传统陶瓷的发展带来活力。③企业要转型升级。建立现代管理体系,打造销售体系。现代管理体系可以帮助企业带来现代运营管理体系,在市场规则和法律约束下,能够充分利用金融、科技等服务为企业注入新的活力,同时销售体系能够给企业争取更大的市场,带来更多的利润,也为供给侧改革带来更多反馈信息,提升创新能力。④打造优良的企业发展环境。一要建立良好的政务服务环境,为企业发展保驾护航;二要有良好的金融环境,为企业提供充足的资金支持;三要引入生产性服务企业,为企业发展提供支持,解决陶瓷中小企业自身能力不足的问题,打造工业互联网平台,发展电商解决销售体系不健全问题,建立创意设计知识产品交易平台,解决小企业创新能力不足问题,打造可追溯体系,为非物质文化传承保驾护航;四要加强知识产权保护,营造良好创新环境,保护创新者,也能吸引创新者,让创新的价值体现出来,让创新者受益,形成想创新、能创新、多创新良性循环的良好创新生态。

第四,加强文化建设,注重小镇文化品牌。①突出陶瓷特色文化品牌。

河南陶瓷同根同源,一脉相连,互为补充。钧、汝、官窑以及修武窑为釉装饰陶瓷的代表,釉色、釉质、纹路为绝,体现出陶瓷本体之美,彰显道家自然主义思想。登封窑、新密窑等则以"瓷上水墨"般的装饰为主,突出形象、线条纹饰的艺术美;内容通俗率真、形象活泼可爱、线条流畅饱满。唐三彩色彩艳丽,雕塑技巧高超;唐花瓷质朴、潇洒等。应该说"河南陶瓷"具有广博包容的形象。②把握小镇和所在城市特色。陶瓷特色小镇文化品牌的塑造和传播,在于把握小镇和所在城市特色,注重历史传统、地域文化、民族特色与时代精神的延续和融合,可着重从几个方面入手。一是充分利用城市历史文化资源,在保护文化传统、延续文化血脉上做好文章。如神垕镇在禹州是大禹封地,就要讲好故事,传承大禹精神。二是着力创建文化品牌和品牌文化。比如禹州每两年一次的钧瓷文化节,对钧瓷文化品牌的打造起到至关重要的作用。三是打造品牌文化精英与文化名人群体。现在河南传统文化陶瓷的传承中都很注重国家级、省级工艺美术大师的评选,树立地方陶瓷传承的文化精英,但是数量和在全国、全世界的知名度、影响力还有待增强。四是充分利用新时代技术,加强小镇文化宣传能力。越是传播手段发生变革,越要重视文化的传播。五是要采取小镇公共文化品牌和企业文化品牌相结合方式。小镇公共文化品牌的打造除了政府、协会等的努力,更需要的是小镇企业、文化精英打造优秀的个体品牌,这些小品牌更有活力和生命力,当然企业品牌和自媒体品牌打造过程中,要有意识地维护塑造公共文化品牌。

第五,传承创新,大力发展文创产业。①传统文化的传承和创新发展。传统文化的传承与创新发展需要创意文化产业的支撑,而深厚的传统文化底蕴也为陶瓷特色小城镇创意文化产业的发展提供了充足的营养。陶瓷文化创意产业是创意文化产业的一个分支,需要灌输更多的创意,吸收更多的传统资源。要发展和推进河南省陶瓷文化产业,必须把传统工艺、民族精神、时代精神和地域文化、消费需求有机融合,汇聚优秀的创意设计师,在文化基础上大胆创新、理性设计,以此作为推动创意陶瓷产业发展的催化剂,提高地域品牌意识。一是通过打造创客空间,吸引创新创意企业、大学生落地孵化器创新创业,尤其是陶瓷专业设计人员,参与到陶瓷创新创意工作中。例如汝州市通过规划汝瓷小镇,建设"彩虹之家——创客园区",为大学生创业者,青年创业者提供创业空间,青年创业者可以申请免租金三年的相应平方米的工作室。创客园区作为孵化器,提供集中的技术管理、相关培训、展示展览以及创客空间,促进创客行为的发生,取得显著成效。二是充分利用互联网,打造或利用现有的设计平台,通过设计专利交易,获得优秀的设计成果,提高创新能力和创造力。三是要通过加大行业协会和部门监管,强化知识产权保护,保护创新创意,避免因低端仿制和行业内耗,从而形成良好的创新创意氛围。②利用新媒体环境,提升文化创意产业。新媒体技术的发展,为陶瓷特色小镇文化创意产业带来了机遇和挑战。我们一要把陶瓷特色文化与数字媒体结合,创造新时代的文创产品。陶瓷特色小镇的文创产业要打造自己的品牌就要借助新媒体进行推广和传播。同时随着人们审美水平的提高,要注重文化创意品牌形象的提升。神垕古镇和高校联手,通过设计、制作文创产品进行品牌形象推广。在新媒体环境下,陶瓷特色小镇在品牌形象传播中可运用的媒介越来越多,除了报纸、电视等传统大众传播媒介,还有随着互联网技术的应用被更广泛利用的新媒体。如建立特色小镇微博、微信公众号、APP 平台、抖音等。一方面,这些网络平台可以清晰地展现特色小镇的文化内涵、产业定位、特色产品等内容。另一方面,微博、微信、抖音等还可以加强与受众群体的互动,提升用户体验;目标受众也可通过转发微博或微信朋友圈分享特色小镇的信息,实现对陶瓷特色小镇更大范围的传播与推广。③推动陶瓷文化产业集聚、陶瓷艺术中心建设。借鉴山东淄博昆仑镇陶瓷小镇等特色小镇的发展经验,河南陶瓷特色小镇建设应该紧紧抓住神垕钧瓷特色小镇、蟒川镇汝瓷小镇和朝阳镇三彩小镇建设,加快现代信息化展示、物流建设,优化产业软硬环境。新型陶瓷特色小镇已经不只是传统的制造业的聚集,而是集产、学、研、游、体一体化的现代陶瓷文化产业区、生活区、休闲区,延伸了陶瓷艺术的产业链和功能,利于吸收人才,拉动旅游、文创产业的发展。神垕特色小镇一直是我国重要的陶瓷生产、销售聚集地,传统产业基础较好,品种全、产能大;汝州市中国汝瓷小镇规模起点高,凸显现代产业功能,陶瓷文创区、展览馆、创客中心等设施适合新兴实体的培育成长。但是,陶瓷特色小镇建设仍然存在诸多问题,首先缺乏全省统筹,存在比较严重的地方主义,没有兼顾整体河南陶瓷艺术资源和产业发展。其次是重复性建设内耗严重,缺乏亮点个性。

最突出的是忽视研发、教育、交流等具有前瞻性设施和平台的搭建,使产业创新发展活力不足。全省陶瓷特色小镇建设应该依据新时代的要求,重新审视功能定位、产业分工统筹考虑,避免重复。整体兼顾、凸显个性、重视创新能力培育,释放人才效能,整体布局,推动陶瓷特色小镇建设。

第六,以人为本,强化人才支撑。人才是制约陶瓷特色小镇发展的主要因素之一。陶瓷特色小镇是一个涵盖特色产业发展、生态环境保护、地方文化保护与传承以及社区建设融合发展的综合体,其对人才的需求远远高于以往的小城镇建设①。特别是在小镇的管理运营中对金融等人才的需求、文化创新中对创新创意设计人才的需求、企业转型升级等方面对企业管理市场营销等人才的需求,都是对高端人才的需求。数字经济时代,电子商务、微商等新经济模式快速发展,需要电子商务交易平台上的程序设计、美术、摄影等综合服务方面的人才。这些人才是小镇短期内无法培养的,需要优化人才政策和环境,吸引人才落地,需要优化创业环境和人居环境,形成汇聚人才的良好生态。人是一切事业的根本,是解决问题的关键,筑巢引凤,引得来留得住,将是小镇建设成败的一大关键。陶瓷特色小镇的陶瓷人才培养有家族传承、师徒传承、行业培训、学校教育等形式。传统的家族、师徒培养模式在陶艺情感熏陶、技能培养方面有一定的优势。学校教育重视学科专业理论技能的整体性,注重专业素养、创新能力的培养。从陶瓷艺术发展来看,几种现有模式均有着积极意义,相互补充。创新是第一动力,人才是第一资源。重视人才培养管理的方案措施,搞好人才引进和服务工作,多方位培养新型陶瓷艺术人才,培养大国工匠。

三、河南省特色小镇特征

河南省特色小镇的特征,主要是以产业融合为目标、文化产业特色突出以及自然资源丰富。

(一)河南省特色小镇建设突出产镇融合

河南省目前申报的国家级特色小(城)镇共有 18 个(住建部命名 15 个特色小城镇、国家体育总局命名 3 个特色小镇),国家级经济发达镇行政体

---

① 梁瑞华,胡晓洁.河南省特色小镇发展问题研究[J].乡村科技,2019(7):17-19.

制改革试点镇 2 个,省级经济发达镇行政管理体制改革试点镇 100 个,省级重点示范镇第一批 68 个。建制镇占绝大多数大约为 83%,这与河南省历来的经济社会布局有巨大的关系。河南省一共 18 个地市(17 个省辖市,1 个省直管市),46938 个村委会。这样的行政布局决定了河南省的特色小镇与江浙非镇非区为主的特色小镇不同,以建制镇为主。

河南省建设特色小镇目的是培育一批特色鲜明、产业发展、绿色生态、美丽宜居的特色小(城)镇,并以此来探索乡镇建设健康发展之路,为之后的城镇化建设开辟一条新的路径。促进乡镇经济转型升级,使乡镇能够具备特色鲜明的产业形态;构建和谐的美丽环境、提供更加适宜的居住环境;彰显特色传统文化,发扬优良的文化传统;完善的基础设施服务,提供便捷的交通服务;建立充满活力的体制机制,进而带动全省小(城)镇的发展。这就决定了河南省在建设特色小镇时以产镇融合为目标。

同时,在进行特色小镇建设时要使发展先进的特色小镇发展更为迅速,同时引领落后的特色小(城)镇向前发展;要充分考虑到本省自身的发展现状与特征,定位准确,找准特色,以产业培育为先导。

(二)河南省特色小镇文化产业特色突出

河南省拥有历史悠久的文化资源,文化底蕴十分深厚,历经远古、殷商、两汉、盛唐、北宋时期,河南省历史文化资源主要有以洛阳开封为代表的古都文化遗产,佛教为代表的庙宇文化遗产,以及龙门石窟为代表的石窟文化遗产,安阳殷墟文化遗产,禹州汝州为代表的瓷器文化遗产等。这些文化资源为河南省建设文化旅游型特色小镇奠定了坚实的基础,因此在进行特色小镇建设时,首先应充分挖掘其文化内涵,打造最具竞争力的文化产业。可以根据不同地域文化资源建设如"钧瓷小镇""汝瓷小镇""戏曲小镇""武术小镇""石窟小镇""佛教文化小镇"等多种特色小镇。禹州神垕小镇可以利用钧瓷文化产业,发展如何制作瓷器的体验旅游业;南阳市石佛寺镇可以利用玉文化产业,打造"中国玉雕第一镇",发展玉产品贸易、玉产品展览,并弘扬玉器文化等;灵宝函谷关镇可以利用道家文化资源,深度挖掘其内涵特色,举办道家文化交流盛会、宣传道家礼仪,打造道教文化旅游风情小镇;焦作温县赵家堡镇可以借用太极文化,举办一系列太极赛事,提高全民参与修身养性,打造内地第一太极小镇。

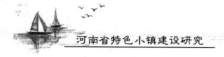

（三）河南省特色小镇自然资源丰富

河南省拥有极其丰富的自然资源，十分有利于河南省旅游特色小镇的建设。河南省有大别山、伏牛山、太行山等山脉；有黄河和淮河等河流流经；共有126处AAAA级景区，19个世界和国家级地质公园，115处省级以上森林公园，24个自然保护区，29处湿地公园，58处省级以上水利风景区。这些为河南省丰富的旅游资源奠定了基础，十分有利于河南省旅游特色小镇建设。并且河南是一个农业大省，因此建设特色小镇时可以构建农业-旅游产业链。例如焦作温县赵堡镇是"四大怀药"的原产地，同时也是太极拳的发源地，两者都具有养生功能，因此可以将种植业与旅游观光养生业相结合，打造农业旅游康养小镇。永城市芒山镇除了拥有面积广大的农田，同时还有国家AAAAA级景区——芒砀山汉文化旅游景区，因此芒山镇既大力发展以果树为主的种植业与传统养殖业，积极探索农业深加工业，又可以大力打造商贸旅游业，促进传统第一产业向第二、三产业结构转型升级。

（四）以生态农业为发展主线

在河南省15个全国特色小镇中，有著名的怀山药主产区赵堡镇和以生态旅游为特色的太平镇，还有以特色农业著称的邓城镇以及有丰富湿地资源的恼里镇，以原生态为主的石板岩镇等。大部分小镇依托自身生态优势，开发生态旅游项目，取得了不错的效果。例如焦作市温县赵堡镇是"四大怀药"原产地，位于焦作黄河生态文化旅游带中线，小镇借助黄河湿地资源和南水北调河渠生态优势，积极发展生态旅游，打造了以高效林业为特色的生态廊道体系，再结合"太极拳发源地"的历史文化特色，引入中铁建投资集团、河南省太极道文化产业有限责任公司等资本建设了一批以生态休闲旅游为主的重点项目，如太极文化生态园、IDG资本的"印象·太极"、现代生态休闲农业园区等项目。这些项目提升了小镇"四大怀药"的品牌价值，也展现出太极发源地的特色。

（五）以厚重的历史文化为核心推动力

这类特色小镇利用特有的历史文化资源，在保护和传承的基础上，选择合理的资源利用方式，结合当地的生态资源和人文资源，向社会传播其深厚的历史文化底蕴，对资源进行有效而不过度的开发，遵循产业发展规律，把握机遇,融入全产业链发展中,积极创新,开创了有全国乃至世界影响力的品牌,提升了自身的知名度。从特色小镇的发展路径来看,大部分小镇均能依托原有的人文资源或自然资源优势,进行多元化发展,在历史人文资源方面开发比较成功的是神垕镇、石佛寺镇、朝阳镇、岳村镇等[①]。例如濮阳市华龙区岳村镇,该镇东北庄的杂技起源于春秋,兴盛于明清,2008 年获批国家级非物质文化遗产,该镇以杂技文化为核心建设了东北庄杂技文化园区,不仅保护了非物质文化的传承,也实现了文化产业与休闲度假的有机结合,为经济增长提供了动力。

(六)生态农业带动其他产业协同创新

河南省"全国特色小镇"在推进人文旅游、生态休闲旅游的进程中还注意其他产业的协同发展,做到了多元化、多产业协同创新,形成一个又一个多要素聚合的升级创新平台,成为区域经济转型升级的新典范。例如驻马店市确山县竹沟镇,依据本地资源禀赋,科学调整产业结构,培育和挖掘特色产业。一是发展提升传统产业。每年流转土地近 3 万亩,规模种植烟叶、中药材等特色农业,不断推广先进的栽培技术,连片种植烟叶近万亩、中药材 1.8 万亩,成为全国高香气烟叶开发基地和河南省十大中药材种植基地之一。二是扶持发展特色养殖业。通过为农户印发上千册养殖科普资料、邀请专家指导,提升了农户的科学养殖水平,建成了中原地区最大的生态羊繁育基地,实现了年中转贩运山羊 200 万只以上,年山羊存栏量 3 万～5 万只,每年出栏生态羊 6 万只以上的产值。三是注重发展特色文化产业。竹沟镇的手工制造小提琴,年出口创汇 1000 余万美元,使"草根匠人"的精湛技艺得以传承。

(七)特色小镇产业聚集效应开始显现

在本土文化资源挖掘和创意转化方面,部分小镇将历史传承与文化创意结合,开拓了一条极具特色的发展之路,积累了产业意义上的生产要素。通过引入社会资本结合政府引导和规划,打通了本地文化资源到产业资本转换的关键环节,将不断提升的传统工艺技术与产品、消费市场等产业要素

---

① 黄静晗,路宁.国内特色小镇研究综述:进展与展望[J].当代经济管理,2018(8).

进行动态整合,发挥文化生产力在特色小镇建设中的重要作用。部分特色小镇有效利用生态资源、文化资源、产业特点,形成多产业融合的产业集聚区,成为河南省村镇经济发展的典范,成功辐射、带动了周边地区相关产业的发展。

在文化产业向其他产业转型中,南阳的石佛寺镇、穰东镇、洛阳的朝阳镇发展比较突出。特别是南阳的穰东镇把服装产业作为镇域特色经济的支柱形成了专业化规模化的全产业链,服装产品远销国外,形成服装产业 10 亿元以上级别的产值[①],带动周边经济迅猛发展,形成工业集聚区,具有其他乡镇不可比拟的优势。

第三节 河南省特色小镇的 SWOT 分析

一、河南特色小镇发展的局限[②]

(一)特色小镇建设运营各方职能协调不够

在国家特色小镇建设总构想下,特色小镇运营主要依托于市场,同时将区域内规模化代表性企业作为经济发展的领头雁,推广开展产业相关领域的实体项目招商、运营及设施配套等。不过特色小镇建设资金投入规模较大,而回报周期相对较长,这就对投资方的整体实力提出了较高的要求。河南省在推进特色小镇项目建设上基本是突出政府的功能作用,以政府投资、项目引资为主体方式,这就使得很多并非符合规模与领域要求的企业参与进来,投资项目碎片化明显,无法产生集群效应。还有部分地方政府从行政层面多方筹措建立了开发公司,但是短期内的投入尚可,一旦涉及长期持续发展便难以为继。且公司在运转过程中,政府对公司决策干预过多,政府与企业之间在特色小镇建设推进中存在着角色冲突且难以协调,导致项目建设处于僵化体制中,推进效果难以保证。

---

① 靳晓婷,张彤,孙飞显.河南省特色小镇建设现状与对策研究[J].乡村科技,2018(15).

② 秦飞科.河南特色小镇建设问题研究[J].海峡科技与产业,2020(3):1-3.

（二）特色小镇建设趋向房地产开发①

和其他省份一样，河南省经济发展需要从产业维度、功能维度、形态维度及制度维度等多方位考量确定特色小镇建设特色。实际考察发现，河南特色小镇建设发展在很大程度上忽略了"特色"二字，表现在对文旅产业、金融产业、时尚产业等方面的投入和发展不足，更多将精力放在了房地产产业上。部分特色小镇建设沦为某种地方风格的小镇规模化建筑的规划建设，很多房地产开发商由此也摇身成为特色小镇的运营管理方，他们将特色小镇建设当作了圈地捞钱的途径与平台。缺少产业作为支柱，特色小镇也就仅仅成了新的居民区，而非特色产业集聚区。部分地方缺乏长远发展规划，搞"短平快"，这些地方本来在旅游层面有很多资源可以挖掘利用，但却醉心于围绕旅游区搞房产开发。大量商业楼盘的推出，房地产的过度开发导致空置房、烂尾楼众多。这既浪费了大量的土地资源，又挤占了宝贵的建设发展资金，还延误了发展机会。

（三）特色小镇建设政策体系亟待完善

近年来，河南省为了扎实推进特色小镇建设进程，遵照中央有关文件精神相继出台了若干规划或指导意见，如《河南省新型城镇化规划（2014—2020 年）》《关于开展省级经济发达镇行政管理体制改革试点工作的意见》等，同时还制定编发了《河南省重点镇建设示范工程实施方案》。目标是要在全省范围内选定 100 个产业特色突出、潜力较大、区位优势明显的城镇，作为特色小镇建设先行先试，并将小城镇建设与特色农业、工业、服务业链接起来，突出发展特色功能。在一系列文件指导意见的推动下，河南省百个特色小镇试点已获准开展。但在经济管理权限、行政管理体制及改革指导等层面仅有宏观的规划，相关政策对特色小镇建设的支持层面极为有限，也无多少专业化的指导。一些开发性、非规划内的必要建设在操作权限上尚无明确政策可依和扶持。

（四）特色小镇产业集聚力较弱

作为传统的农业大省，在河南省境内，很多小城镇仍处于依托传统农业

---

① 王思敬.河南特色小镇建设指标体系构建初探［J］.农业工程技术,2019,39
(21):39-43.

作为发展基础,经济发展局限于附加值极低的初级产业,且相对单调,基本没有市场竞争能力,小城镇产业发展基础极其薄弱。同时,部分地区在小城镇建设上还存在着产业布局简单、低效的现象,即同一地区在拓展产业领域上明显准备不足。如驻马店市,部分小城镇在历史文化旅游方面有一定优势,于是便纷纷将投资重心放在旅游项目上,却并没有建立相对完整的旅游经济链,餐饮特色、民俗特色等没有融入产业发展中,于是造成旅游产业未能做大、做强,产业形态和产业创新对特色小镇建设的支撑力度有限。

河南省大多数小镇,一方面,以传统工业或农业为主,虽有一定的地域特色,但是品牌效应不明显。小镇传统产业形式单一且趋同,产业链不健全,在全国竞争力弱,一旦出现市场动荡,小镇的核心产业将无法抵御风险。另一方面,大部分小镇属于河南较贫困地区,受制于当地经济发展水平和产业结构,基础设施和公共服务配套相对落后,综合承载力不足,大部分小镇在规划设计时,就已经出现产业项目相对疏散、功能叠加不足的问题,过度依赖旅游休闲业,产业之间关联效应低,产业特色不明显。

(五)文旅类小镇居多,造成"千城一面"

河南省特色小镇定位在旅游型小镇、文创型小镇占比较高,三分之二小镇的定位均为"旅游+"类型,如"红色旅游"小镇、"原生态旅游"小镇、"农业生态"小镇、"某某文化"小镇,政府在原有的自然资源、历史文化资源的基础上,投入大量资金,聘请规划设计公司重新规划建设出的小镇,往往出现雷同的外观,缺乏独特的气质。"千城一面""千城一产业"造成目标消费群体的审美疲劳,忠诚度下降,不仅使小镇失去活力,而且最终由于消费力不足造成小镇内部产生恶性竞争,不利于小镇的可持续发展。

以河南洛阳为例,仅洛阳市郊就有孟津县朝阳镇卫坡古村落、伊滨区倒盏村等村落,主要特色均是民俗文化古村落,村内很多建筑并非真正的古建筑,而是新建的仿古风格建筑,区内建筑物风格类似,产业模式也基本是纯商业,基本无特色可言。过度的旅游开发也导致资源浪费,投资回报降低,降低小镇的社会资本吸引力。

(六)产业创新能力不足

从近年河南特色小镇建设来看,大部分小镇的发展模式是"旅游业+传统产业"。河南拥有厚重的文化底蕴,很多小镇有其独特的文化资源,将文化与旅游结合,当然可以取得一定的经济效益,但是在趋同化的文化旅游市场,建设现代化仿古商业综合体、农业生态休闲园区,极易被复制而丧失竞争力。大部分小镇传统产业过于依赖人口资本密集型的传统工业,技术上没有创新,就很难实现产业化,难以吸引创新人才来到小镇创业。

二、河南省特色小镇发展的有利条件①

(一)区域支撑能力不断提升

县域是特色小镇发展最主要的空间载体。从浙江发展经验看,特色小镇建设水平与其所在县域的发展水平密切相关,县域经济社会发展水平和资源环境优化程度,直接影响着特色小镇规划的整体布局,支撑着特色小镇建设的数量、规模和层次。近年来,随着产业集聚区建设、百城提质建设等一系列重大战略实施,河南省县域工业化、城镇化取得了长足进步,不少县(市)已经初步具备了建设特色小镇的能力。"十二五"以来,河南省以开展专项建设为重点,着力提升小城镇的综合承载能力。如实施市政设施和公共服务设施建设专项,加强供排水、电力、生活垃圾处理等基础设施建设,完善教育、医疗卫生、劳动就业等基本公共服务设施;实施绿化美化工程,打造独特文化标识和特色风貌等,用水普及率、生活垃圾处理率、绿化覆盖率都大幅提升。通过这些专项建设,河南省县域基础设施支撑能力快速提升,高水平建设特色小镇的基础更加扎实。

(二)文化旅游资源优势明显

从省内外特色小镇建设情况看,依托文化旅游资源是当前最重要的建设模式之一,既能充分发挥特色小镇位于乡村腹地特有的比较优势,又符合新常态下产业结构转型发展和消费需求升级的市场规律。而河南作为中华民族与华夏文明的主要发祥地,还是国家赋予的华夏历史文明传承创新区,人文历史厚重、名人古迹众多。同时,河南省境内有大别山、伏牛山、太行山等重要山脉,有黄河、淮河等重要流域,全省拥有 AAAA 级以上景区 126 处,世界和国家级地质公园 19 个,省级以上森林公园 115 处、自然保护区 24 处、

---

① 刘琪.河南特色小镇发展的条件与制约分析[J].农村.农业.农民(B版),2018(5):52-53.

湿地公园 29 处,省级以上水利风景区 58 处。所以,目前河南省发展较好的特色小镇也基本上都是围绕文化旅游资源建设的。

(三)城乡互动进入新时期

特色小镇是新型城镇化背景下一种较高水平的城乡融合组织形式,对各类要素资源的支撑能力有较高要求,而传统城乡关系下的要素资源整合水平,是很难达到这一要求的。近年来,随着我国进入新的发展阶段,城乡关系也在随之调整变化,农业的弱质性和农村的弱势地位得到较大改善,农村要素资源活力逐渐增强,城市高水平要素资源流入的意愿也在增强。

2011 年以来,河南省农村转移人口的流出去向开始发生较大变化,省外、县外转移为主的格局逐步转变为省内、县内的就地就近转移。工商资本愈加青睐投资农业生产,土地流转率逐年攀升,规模经营面积不断扩大,农村第一、二、三产业融合发展程度不断提高。互联网等新技术在农业农村领域运用更加广泛,使得农村相对于城市的产业发展机会更加平等,催生出大量新产业新业态新模式。"双创"正在成为新的趋势,"归雁经济"带动人才、资本、技术和先进理念等下乡的动力不断增强,有效加速农村发展新旧动能的转换。这些都为推进特色小镇建设提供了充足的要素支撑。

(四)制度保障不断完善

河南省委、省政府明确提出对具有特色资源、区位优势的小城镇,通过规划引导、市场运作,培育成为文化旅游、商贸物流、资源加工、交通节点等专业特色镇。

同时,省政府办公厅印发的《河南省重点镇建设示范工程实施方案》再次明确指出,推动小城镇发展与特色产业发展相结合,与服务"三农"相结合,发展成为专业特色镇。省相关单位和各市县也相继出台了具体的举措,形成了上下衔接、共同支持特色小城镇发展的政策合力。

三、河南省特色小镇发展的制约因素

(一)发展观念尚待转变

特色小镇作为新型城镇化建设供给侧结构性改革的新抓手,由于全省各地区实际情况差异较大,建设的理念、思路、路径和方式不尽相同,也导致地方政府和企业主体对政策理解存在不同程度的偏差。

1.传统产业园区治理模式的现象还存在

特色小镇建设需要政策的支持,但仅靠优惠政策的吸引而忽视内生动力的培养,不仅可能在河南省引起新一轮的恶性竞争,而且小镇的可持续发展也大打折扣。

2.缺乏科学规划的现象还存在

在特色小镇建设成为热潮以来,部分市县在短时间内就完成了诸多特色小镇的规划。这种短时间内完成的规划,不仅未能完全考虑小镇的自然环境、生产生活方式、文化特色等,还不顾小镇的发展阶段、经济水平,在发展模式上盲目设定、生搬硬套,造成小镇的同质化现象。应结合河南省金融业的现实发展,此类新业态小镇应建设在郑州周边。

3.各级政府及相关部门干部还存在较大的认识偏差

如省内县镇级领导对在建项目的远景规划和分期目标介绍得十分详细,但对项目建成后的政府定位、相关补贴和政企利益分享的比例等都不了解,这对未来的运营和管理都埋下了隐患。

(二)产业基础不够扎实

目前河南省特色小镇普遍存在入驻企业数量偏少、规模偏小且多处在产业链的低端,既缺乏核心竞争力强的龙头骨干企业,也缺乏科技研发类的高端型企业。具体来看,主要有三个方面的原因:一是部分小镇由于工程项目未及时到位,导致基础保障薄弱、开发进程缓慢等问题,造成特色产业无法集聚。二是在经济新常态下,县里的民营经济实体企业经营状况不佳,初创型企业短时间内难以形成一定的经济体量和规模,导致对小镇投资创业意愿有不同程度的减弱。三是当地企业家的观念滞后。

(三)社区营造亟待提高

特色小镇与传统产业园区最大的不同就是强调社会功能和生活功能,这也是小镇增强吸引力、集聚力的核心。当前,河南省多数特色小镇在未来都能形成一定的产业规模和雏形,但因财力物力、交通基础等一些硬件支撑上的不足,导致在市政环境、医院学校、娱乐休闲等公共配套设施上的建设滞后,造成生活环境不太理想,不仅影响了特色小镇衍生的文化、旅游、社区等功能的释放,进而不利于主导产业的发展壮大。

(四)要素支撑能力不足

目前,投融资、人才短缺还是河南省特色小镇建设中的主要瓶颈。一方面,多数特色小镇建设还处于基础设施建设和公共服务配套的阶段,以政府财政投资为主,尚未形成多元化的投融资机制。另一方面,特色小镇已经超越了传统产业园区的概念,亟须复合型、创业型、科研型的高端人才,对处于欠发达地域的小镇而言,引进人才困难重重。其一,缺少另一类形态的特色小镇,即聚焦特色产业和新兴产业,集聚发展要素,不同于行政建制镇和产业园区的创新创业平台的特色小镇;其二,与浙江、江苏等经济发达省份的国家级特色小镇相比,在类型、数量和经济效益上还存在一定的差距。

四、河南特色小镇建设的挑战[①]

(一)产业结构不合理,创新能力弱

不仅体现为第一、二、三产业所占比重及结构的不合理,而且表现为河南特色小镇产业创新能力弱。第一产业结构和管理粗放,第二产业中具有一定规模的企业数量不多,第三产业的发展空间有待提升。河南省农业结构的不合理导致了其产业化的发展受限;具有影响力的工业企业没有形成一定规模,也就不能带动其转型发展;服务业的潜力并没有完全被开发,也就意味着其没有发挥应有的经济效益。此外,还有部分小镇的产业结构仍以传统产业为主,引进的高新产业和具有成长空间的产业较少。传统的产业结构就代表竞争力低下,资源没有得到有效利用。在大力倡导创新创业的背景下,近年来,特色小镇也加大了科研等平台建设,但是其大环境并没有被改变,传统的生产经营思想仍然占主导地位。

(二)特色小镇的融资渠道比较单一

任何项目的建设和发展都离不开资金保障,河南特色小镇建设也是如此,可以说强有力的资金支持是小镇建设的坚实后盾。目前河南特色小镇的融资主要还是依赖于省、地方政府的财政支持和国家对特色小镇项目的扶持。河南特色小镇建设需要大量的资金作为后盾支持,但国家政府提供

---

① 王传礼.河南特色小镇建设的现实路径[J].时代报告,2020(8):94-95.

的资金有限,这使得特色小镇建设受多方面的限制,拖延了工程进度,达不到预定工期要求。这使当前的河南特色小镇可持续发展缺乏有力的后盾支持。

五、河南培育和发展特色小镇的潜力

其一,河南省共有小城镇 1845 个,建制镇 1085 个,其中,国家级历史文化名镇 12 个,省级历史文化名镇 48 个,这些是培育和发展特色小镇深厚的资源基础。

其二,河南实施产业集聚区战略 7 年来,全省各地有 180 个充满活力、魅力和吸引力的集聚区。集聚区主导产业、特色集群优势突出,创新平台、产业结构布局优化,为我省发展特色小镇打下坚实的产业基础。

其三,伴随郑汴洛自贸区建设启动,河南开放发展将迎来新一轮跃升的历史机遇。在国家推进"一带一路"和供给侧结构性改革的新背景下,河南省发挥综合性枢纽优势,推进陆上、空中、网上和集海陆空网于一体的立体"丝绸之路"建设,成效显著。

河南深度融入国家"一带一路"倡议,形成全方位开放发展的优势,有利于形成新型产业集聚城镇,进而有力推进特色小镇建设。河南特色小镇建设规划要严格遵循以下原则:尊重小镇现有格局、不盲目拆老街区;保持小镇宜居尺度、不盲目盖高楼;传承小镇传统文化、不盲目搬袭外来文化。

河南今后还要积极打造产业上"特而强"、功能上"有机合"、形态上"小而美"、机制上"新而活"的特色小镇,即聚焦特色产业和新兴产业,不同于行政建制镇和产业园区的创新创业的发展平台。具体而言就是:高端装备制造小镇,智能制造型小镇,新一代信息技术类小镇,时尚创意型小镇,"互联网+"小镇,旅游度假小镇,养生养老小镇,历史风情特色镇等。

第五章

河南省发展特色小镇的路径选择及高质量发展措施

河南省目前申报的国家级特色小(城)镇共有 18 个,总体建设发展水平与江浙地区建设发展成熟的小镇之间还有一些差距,因此需要探寻河南省特色小镇建设的特有路径。

第一节　产业渗透推动河南省特色小镇建设路径

产业融合可以将特色小镇的一、二、三产业有效地连接起来,是推动特色小镇建设的有效途径。产业融合推动河南省特色小镇建设路径主要有产业渗透、产业延伸、产业重组。在特色小镇的建设中,通过产业渗透推动特色小镇建设是指通过导入高新技术产业、高新科学技术,特色文化元素,体育资源,健康资源,旅游资源等推动特色小镇传统产业的发展创新。

一、导入"高新技术+"以建设高精尖产业型特色小镇

在河南省特色小镇的建设中,可以将高新技术导入到传统行业中,发展高端制造业,使传统行业向高新尖产业转变,推动传统产业的高端化和智能化发展,提高生产效率。同时,建设产业研发制造基地,融入旅游功能、产业文化特色,打造旅游观光示范基地。形成以高新技术产业为核心,生产生活生态相融合,宜居宜业的特色小镇。需要注意的是,在建设高精尖产业型特色小镇时,要坚持以高新企业为主体,同时政府要做好政策、土地、配套设

施、相关服务等工作,共同推动当地产业向高端化和智能化发展。聚焦高新产业,建设特色小镇,可行的发展方向有航天小镇,机器人小镇,汽车制造小镇等。

河南是传统农业和能源原材料大省,大多产业以传统产业为主,处于产业链前端和价值链低端,缺乏高新技术行业。这就造成了特色小镇的产业基础薄弱,发展层次低,将高新技术导入传统行业能够有效推动特色小镇建设。例如河南省拥有国家级航空港经济综合实验区,依托航空产业、高端制造业以及相关服务业,可以进行航空小镇的建设。比如,马寨科技特色小镇、经开区祥云特色小镇、中原创客特色小镇等都是河南省在着力打造的高新技术产业小镇。

二、导入"文化+"以建设文化创意性型特色小镇

河南省拥有丰富而独特的文化资源,因此在建设特色小镇时可以导入特色文化资源,将文化产业与旅游产业进行融合,这其实也是河南省目前特色小镇建设的主要方式之一。河南省文旅型的小镇居多,建设这种类型的小镇要注意:第一,要充分挖掘该小镇独有的文化资源,精准定位其文化性。第二,要注意开发其周边的历史文化故事,注重文化的延伸性。

例如:三门峡灵宝市函谷关镇是道家文化的发祥地,中原文化和秦晋文化的交汇地,国家 AAAA 级旅游景区。函谷关镇规模化生产粮食、果品、林业、蔬菜、食用菌、畜牧业等。经营大型砂石厂、养鸡场等。在进行国家级特色小镇申报时,函谷关镇产业定位为道家文化产业小镇,提出了"弘扬国学文化,打造道德圣地"的理念与宗旨。

一方面函谷关镇以《道德经》为核心文化支撑。可以围绕道家文化来进行文化产业及旅游产业集聚。另一方面函谷关也是成语"鸡鸣狗盗"的发源地,这个成语故事广为人知,因为对于函谷关镇的开发就可以紧紧围绕"道家"文化来建设。

濮阳市华龙区岳村镇,是著名的杂技小镇,该镇的杂技技艺起源于古时候的春秋时代,兴盛于明清时代,与河北吴桥并称"杂技南北两故里",2008年获批国际级非物质文化遗产。围绕杂技这一非遗文化,岳村镇修建了东北庄杂技文化园区,致力于打造集非物质文化保护、传承、体验、休闲、度假

为一体的精品综合文化园区,吸引了河南省及其周边的大量游客前去参观体验。该小镇以杂技表演作为特色产业,以杂技文化、旅游产业为主导,深度开发休闲度假、创意文化产业、体验旅游等多种业态融合发展。

三、导入"体育+"以建设运动休闲类特色小镇

在国家政策的提倡下,体育产业与特色小镇的融合也是现在特色小镇的一个发展趋势。2018 年,国家体育总局命名河南省 3 个户外运动休闲类小镇。分别是位于信阳市的鸡公山管理区户外运动休闲小镇、位于郑州市的新郑龙西体育小镇、位于驻马店市确山县的老乐山北泉运动休闲特色小镇。进一步丰富了河南省特色小镇建设类型,河南省小镇建设重心逐渐从文旅型转向体育运动休闲类。

河南省目前申报的特色小镇类型单一,发展模式重复,急需要探索新的领域,因此特色小镇的新业态发掘目前是河南省特色小镇建设所面临的重大问题之一,例如河南省每年都会举办郑开马拉松赛,我们可以举办特色小镇马拉松赛,以巩义的竹林镇为例,巩义的竹林镇每年在秋天时红叶烂漫,吸引了大批游客前去游览,当地小镇可以策划一场"奔跑在红叶小镇"为主题的马拉松赛,策划一条游览线路,以寻宝的方式在游览线路上设置关卡,并根据不同的关卡设置不同的奖品,提高大家的参与性。另外全程参与者可以获得免费门票,以及设置一二三等奖等,这些方式必然会吸引一大批登山与跑步爱好者,有的会在当地餐饮留宿消费,增大旅游消费空间,这同时也大大增加了当地特色小镇的创收。以体育旅游为代表的运动休闲游使特色小镇的旅游经济功能得到了拓展,产业融合方式得到了创新。

再如,2018 年新申请上的 3 个国家体育小镇,信阳市鸡公山管理区户外运动休闲小镇、郑州市新郑龙西体育小镇以及驻马店市确山县老乐山北泉运动休闲特色小镇,这些类型小镇可以举办"万人奔跑"全民运动会或登山比赛、极限攀岩运动、自行车拉力赛等各种赛事,打造专业运动小镇。每年固定 4 月与 10 月举办,一年 2 次,分别为春季运动赛与秋季运动赛,针对不同的游客类型,可分为普通选手赛与专业选手赛,还可以设置不同的困难等级,满足不同类型人群的需求。这类赛事不仅增加了小镇游客量,而且会带来巨大的辐射带动效应,带动小镇的酒店,餐饮,交通运输等行业的发展。

建设"体育+"特色小镇可以借鉴杭州富阳国际运动休闲小镇的开发模式,该小镇位于杭州市富阳区江南新城板块,由政府主导,莱茵体育企业联合开发,采用的是企业和政府合作的PPP模式。主旨是打造富阳核心体育中心,目标是进行第二产业体育产品制造研发、第三产业运动休闲体验区与健康度假住宅、体育购物区打造等多种业态融合的体育特色小镇。主要包括体育用品销售区、运动休闲体验区、体育商务开发区、配套综合服务区等。

莱茵体育规划和建设的特色小镇由几个具有市场前景和工业基础的体育项目主导,包括足球、冰雪、户外和水等运动。在规划中,按照生产、生活和生态三生融合的原则。将产业特色、健康人居与自然资源有机融合,采取"体育+"的模式,构建综合性体育平台,整合体育教育的旅游与制造业等,打造文化、金融、健康于一体的居住区。在发展体育小镇的过程中,积极配合地方政府,促进市场主体合作,共建体育、卫生、文化、旅游等产业。

四、导入"健康+"以建设健康养生类特色小镇

"健康+养生+旅游"是一种新型的特色小镇建设模式,其发展模式也是特色小镇未来发展的重要趋势,随着人们健康意识的不断提高,人们对养生越来越重视。康养小镇很好地满足了人们对身心健康的全方位需求。

例如焦作温县的赵家堡镇,该小镇不仅可以发展文化旅游,建设运动小镇,因其具有强大的康养功能,独有的太极文化,对人们修养身心有极大的好处,还可以建设康养小镇,该小镇可以举办"全民健身"的活动,吸引全国乃至全球的人们前来参与;还可以举办太极拳培训班,针对不同的人群时设置不同的课程体系;另外还可以定期举办太极拳交流大会,集聚组织和太极拳爱好者交流等;除此之外还可以借助四大怀药开发健康养生产品,衍生出一条养生产品加工链等,这些措施都有利于特色小镇产业再次深度开发。

再比如信阳茶旅风情小镇,除了可以充分开发体验采摘等体验旅游,还可以从养生产品着手,开发茶饮品、茶膳、茶汤等茶延伸产品,另外还可以以茶为主题开发文化养生,温泉养生,美容养生等多种不同主题的养生旅游。河南省拥有丰富的康养资源,将这些资源与特色小镇相融合,进行深度开发,集聚创造小镇建设新业态。

江苏省宜兴茶旅风情小镇,以阳羡茶为主题,融入音乐、禅修、道文化等

元素,首先开发茶禅主题的度假酒店,满足旅游功能,其次深度开发茶艺、陶艺等文化产品,满足人们的购买功能,再次,建造原生态茶园,开发旅游深层体验功能,并开发了"深氧茶艺七式"茶道表演,给游客带来丰富的观赏性。这一系列项目的开发,将小镇从传统的茶种植产业升级为具有完备的一、二、三产业链条,三产之间相互促进,融合发展。

此外,该茶旅小镇基础配套设施完善,建有生态停车场、旅游移动卫生间、公共区域 Wi-Fi 全覆盖等,这也为特色小镇的进一步升级建设提供重要的承载基础。信阳茶旅风情小镇开发可以借鉴该小镇的一些有益做法。

五、导入"旅游+"以建设旅游风情特色小镇

河南省目前申请的 18 个特色小镇中,文化旅游型小镇占到 2/3 左右,因此在建设特色小镇时对"旅游+"模式进行探究很有必要。旅游业与其他相关产业之间,主要是通过资源、技术、产品、市场四大元素为联系纽带实现产业间的相互渗透和交叉。旅游产业与特色小镇的融合路径如图 5-1 所示。

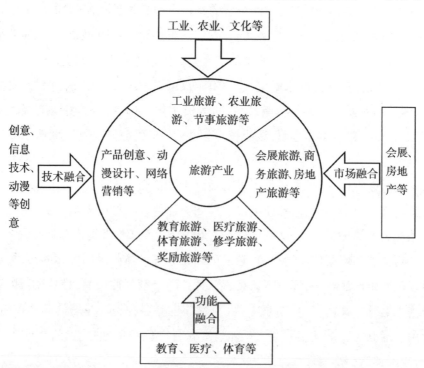

图 5-1　河南旅游产业与特色小镇的融合路径

旅游产业与特色小镇的融合路径主要包括：资源融合、技术融合、市场融合、功能融合等。第一产业农业、第二产业工业、第三产业文化与旅游进行资源融合形成农业旅游、工业旅游、节事旅游等；创意、信息技术、动漫等与旅游技术融合产生产品创意动漫设计、网络营销等；会展、房地产等与旅游市场融合产生会展旅游、商务旅游、房地产旅游等；教育、医疗、体育等与旅游功能融合产生教育旅游、医疗旅游、体育旅游、修学旅游、奖励旅游等。

第二节　产业延伸交叉推动河南省特色小镇建设

一、通过"农业+"方式延伸特色小镇产业链

国家发改委的指导意见明确提出：特色小镇在建设时要依据当地的资源禀赋、区位环境、历史文化特色等，发展优势产业，充分延伸、提升产业链，提高产业间的集聚度，促进不同产业之间的跨界融合发展。在建设河南省特色小镇时，由于其独有的农业产业与文化，可以通过构建"农业+"来建立产业链条，促进小镇第一产业与第二产业、第三产业的延伸交叉。（表5-1）

表5-1　特色小镇产业链延伸表

类别	环节1	环节2	环节3	环节4	意义
农业教育链	基础教育	培训	技能	就业	增加农民收入
农业商品链	生产收购	检测	配送	消费	提高安全性
农业技术链	良种良法	示范	推广	生产	提供农民素质
农业旅游链	产品开发	传播	消费	体验	提高农业价值
农业加工链	生产收购	加工	销售	消费	农业工业化
农业创意链	农业景观	文化产品	消费	体验	提升附加值
农业养生链	颐养产品	服务	消费	体验	提升生活品质
农业商务链	主题	集聚	交流	消费	提升农业效率
农业生态链	生产循环	生物多样性	动物保护	农业文化遗产	提升效益生态保护

特色小镇促进小镇产业链融合创新的途径为优化产业结构，促进农业

与其他产业形态有机融合,比如:旅游、文化、教育、生态、加工等产业,从而产生新的农业形态,比如:休闲型农业、创意型农业、观光型农业、文旅型农业等产业,并加速新技术、新产品、新服务的产生,有效促进一、二、三产业融合。

在建设河南省特色小镇时,导入"农业+"特色小镇建设模式,就是依托于农业资源、产业特色、文化底蕴、生态环境、交通区位等基本元素,将现代农业与生态休闲、健康养老、创意农业、科普教育、观光旅游等产业高度融合发展,产生新的产业形态。实现农业从单一的第一产业向一、二、三产业联动发展,不仅开发农业物质层面的基础功能,也进一步开发农业精神层面的附加功能。"农业+"建设河南省特色小镇具体路径为:

1. 以农产品生产加工为依托

在传统农业的基础上推动现代农业结构转型升级,现代农业必要的不可或缺环节之一依然是农业生产加工。河南省作为传统农业大省,高新农业项目的目标产值必将高于休闲体验农业项目的产值。因此要根据河南省特色小镇目前现有的资源禀赋、结合当前产业发展现状、预估产业发展潜力等,重新合理有效、最高效率配置该小镇的农业生产要素,对特色鲜明的优势农业进行重点培育。最大程度的促进小镇各类资源、产业和功能在小镇内部集聚优化、融合提升、协调互促。这也是解决产镇融合发展的有效途径,特色小镇强调职住一体,因此产业与小镇必须协调发展,着力推进产业、小镇资源与功能的融合统一。

2. 开发农业电子商务

随着互联网高速发展,借助互联网技术发展起来的电子商务,如今在乡镇也得到了普及。建设河南省特色小镇时,第一,可以打造农产品电子商务集聚区,将特色农产品集聚在一起;第二,建立专门的电子物流系统,加快农产品快速的与外界进行流通;第三,通过互联网渠道进行宣传推广,通过在营销节点举办节事活动进行产品推广;第四,建立线上线下相结合的农产品电商平台,借助物流系统,实现农产品的无边界化。

3. 叠加特色小镇旅游功能

针对河南省部分拥有丰富旅游资源的农业特色小镇,这类小镇的特色为优美的自然生态环境和与众不同的农业观赏景观,因此在建设这类小镇可以发展农业休闲观光旅游业,有效推进特色农业小镇生态旅游、休闲度假、观光体验、康体养生等建设。

河南省农业特色小镇具备独特的生态环境、农业景观、生活习俗等,通过深度开发如蔬果亲自采摘、田间劳动、田野采风、农业知识学习、美食品尝、民宿居住体验等体验旅游项目。从而吸引人们前来体验纯朴的农耕生活、品尝安全的农产品、享受浓郁的农家风情、领略优美的田园风光,以此带动特色小镇各类产业要素集聚,推进特色小镇农旅融合。

4.特色小镇建设要注入文化创意元素

河南历来是农业大省,农业根基厚重,农业特色鲜明,农业文化深厚。因此,河南省农业特色小镇的建设必须依托该小镇特有的农耕文化、民风民俗、传统工艺、节庆文化、民间艺术等,通过有机连接市场需求,开发各种类型农业文化创意、农艺技术、农耕活动等、并将民俗风情融入其中,彰显小镇独特的农业文化魅力,进一步提升农业的文化内涵,提高农产品附加值。

二、促进"农业+旅游"的产业交叉融合建设特色小镇

农业与旅游产业的融合重点在于资源共享,相互赋能。河南省特色小镇通过农旅深度融合,培育农业旅游型小镇。开发现代农业园区、民俗文化体验区等新型旅游业态,满足人们观光旅游、休闲度假、文化体验和健康疗养等多样性需求。这种"农业+"的产业特色小镇一般以体验农业、体验生态为出发点和归宿点。

例如:河南省焦作市温县的赵家堡镇,该镇是河南四大怀药的种植地,农业基础良好,同时又是太极文化的发源地,著名的旅游景区,每年来到这里学习太极的游客达万人次,因此,该小镇既可以发展四大怀药的体验区,也可以建立太极疗养区,并且还可以传播太极文化,满足多样化旅游需求。

河南省南阳西峡太平镇,地处秦岭东段的伏牛山西南部,是伏牛山世界地质公园的核心区。森林覆盖率90%以上,中药材1200多种,动物1316余种,素称"国家生物基因库"和"天然药库"。产业形态鲜明具体,第一是拥有以山茱萸中药材种植、加工为主的一二产业。第二是拥有国家AAAAA级旅游景区生态旅游第三产业。因此该小镇可以构建农业加工链与农业旅游链。进行山茱萸的深加工,提升产品本身的价值;与该地独有的旅游资源相结

合,打造中国山茱萸小镇,建立农业旅游体验区,打造观光农业等。

再如长垣县恼里镇,东依黄河。恼里古称匡城,春秋时已是商家云集的繁华之地,相传孔子曾携弟子来此。恼里镇第一产业农业发达,已经形成绿色观光农业产业,截至目前,全镇已建成5万亩优质麦农业园,2万亩生态旅游示范园,2万亩丰产林,8000亩优质水稻和2600亩转基因棉,农业产业化初具规模。第二产业形成了以矿山机械起重机为龙头的机械制造业,带动铸造、运输、钢材、机电、绿色食品加工等多行业发展。小镇现在的目标主要是加速一、二、三产业的融合,使第一第二产业向第三产业发展,积极发展绿色观光农业,拓展农业旅游功能。

三、促进"农业+互联网"的产业交叉融合建设特色小镇

"农业+互联网"是指充分利用移动互联网技术、大数据、云计算、物联网等新一代信息技术与农业进行跨界融合,基于互联网平台进行现代农业新产品、新模式与新业态的创新,使农业从重视规模速度的粗放型增长向重视质量效益的集约增长转变,逐步构建新型的农业生产经营体系。如图5-2所示:

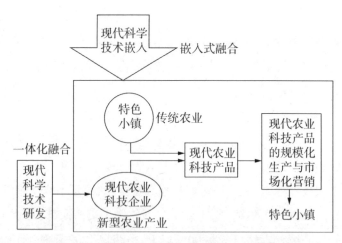

图5-2 现代科学技术融合渗透特色小镇路径分析

河南省特色小镇以"互联网+"技术为基础,依托数据交换、电子商务、安全认证、管理认证、金融结算等网络业务互动信息共享平台,整合社会资源要素,坚持在价值共享原则的基础上连接有效益、有资源、有特色的产业,构

建无边界的产业形态。实现不同业态的生产、加工、物流、信息、科技、资金等跨领域融合,打破行业和区域割裂发展的产业形态,可以形成合纵连横、多方融合的新业态。

河南省特色小镇推进"互联网+"与农业深度融合,应着眼于整条农业产业链的融合。首先,在农业生产中利用互联网技术,提高农业产出效率。其次,在农产品的销售中,利用互联网技术,在各个电商平台上,比如淘宝、京东、拼多多进行投放销售,并利用淘宝直播、抖音、快手等平台进行宣传推广。提高农业产值,帮助农业增加收入。再次,在农产品储藏、运输的过程中,充分利用互联网技术,缩短产品送达时间,降低产品物流成本。最后,利用互联网大数据建立一套监管系统,提高农产品安全性。

第三节　产业重组推动河南省特色小镇建设

一、推动特色小镇第一产业内部融合

特色小镇第一产业之间的内部融合路径为通过深化农业产业加工水平,在发展好农业基础生产环节的前提下,向上游延伸至农产品的精深加工和高端研发设计,向下游延伸至农产品的市场营销、品牌经营,实现农业高端化发展。

产业融合产生新的产业、新的业态、新的功能,并形成新的分工与市场。河南省特色小镇第一产业内部融合是以市场为导向,深化第一产业产业化经营,围绕产出价值最大化,创造进行全过程跨一、二、三产业的纵向分工协作,提高第一产业产品和项目的加工度和价值增值程度。第一产业生产经营活动从产前的种子培育、研发、规划设计到产中的机械设备,科技信息服务到产后的储藏、运输、包装及销售,形成高度专业化、网络信息化、纵深社会分工的产业链条。通过第一产业产前、产中、产后三个环节的有机组织和联系,构建了完整的产业链,促使特色小镇的价值从单一产品延伸到加工生产领域和服务领域等。如图5-3所示:

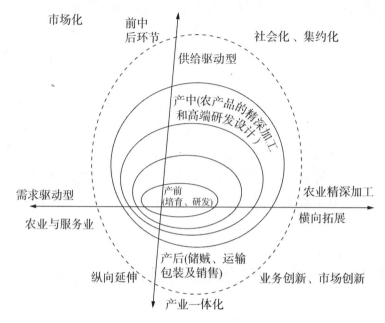

图 5-3 特色小镇产业内部融合图

二、促进第三产业内部的融合

在特色小镇的建设中,第三产业内部的融合主要体现为"互联网+旅游"的产业融合。随着互联网技术、新媒体的高速发展,旅游与互联网的融合已成为必然趋势,目前河南省文化旅游型特色小镇科技水平低,聚焦互联网技术能够弥补这一缺陷。互联网技术在旅游行业的运用主要通过以下途径。

第一,创造"文化+技术+旅游"的旅游模式,具体而言就是开发文化创意,信息技术与旅游相结合的新业态旅游方式,创造真人体验式场景。例如驻马店市竹沟镇发展红色旅游,可以采用实景演出,情景再现的方式,借助高新技术,通过真人演出来展示当年所发生的抗战故事,这比仅仅展示一些道具要生动立体,并且更容易使人们被带入到当年的情景中,引发人们的情感共鸣。给游客带来更好的体验感,从而提升小镇的旅游竞争力。

第二,运用物联网、人工智能等科技,建设特色小镇的智慧旅游系统,包括人脸识别,电子检票等基础设施改造,还有利用现代 VR 虚拟现实技术,还原历史人物及历史故事场景,使游客如同身临其境,这对河南省深厚的历史文化景观尤其重要。永城市芒山镇是汉文化的发源地,灵宝市函谷关镇是道家文化的起源,邓州市穰东镇是医圣张仲景的故乡,对于这类历史文化遗迹尤其突出的小镇,VR 等高新技术的运用尤其重要。进一步提升特色小镇的旅游特色。

第三,通过大数据、互联网、智慧城市等核心技术,以及云平台、云计算等实现特色小镇旅游数据的收集与共享,依托大数据分析,掌握小镇旅游消费者的出游行为与消费情况,并做一定的客观分析,有利于小镇优化旅游产业结构,改造旅游产品,强化优势领域,弥补不足之处。也有利于小镇产业链的进一步延伸发展,促进产业间的高度融合。

三、推动特色小镇第一、二、三产业之间的交叉融合

推动河南省特色小镇建设路径还可以通过加强第一、二、三产业的融合,延长产业链,融合路径如图5-4 所示:

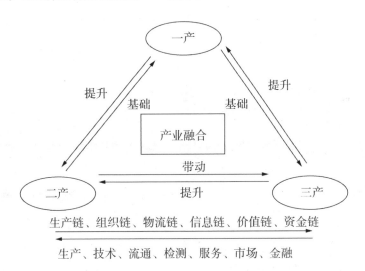

图5-4　特色小镇第一、二、三产业融合图

从图中可以看出,河南省在进行特色小镇一、二、三产业之间的融合时,首先要促进第一、第二产之间的融合,即发展农产品精深加工业,增加农产品附加值。其次要促进第一、第三产业之间的融合发展,将农业的生态效益、社会效益发挥出来。再次要培育农业品牌,实现品牌零突破,增大农产品市场占有份额。

推动河南省特色小镇三次产业融合,主要通过拓宽三次产业范围,提高产业链组织的规模等方式。具体主要是将休闲、度假、观光、体验、娱乐等功能融入传统农业中,从而促进传统农业延伸到第二、三产业。一、二、三产业之间的相互交融形成了特色小镇三次产业融合体系,包括支持产业、核心产业、配套产业和衍生产业四个产业集群。如图 5-5 所示。

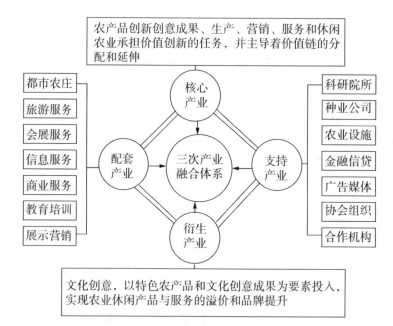

图 5-5 特色小镇第一、二、三产业融合体系

从图 5-5 可以看出,三次产业融合体系主要通过引入信息技术、旅游服务、科学管理等现代经营理念、技术手段和运作模式,将农业从食品、纤维等农产品的生产向休闲、健康、生态保护、旅游、文化、教育等多领域拓展。使第一产业农业的产出从传统的粮食、蔬果等产品向更深的农产品再加工,文化创意成果,农业休闲等领域转变,衍生出休闲观光农业、创意农业、会展农业和环保农业等。赋予了第一产业社会、经济、生态、文化等多种附加功能,产业增值从单一的产品到信息、旅游和高新技术等多个领域协同增加。

特色小镇三次产业融合实现了第一产业、第二产业与文化、旅游、教育、健康、环保等产业的有机统一,赋予第一、第二产业科技、文化、教育和环境价值,促进发展生态休闲、旅游观光、文化传承、科技教育等产业,使生产、生活、生态三生统一,全面提高三次产业的附加值。

例如驻马店市确山县竹沟镇,位于伏牛山和桐柏山余脉交错的小盆地上,有红色圣地"小延安"之美誉。竹沟镇首先将第一产业山羊养殖发展为制造羊毛皮具,并进行出口等。其次打造红色文化旅游,小提琴制作体验旅游等。实现一二三产横向和纵向融合,发展产业新业态。

第四节　河南特色小镇建设的实现路径①

一、立足河南独特的历史文化资源,凸显河南特色

特色小镇的内涵关键在于特色,培育特色小镇必须以特色为本,小镇特色就是其生命力所在,是保障特色小镇具有活力和可持续发展的动力和源泉。特色小镇的发展建设,从大的环境来看,目前仍然处于探索和发展阶段。在这一阶段,河南省各地必须先从思想上不断强化对特色小镇的认识,对小镇的特色建设进行深入思考。要以各地的特色资源为依托,立足于政府的政策和服务指导,通过各地区的各个资源的优化配置,挖掘当地最具发展前景和潜力的新型产业和企业组织;坚持以习近平总书记提出的"绿水青山就是金山银山"为产业发展理念,通过与当地的乡风民俗、生态农耕特色、人文文化等相结合,将文化的教育作用融合到产业发展中,不断促进实现区域产业链的多向发展和多种产业附加功能的增值,形成具有河南省当地特色的品牌。

河南特色小镇建设最基本的就是"发现特色、找准特色",不能舍本求末、舍近求远、生搬硬套,也不能为了特色胡编乱造。特色就在日常生产生活中,就在平常田间地头里,就是独有的或者差别化的题材与内容。小镇建设以特色为本,基本要求就是要立足本土、挖掘历史,形成独特的"卖点"。河南建设特色小镇具有得天独厚的优势。河南省地域广袤,历史悠远,拥有丰厚的历史文化资源和自然人文景观,为特色小镇建设赋予了独一无二的特色与品格;中原经济区、国际航空港、国家中心城市等国家战略的实施,为

---

① 王传礼.河南特色小镇建设的现实路径[J].时代报告,2020(8):94-95.

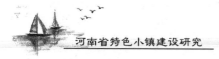

特色小镇建设提供了千载难逢的机遇和经济基础;同时,河南省是农业大省,可以很好地把特色小镇建设与加快新农村建设、推进乡村治理、建设美丽河南等结合起来。河南特色小镇建设,就是要立足河南深厚的历史文化底蕴,立足河南独特的自然资源和人文景观,立足河南的优势产业和便利区位,结合小镇实际的风土人情,构建独一无二的特色小镇发展模式。

二、坚持市场主导,积极培育推进特色小镇产业发展

加大产业支撑建设特色小镇,首先需要政府引导。政府要有针对性地做好宏观引导,将政策环境的建设落到实处,根据实际情况进行统计调研和顶层设计,为特色小镇的建设做好合理开发和利用规划;通过颁布指导性政策文件,把握特色小镇建设的主要发展方向,使特色小镇的建设更加规范。与此同时,要特别注重利用好市场经济的导向性这一特点,立足自身特色,结合时代发展,充分发挥市场在资源配置中的决定性作用,打造与众不同的特色小镇,形成独特的市场竞争力。

在加强政府宏观引导的同时,也要注重引导的方式,不进行过度的干预,适当开放政策,要积极调动相关企业和居民等市场主体的积极性。既要扩大对小镇特色产业投资运营的力度,在投资运营商的审核上面把好关,增强特色小镇建设的项目化运作,也要鼓励城乡居民进行自主的创新创业,给予居民们资金支持和技术的指导。充分发挥市场在资源配置中的决定性作用,要积极鼓励、引导和支持相关企业和其他社会力量参与到特色小镇的建设中来,依据实际情况科学定位、积极培育、协调推进特色小镇产业发展,加大产业支撑。特色小镇重在特色,要立足当地特色产业,最好是当地有一定产业基础同时又极具优势的产业,进行产业定位,要充分依据河南经济社会发展的现状、资源优势、市场需求等三个方面,着力聚焦在旅游、文化、休闲、制造业等方面的发展。

三、完善特色小镇发展机制,增强制度保障

一是要创建责任主体机制。政府各相关部门,特别是申报主体要强化主体责任和意识,对小镇建设的发展规划、成果验收等各个环节和过程要清晰主体责任,使其参与的积极性更加强烈,并能够充分发挥其创新性。二是

要建立规范纠偏机制。在建设过程中,要对实时调整有更加清晰的把握,从而形成优胜劣汰的良好竞争机制,进而避免一次性定位命名的情况发生。同时,政府需要关注容错、试错等的管理情况,通过循序渐进的宏观措施,不断地对小镇的建设进行规划和调整。充分发挥已经有了一定起色的特色小镇的带动作用,形成特色小镇的示范小镇,让更多建设中的特色小镇能够有明晰的发展方向和改进空间,从而使得各地区的特色小镇能够发挥自身的特色,以更加多样化的方式发展,有效避免发展模式的趋同现象,使得发展机制更加灵活有序。健全和完善特色小镇的发展政策和机制,需要建立全局观,以全面的角度来把握特色小镇发展,营造良好的发展环境,为特色小镇更加光明的未来提供制度和机制保障。

特色小镇作为河南特色文化的具体展现和新型城镇化建设的有效载体,已然成为继承、创新、弘扬中原文化,推动河南地域经济转型升级的新引擎。河南特色小镇立足河南特色,注重特色化牵引,坚持市场导向,合理选择培育特色小镇特色主导产业,促进第一、二产业与旅游业的高度融合,推动河南特色小镇的培育与发展,充分发挥特色小镇在河南经济社会发展中的重要作用。

第五节　河南省特色小镇高质量发展的措施

一、因地制宜,完善建设评价标准体系①

虽然河南是一个农业大省,粮食生产在全国占据重要地位。但占据中原大地的河南省,地理交通位置极为重要,不仅拥有丰富、多元的历史文化遗址,文化旅游资源独具特色,而且在交通出行方面极为便利,尤其是米字型高铁网络的形成,使得河南省的区域优势更加明显。促进特色小镇的建设发展对河南乡村振兴有着重要推动作用。做好特色小镇建设评价标准体系的完善,可以保证小镇建设发展符合规律,可以因地制宜、具体情况具体分析,使小镇发展各具特色。

---

① 秦飞科.河南特色小镇建设问题研究[J].海峡科技与产业,2020(3):1-3.

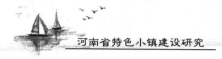

对此,完善评价标准体系,首先应当构建基本原则——科学性、合理性、可行性和可持续发展;然后做好制度设计工作,分别将基本信息统计、发展绩效评价、特色水平评价等包含在内;最后在制度标准设计后,根据实践情况优化创新,形成完善可行的特色小镇建设标准体系,保障特色小镇建设规划科学、产业结构完善、持续发展。

二、优化资源,发展特色主导产业

特色小镇建设的关键在于主导产业,可以说其决定了特色小镇是否可以长久发展,而产业发展的核心在于特色,能够吸引人们注意,引来大量人员流动。对此,河南省特色小镇建设要想发展特色主导产业,首先要整合小镇现有资源进行优化,充分挖掘当地的文化资源,让产业发展与文化资源相结合,提高关联程度,具有辨识度;对于传统产业明显的小镇,可以充分利用自身资源,引入必要的高新技术,建设特色主导产业,由此完善形成具有优势的支柱产业。其次,以市场为导向,根据市场发展规律,注意产业的规模、发展前景与规划等,深入考察地方具有良好基础的产业,将其优先划入主导产业中。最后,小镇建设中必须根据当地优势资源,深度挖掘最具潜力、最能培养的特色产业,构建竞争力强、可持续、循环发展的产业生态链,突显产业优势,提升品牌效应,特色小镇应当都有一个与之实际相符合的特色支柱产业。

(一)因势利导,培育"特色"产业

"集中突破"是特色产业发展的关键。小镇的特色产业选定之后,就要遵循特色小镇的培育要求,将主导产业做精做强。先采取"集中"策略,重点突破,将战略的注意力集中于产业链思维上,挖掘深加工潜力,延伸产业链条,把特色产业逐步做精做强,发展产业的核心优势。

"规模优势"是特色产业稳定发展的保障。规模效益是在产业发展基础上,全面提高"低成本生产优势"和"低成本运作优势",在产业研究、产业应用、产业服务、产业营销方面形成集群发展,在市场竞争中形成规模优势,保持竞争优势,获得持续稳定的发展。

1.合理选择培育特色小镇特色主导产业

主导产业是特色小镇建设的重要支撑,对于特色小镇能否长久发展具有决定性的作用。而"特色"的定位选择是产业发展的关键,对特色小镇是否有发展潜力具有决定性作用。河南省特色主导产业的选择与培育可以按照以下几个步骤来进行:首先,在产业选择方面,一定要以市场需求为导向,注重产业的独特性、关联性、是否容易产生产业关联集聚效应等。具体做法为:第一,选择当地集聚度最高的企业,尤其是所在地已经具有良好产业基础的产业,这类产业可以优先划分到特色小镇的主导产业中。第二,根据当地资源要素优势,深度挖掘当地最有基础、最具潜力、最能培养的特色产业,打造竞争力强、可持续循环发展的产业生态,每一个小镇都要具有与此相匹配的特色产业。

例如:河南省农业特色小镇必须围绕"农"字来建设发展,文化旅游小镇必须围绕"特色文化"来延伸产业链,工业旅游小镇必须围绕"高端制造"来建设高新技术型特色小镇。特色小镇建设必须注重培育聚焦新兴产业、大力促进传统产业转型升级,充分借用"互联网+"等新兴手段,拓宽产业广度,延长产业链。

其次,做好前期产业布局规划,注重特色小镇的整体及局部的空间布局与规划,具体包括投资融资规划、建设规划以及顶层规划等,为特色小镇整体产业开发建设做好充足的前期准备,保证特色小镇产业具有长久的生命力。

再次,河南省特色小镇特色主导产业的培育壮大,一方面要依赖于政府给予税收、土地、财政等方面的优惠政策,鼓励特色产业的发展,逐渐形成主导产业,明确特色小镇的核心功能;另一方面,要集聚专业建设人才和相关产业,构建产业体系,形成区域化、产业化、专业化、特色化的经营与布局,实现特色产业的集聚化发展。

最后,河南省特色小镇在围绕小镇主导产业进行建设时,特色小镇的空间平台建设、文化特色构建、景观风貌培育、创新创业机制,均需要围绕特色主导产业来考虑。以产业为立足点,配套服务于人口、经济、服务等功能,以产立镇、以产带镇、以产兴镇,实现产镇融合。

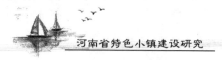

2.依据实际,进行特色小镇产业定位

河南省特色小镇在进行产业定位时首先要充分依据河南省的实际发展情况,特色小镇是以产业为基础的,建设特色小镇,离不开产业,所以对产业的定位有着很高的标准,产业定位的成功与否也决定着特色小镇建设的成败。首先,河南省特色小镇在进行产业定位时,要充分考虑自身的资源禀赋,资源禀赋既指自然资源,又指人文资源,而河南省的资源优势既有自然方面的也有人文方面的;其次河南省特色小镇的定位是建立在适应政府政策、市场潜在需求以及自身发展需要基础上的,因此在进行产业定位时要充分考虑到这三点因素。特色小镇不仅要继承原有产业更要拓宽加深原有产业,这样才能延长产业链,实现产业高度集聚。

河南省在进行特色小镇建设时,要着力于当地的特色产业,特色小镇产业体系建设不是面面俱到,而是着力于挖掘当地相对最有特色的产业,因此进行特色产业的定位尤为重要,最好是当地有一定产业基础同时又极具优势的产业。

根据调查分析,特色小镇的特色产业定位基本聚焦在信息技术、健康、旅游、时尚、金融、高端制造、运动休闲等几大产业,河南省特色小镇要根据自身优势合理选择其中之一。根据目前河南省申请成功的特色小镇类型,特色产业主要聚焦在旅游、健康、文化、运动休闲、制造业等产业。因此在进行特色小镇建设时一定要充分挖掘所建小镇自身所具备的产业优势,并制定相应的产业扶持及优惠政策。用一个特色产业带动整个产业链的发展,形成良好的产业发展上中下游关系,增强特色小镇的发展动力。

(二)系统保障,运营"特色"产业

1.特色产业的服务平台运营架构

特色产业发展过程中除了要发挥企业的主体作用,还要有效发挥政府的引导作用,政府要在"纵向"、"横向"产业集聚的发展战略下,注重从土地空间利用、生态环境保护、服务能力提升等方面建立全方位、立体化的服务运营平台架构,从企业需求出发,匹配高效、便捷的产业服务,健全产业生态系统的发展格局,提升区域整体竞争力。

特色产业的运营服务是以招商运营(企业)为核心,融合了投融资平台运营(资金)、资源平台运营(技术)、人才服务运营(人才)、互联网服务运营

（信息）等的一个多元化运营体系。

2.高品质可持续运营平台

（1）抓好招商服务平台建设

围绕特色产业的发展目标，完善政府主体、上下联动、激励推动的招商促进机制，开展全程跟踪服务。

一是建立项目引入评审机制。建立由牵头政府领导、招商、发改、规划、国土、环保、财政等多部门参加的招商引资项目联合预审会议制度，并对重大项目施行专题协调会的方式解决。

二是建立和完善项目促进机制。建立牵头人和各部门负责人参与的重点招商项目联席会议制度，定期召开，重点解决项目引进和实施中存在的具体问题，确保招商项目顺利落户。

三是建立促进工作监督机制。目的在于通过督查对影响落地和实施的人、事进行责任追究，并对创新工作思路行为进行鼓励，确保招商项目顺利落地。

（2）抓好投融资平台建设

依托政府、企业、金融机构的合作，通过直投基金、政府引导子基金、产业基金等方式，打造产业发展金融平台，助力特色产业的产业聚集。一方面，为需要资金支持的企业，提供方便优惠的融资渠道和金融服务，助力企业发展，推动产业落地；另一方面，扶持产业研究领域，实现产学研一体化，从技术创新的角度，推动产业的发展。

（3）公共资源交易平台建设

确保公共资源交易公开、公平、公正，实现公共资源交易服务专业化、效益最大化，应推进特色小镇的公共资源交易平台建设。主要包括农村产权流转（农户承包土地经营权、"四荒"使用权、农村集体经营性资产、农业生产设施设备、小型水利设施使用权、农业类知识产权等）、环境能源交易（节能减排技术等）。

三、多方运作，夯实小镇发展资金之基

（一）拓宽融资渠道，增加资金投入

虽然政府积极倡导特色小镇建设，并投入了大量的人财物，而企业却不

为所动,致使资金投入不足。对此,政府首先就要因地制宜地结合本地特色产业,充分发挥当地优势资源,并且遵循经济发展与小镇建设的客观规律,做好小镇建设发展规划,保障规划的科学性;其次,在具有明显收益的项目中,可以积极动员一些资本浓厚、盈利能力高的企业参与,约定投资内容与收益方式,提高企业参与的积极性;最后,打破以往的惯例,做好政策与制度保障,小镇建设单位也可以制定良好的鼓励政策,以吸引投资人员的目光,加大投资。

(二)吸引社会资本参与特色小镇建设

在当前经济形势下投资放缓,河南省特色小镇创建出现了"政府热、企业冷"的现象,政府积极倡导特色小镇建设,投入大量的人力、物力、财力,而企业却不为所动,呈观望姿态。对特色小镇所凸显的经济带动作用并不是很积极参与,导致了河南省特色小镇建设企业参与的内驱动力不足,又因为特色小镇建设周期长,投资回报慢,且投资回报率不一定能得到完全保证,企业以利益为最大出发点,追求经济效益最大化,更加青睐"短平快"的投资回报方式。因此在吸引社会投资方面,企业参与的积极性不够高。解决这种问题需要升级融资方式,采用多渠道全方位融资。特色小镇的融资具有前期资金投入多、运作周期长的特点,完全实现市场化运作比较困难。因此可以推动公私合营(PPP)的模式、引入其他社会资本和金融机构资金等。

可以采用的具体做法如下:第一,积极动员一些盈利能力高的企业参与具有明确收益的项目,可以采取占股的形式,提高收益水平;第二,地方政府将当地特色小镇的各项建设项目通过发行债券的形式来积极吸引民间资本,民间资本是特色小镇资金来源的重要渠道;第三,当地特色小镇建设单位制定一些鼓励性政策,给企业资本一些参与小镇项目建设的红利,减少社会资本进入的障碍,积极动员有实力有意愿的企业参与和运营当地特色小镇;第四,建立专门的融资机构,引进专业投资人才参与特色小镇建设融资,通过建立多样化可行的融资方式来吸引更多的社会资本进入到特色小镇的建设中。吸引社会资本参与特色小镇建设不仅为小镇的长久发展建设提供充足的资金保障,促进特色小镇健康持续永久发展,同时还能够创造出一定的就业岗位,促进特色小镇剩余劳动力的安置。

四、搭建平台，充实人才智库

（一）加强人才队伍建设，提高创新能力

任何工作的开展都离不开人才，充分发挥人才资源的优势，加强人才队伍建设，提高创新能力。第一，特色小镇建设所需人才不仅要理论知识丰富，实践能力还要够强，特别是生态旅游类小镇与农业型小镇，更要注重实践技术，引进人才素质不仅要高，能力更要强。第二，完善人才培养机制，对于小镇建设所需各类人才的培养教育工作都要覆盖在内，营造良好环境。

例如，经营管理人员，与时俱进，更新管理理念；小镇创业人员、电商营销人员，注重培养新技术、新理念，提高经济收益。还可以建立一对一或一对多的带教制度，增强新进人才的实践操作能力，及时将知识转化为实践。第三，做好人才引进工作，完善人才发展机制，使得更多人才能够进入小镇工作，而对于高端稀缺型人才，可以制定针对个人的优惠政策，以吸引高素质、高能力人才。

（二）搭建服务平台，积极引进人才

搭建人才服务平台，人才是特色产业发展的智慧力量，应充分发挥人才在特色产业中的支撑作用。政府应鼓励和支持搭建人才服务平台，实施"人才引领、创新驱动"的发展战略，做好人才引进、人才培养、人才服务工作。

人才引进方面，可通过搭建人才引进交流大会，可与高校合作打造人才库，并出台人才引进相关政策，推进人才的"落地生根"。人才培育方面，创新人才培养模式，在特色产业的发展趋势和方向深入分析基础上，对产业发展下的人才新需求进行思考，从而针对性地对产业人才进行培养和提升。人才服务方面，各项配套和支持需同步，尤其是住房保障和福利待遇保障，可针对人才的贡献率设立人才扶持资金。

（三）多方筹谋，积极拓宽人才培育途径

河南省特色小镇培养专业型人才时，应做到：第一，鼓励高校开展专业教育培养，即专门针对特色小镇所需直接对口培养人才，实行一对一负责培养制，具有跨领域合作精神，争取培养一批既会经营项目又会管理企业的全能型人才；第二，特色小镇建设所需人才需要实践与理论相结合，不仅理论

知识要扎实,更要有极强的实践能力,尤其是针对农业型特色小镇,不仅要有扎实丰富的理论,还要懂得最新的技术,能够盘活现代农业新型业态;第三,实行人才终身培训制,对特色小镇经营主体的培训不是一时的,是贯穿整个特色小镇的发展,最好能够形成一帮多的带教制,促进特色小镇培养机制良性循环发展;第四,创新完善各项培训机制,建立特色小镇专业职业教育培养路径,整合各项优质资源,并优先将新型经济主体纳入培训对象。包括小镇种养大户、创业者、电商经营者,小镇合作社领头人等,优先培育支持,从顶层向底层推广新技术,新理念;第五,积极开展各项培训项目,组织新型经营主体积极参与,进行技术改造与创新,推广产学研模式。

此外,河南省特色小镇还要鼓励各行各业的专家,行业佼佼者与小镇经营主体对接,打造特色小镇建设的智囊团,推行特色小镇创新创业导师制。并且积极打造建立创新创业孵化基地,增强小镇各个功能区的互动作用与联动效应,打造农业生产、加工、商业贸易、旅游等融为一体的全产业链,创造良好的创业环境,提供创业平台。

五、加强融合,提升小镇产业联动

(一)提升特色小镇产镇融合度

首先,特色小镇作为新型城镇化进程中产业空间发展的重要载体,发展产业的同时吸引人口在此生产、生活、游憩等,因此,要达到人与环境高度的和谐统一。河南省特色小镇需要具备和谐宜居、宜办公的生态环境和宜赏宜游的旅游环境,既要保护生态、尊重自然,保持小镇环境的优美和舒适,又要使特色小镇的空间布局与周边自然环境协调统一,保持小镇独有的风情风貌特色。将小镇的环境建设与特色产业的发展同步协调,创造舒适的就业创业空间、慢节奏的生活空间和干净整洁的生产环境,实现产镇融合。

其次,特色小镇作为实现新型城镇化的形式之一,强调职住一体化,因此要坚持以人为本,促进特色产业与当地小镇充分融合发展。一方面,河南省特色小镇的建设目标之一是全面提高小镇的生态宜居性,提升该小镇的居民生活环境质量。人们的生活方式、小镇文化、小镇环境、产业都需要围绕着"特"字进行建设;另一方面,特色小镇要鼓励当地居民积极参与建设,既要发展小镇特色,要有考虑小镇居民的意愿,以人为本,这就更加要求产镇高度融合发展。

(二)培育特色小镇一二产业与旅游产业的高度融合

因为河南省独特的自然资源,因此在培育特色小镇时可以叠加旅游功能,主要作用不仅可增加小镇的旅游收益,还有利于小镇品牌建设,提升集聚人气。因此,开发建设特色小镇时培育其旅游功能具有相当大的必要性。

河南省特色小镇可立足于当地小镇的区位、产业、生态、文化等独特优势来定位其旅游主题,并配套建设小镇餐饮、住宿、交通、游览、购物、娱乐等设施,吸引大批外来游客,延长产业链,促进小镇增收,保证小镇建设的资金来源。

例如河南省的农业型特色小镇。可以推进农业与旅游、健康养老、教育文化等产业的多重融合,例如永城芒山镇可以发展文化创意农业,将文化创意嵌入农业生产、发展的全过程,以增强其游览价值,还可以将科技创意、栽培创意等转化为实物产品。河南省特色小镇建设在叠加旅游功能时,想要不同于以往的旅游业态可以借助现代化高新技术手段,尤其是"互联网+"的运用以提高小镇的管理水平和服务质量,满足年轻游客的个性化需求,提升旅游业态水平,例如可以建设智慧旅游小镇,线上旅游活动与线下旅游活动相结合。还可以依托特色小镇的文化底蕴,与教育培训机构合作,覆盖社会不同年龄段的各个层级群体,打造国学书院等,将国学教育、亲历游学融入文化旅游型特色小镇开发建设中,提升小镇的文化魅力。

参考文献

[1]刘航,孙早.城镇化动因扭曲与制造业产能过剩:基于2001—2012年中国省级面板数据的经验分析[J].中国工业经济,2014(11):5-17.

[2]贾海刚,万远英.中英现代化进程中城镇化问题治理比较研究[J].经济体制改革,2014(6):168-172.

[3]袁博,刘凤朝.技术创新、FDI与城镇化的动态作用机制研究[J].经济学家,2014(10):60-66.

[4]李正宏,李波平.湖北特色小城镇建设的思考[J].湖北社会科学,2013(6):65-68.

[5]蔡续.桂林市特色小城镇建设问题与对策研究[J].中国发展,2015(4):43-47.

[6]曾江,慈锋.新型城镇化背景下特色小镇建设[J].宏观经济管理,2016(12):51-56.

[7]苏斯彬,张旭亮.浙江特色小镇在新型城镇化中的实践模式探析[J].宏观经济管理,2016(10):73-75,80.

[8]薛德升,曾献君.中国人口城镇化质量评价及省际差异分析[J].地理学报,2016(2):194-204.

[9]陈多长,游亚.地方政府土地财政行为对城镇化模式选择的影响[J].经济体制改革,2016(1):20-27.

[10]陈光义.大国小镇:中国特色小镇顶层设计与行动路径[M].北京:中国财富出版社,2018.

[11]李宽.特色小镇[M].北京:社会科学文献出版社,2018.

[12]王璐.特色小镇产业生态链及其空间载体构建研究:以余杭艺尚小镇为

例[J].小城镇建设,2016(3):75-79.

[13]王婷,刘文华.古北水镇特色小镇发展现状、问题及对策研究[J].现代营销(经营版),2020(02):44.

[14]文丹枫,朱建良,眭文娟.特色小镇理论与案例[M].北京:经济管理出版社,2017.

[15]陈炎兵,姚永玲.特色小镇:中国城镇化创新之路[M].北京:中国致公出版社,2017.

[16]修竹.依云:来自阿尔卑斯山的馈赠[J].现代企业文化,2014(12):62-63.

[17]朱素芳.法国特色小镇见闻与启示[J].浙江经济,2017(23):50-51.

[18]王松,朱晨澜,陈海盛.特色小镇:从法国格拉斯小镇到中国美妆小镇[J].中国经贸导刊(理论版),2017(26):44-45.

[19]鲁钰雯,翟国方,施益军,等.中外特色小镇发展模式比较研究[J].世界农业,2018(10):187-193,267.

[20]赖莉芬.福建省特色小镇发展模式与空间分布特征探讨[D].福州:福建师范大学,2019.

[21]林峰.特色小镇的"生命力"之产业的选择、培育与导入[J].中国房地产,2017(8):20-23.

[22]李曦羽.浙江特色小镇发展研究[D].武汉:华中师范大学,2018.

[23]余德彪,束文琦.浙江特色小镇高质量发展之路[J].中国工业和信息化,2019(12):82-87.

[24]唐丽.湖南省体育特色小镇协同治理研究[D].长沙:湖南工业大学,2021.

[25]董昊,许秀梅.山东省特色小镇空间分布及影响因素研究[J].湖北农业科学,2021(19):200-206.

[26]王亚男.特色小镇发展过程中影响因素分析:以中国美妆小镇为例[J].今日财富(中国知识产权),2021(11):190-192.

[27]谷志军.从政企统合到三元协同:开发区治理模式的新变化[J].社会科学研究,2019(3):48-54.

［28］工业和信息化部赛迪研究院.我国特色产业小镇发展模式分析［J］.工业经济研究,2017(3):8−11.

［29］倪帅.基于游客体验的古镇旅游满意度提升研究:以神垕古镇为例［D］.郑州:华北水利水电大学,2018.

［30］郑玉朵.赵堡镇陈家沟太极特色小镇建设现状及发展路径研究［D］.成都:成都体育学院,2019.

［31］李会娟.蟒川镇特色小镇建设研究［D］.郑州:郑州大学,2020.

［32］闻家琳.特色小镇基础设施融资的项目组合模式研究:集于 Markowitz 组合投资最优模型［J］.商业经济,2018(4):109.

［33］程丽.函谷关特色小镇建设路径研究［J］.三门峡职业技术学院学报,2019,18(4):58−62.

［34］张佩,王博.关于函谷关文化品牌建设的思考［J］.市场论坛,2016(5):57−60.

［35］陈清,吴祖卿.福建特色小镇发展建设的"资源+人才+创新"策略分析［J］.福建论坛(人文社会科学版),2017(3):161−166.

［36］魏雅姝.特色小镇旅游文化元素深度开发研究［J］.合作经济与科技,2019(21):118−119.

［37］李艳艳.河南省特色小镇营销策略研究:以函谷关道德小镇为例［D］.郑州:华北水利水电大学,2019.

［38］秦飞科.河南特色小镇建设问题研究［J］.海峡科技与产业,2020(3):1−3.

［39］王思敬.河南特色小镇建设指标体系构建初探［J］.农业工程技术,2019(21):39−43.

［40］刘琪.河南特色小镇发展的条件与制约分析［J］.农村.农业.农民(B版),2018(5):52−53.

［41］王传礼.河南特色小镇建设的现实路径［J］.时代报告,2020(8):94−95.

［42］郑学芳.产业融合导向下河南省特色小镇建设研究［D］.郑州:郑州大学,2019.

[43]王国华.特色小镇是政府主导的市场经济行为[J].经济,2017(8):
76-77.

[44]王秋辉."PPP+"特色小镇-PPP模式在特色小镇建设中的研究[J].知
识经济,2017(12):8-9.

[45]吕康娟,刘延岭,关柯.小城镇建设评价指标体系的研究[J].城市发展
研究,2001(5):69-72.

[46]吴一洲,陈前虎,郑晓虹.特色小镇发展水平指标体系与评估方法[J].
规划师,2016(7):123-127.

[47]潘静波.二维视角下金融类"特色小镇"的培育指标体系构建:以杭州市
为例[J].经贸实践,2016(20):31-32.

[48]温燕,金平斌.特色小镇核心竞争力及其评估模型构建[J].生态经济,
2017(6):85-89.

[49]赵海洋.基于SEM的我国特色小镇项目社会效益评价研究[D].济南:
山东建筑大学,2017.

[50]徐友全,姚辉彬,安强,等.基于GRA-AHP的特色小镇PPP项目建设风
险评价[J].工程管理学报,2017(6):71-76.

[51]雷仲敏,张梦琦,李载驰.我国特色小镇发展建设评价研究:以青岛夏庄
生态农业特色小镇建设为例[J].青岛科技大学学报(社会科学版),
2017(3):8-12,28.

[52]董兴林,牛春云.青岛西海岸新区特色小镇可持续发展评价研究[J].青
岛农业大学学报(社会科学版),2017(1):40-45.

[53]闵忠荣,周颖,张庆园.江西省建制镇类特色小镇建设评价体系构
建[J].规划师,2018(11):138-141.

[54]高雁鹏,徐筱菲.辽宁省特色小镇三生功能评价及等级分布研究[J].规
划师,2018(5):132-136.

[55]田学礼,赵修涵.体育特色小镇发展水平评价指标体系研究[J].成都体
育学院学报,2018(3):45-52.

[56]薛燕.茶文化特色小镇的评价研究[J].福建茶叶,2018(8):135.

[57]旭霞.优化特色小镇考核制度研究:基于杭州的实践[J].中共杭州市委

党校学报,2018(1):24-30.

[58]朱宏炜.特色小镇可持续发展评价指标与评估方法研究[J].轻纺工业与技术,2018,47(5):16-18.

[59]李苹绣.基于钻石模型的佛山科技创新特色小镇群发展水平评价[J].商业经济,2018(5):37-38,79.

[60]余茜,许彦,李冬梅.农业特色小镇发展水平研究:来自成都的证据[J].世界农业,2019(6):98-105.

[61]赵亮,张忠根,曹梦桐.农业特色小镇发展水平研究:来自成都的证据[J].世界农业,2019(6):98-105.

[62]张春香.基于钻石模型的区域文化旅游产业竞争力评价研究[J].管理学报,2018(12):1781-1788.

[63]成霄霞.基于FAHP的特色小镇建设发展水平综合评价研究[J].财贸研究,2019,30(7):34-41.

[64]江海燕,陶建良,李媛媛,等.基于FAHP的"互联网+"旅游特色小镇建设发展评价与对策研究[J].旅游纵览(下半月),2020(6):25-27.

[65]辜慧琳,王宏伟.基于2TLNNs TODIM法的互联网+农业特色小镇发展水平评价研究[J].安徽农业科学,2020,48(2):1-5.

[66]田学礼,赵修涵.体育特色小镇发展水平评价指标体系研究[J].成都体育学院学报,2018,44(3):45-52.

[67]吴一洲,陈前虎,郑晓虹.特色小镇发展水平指标体系与评估方法[J].规划师,2016,32(7):123-127.

[68]张美亮,夏理杰,刘睿杰.发达地区小城镇规划评价机制研究[J].规划师,2013,29(3):64-67.

[69]陈良汉,周桃霞.浙江省特色小镇规划建设统计监测指标体系和工作机制设计[J].统计科学与实践,2015(11):4-7.

[70]王巧玲.河南省产业融合度分析[J].经济论坛,2015(6):20-23,34.

[71]靳晓婷,张彤,孙飞显.河南省特色小镇建设现状与对策研究[J].乡村科技,2018(15):10-13.